本书为

国家社科基金重点项目

国家出版基金项目　结项成果

『十三五』国家重点出版物出版规划项目

THE GENERAL ANNALS
OF CHINESE CONFUCIANISM

国家出版基金项目
NATIONAL PUBLICATION FOUNDATION

中国儒学通志

丛书主编　苗润田　冯建国

隋唐五代卷·学案篇

本册作者　李晓萍　冯建国　李腾飞

ZHEJIANG UNIVERSITY PRESS
浙江大学出版社
·杭州·

"中国儒学通志"总序

　　儒学是中华传统文化的主干,是中华民族的精神血脉,它不但对中国古代的政治、经济、思想、文化、教育等诸多领域产生过广泛而深刻的影响,对人类文明的发展做出了巨大贡献,而且在今天仍然具有不容忽视的现代价值。儒家的思想理论,广泛涉及人与自然、人与人、人与社会、群与己、古与今、知与行、义与利、生与死、荣与辱、苦与乐、德与刑、善与恶、战争与和平等这样一些人类所面对的、贯通古今的矛盾和问题,提出了天人合一、天下为公、大同世界,修身正己、自强不息、厚德载物,以民为本、为政以德、见利思义、清廉从政,明体达用、经世致用、知行合一、仁者爱人、以德立人、以诚待人、讲信修睦,求同存异、和而不同、和谐相处,有教无类、因材施教、温故知新、学思结合等一系列为学、为人、为事、为官、处世的常理和常道,对于正确处理人与人的关系、人与自然的关系、个体与群体的关系、群体与群体的关系、不同民族和国家间的关系、不同文化和文明间的关系等都具有普遍的指导意义,是人类走向未来不可或缺的精神资源。这也就是一种产生在两千多年前农耕时代并且随着历史的发展不断前行的思想、学说,在信息时代的今天仍然具有广泛感召力、影响力,为世人所推重、学习、研究、传承的根本原因。"研究孔子、研究儒学,是认识中国人的民族特性、认识当今中国人精神世界历史来由的一个重要途径。"(《习近平在纪念孔子诞辰 2565 周年国际学术研讨会暨国际儒学联合会第五届会员大会开幕会上的讲话》)"中国儒学通志"是研究孔子、儒学的一个窗口。

　　"中国儒学通志"由纪年卷、纪事卷、学案卷三个部分组成。纪年卷主要记录自孔子创立儒学至 1899 年有关儒学发展的各个方面,包括重要儒学人物的生卒,儒学发展过程中有较大影响的事件,以及重要儒学论著的完成、刊印等,全方位展现儒学发展的面貌。纪事卷以事件为线索,记录有关中国儒学发展的重大历史事件,如"焚书坑儒""罢黜百家,独尊儒术"等,内容包括事件产生的原因、经过、结果及其对儒学发展的影响。学案卷以人物为中心,主要记述对儒学发展有较大影响的人物,包括该人物的生平事迹、对儒学所持的观点、在儒学发展史上的地位和贡献,以及有关的评价等。

"中国儒学通志"是我国著名学者庞朴先生继《20 世纪儒学通志》(浙江大学出版社 2013 年 6 月)出版后主持的又一国家社会科学基金重点项目。庞先生去世后,2016 年改由苗润田、冯建国教授主持。在苗润田、冯建国的主持下,该项目组建了一支有国内知名学者参加的学养深厚的研究队伍,制定了切实可行的研究计划和实施方案。通过多次召开小型学术研讨会,邀请王钧林教授、朱汉民教授、郭沂教授等专家学者与课题组成员一起,就课题的指导思想、整体框架、重点难点问题等展开广泛深入的研究,不但达成了学术共识而且促进并深化了对课题的认识。在这个过程中,浙江大学出版社、山东大学儒学高等研究院、山东大学人文社会科学研究院、山东大学哲学与社会发展学院自始至终都给予了巨大支持和帮助。彭丹博士协助我们做了大量的事务性工作。在此,谨向他们,向关心、支持"中国儒学通志"研究、撰著的朋友、同仁致以诚挚的谢意!

苗润田　冯建国

2022 年 12 月于山东大学

目　录

刘焯学案

刘焯(544—610),字士元,信都郡昌亭(今河北冀州)人,是隋代著名经学家、天文学家。刘焯自幼聪明敏锐,嗜好读书,性格沉稳。与河间景城刘炫相友善,二人一起师从于同郡刘轨思、广平郭懋当、阜城熊安生,这几位皆是儒学名家。刘焯又曾在武强交津桥藏经大儒刘智海家里阅读诸多古籍,潜心苦读十年,以"儒学"知名当世。刘焯的研究涉猎面广泛,尤其在天文历法学和经学方面,成就卓著,造诣颇深。据《隋书》载,刘焯在天文历法学方面,著有《九章算术》、《周髀》、《七曜历书》、《稽极》十卷、《历书》十卷以及《皇极历》等;在经学方面的主要著作是《五经述义》,已佚。清代马国翰《玉函山房辑佚书》中仅辑有《尚书刘氏义疏》一卷。

隋文帝开皇二年(582),刘焯举秀才,射策甲科,又参与修国史、议律历。入京后,与杨素、牛弘等共同探讨古今疑难等,在辩论中,充分展示出他的学识之博大精深。开皇六年,刘焯奉文帝敕令,与刘炫等一起考究审定运至长安的儒家"石经"。因为刘焯在辩论说理时,使得诸儒受挫,久而久之,很多儒士怀恨在心,趁机诽谤刘焯,从而使他遭到免职。刘焯遂在家乡,孜孜不倦地专心读书和讲学。后来,文帝命他侍奉蜀王,因他迟迟未去,惹怒蜀王,被发配充军。后蜀王因罪被废,刘焯又被令同诸儒生修定礼法,迁云骑尉。隋炀帝即位,刘焯又被征用,迁太学博士,精心修改历法,不久因病离职。数年之后,又被征召,但因其所奏《历书》与太史令张冑玄的意见多有相悖,最终遭到排斥而其历不行。炀帝大业六年(610),刘焯逝世。

刘焯、刘炫两位经学大师,从学经历、学术思想、学术影响十分相似,且交往甚密,后人将其合称为"二刘"。"二刘"才识深广,在世时就美名远播,影响甚大。据《隋书》载,刘焯在京时,"与左仆射杨素、吏部尚书牛弘、国子祭酒苏威、国子祭酒元善、博士萧该、何妥、太学博士房晖远、崔崇德、晋王文学崔赜等于国子共论古今滞义,前贤所不通者。每升座,论难锋起,皆不能屈,杨素等莫不服其精博"①。刘焯在乡里教授著述期间,"天下名儒后进,质疑受业,不远千里而至者,不可胜数"②。

上皇太子启论浑天

璇玑玉衡,正天之器,帝王钦若,世传其象。汉之孝武,详考律历,纠洛下闳、鲜于妄人等,共所营定。逮于张衡,又寻述作,亦其体制,不异闳等。虽闳制莫存,而衡造有器。至吴时,陆绩、王蕃,并要修铸。绩小有异,蕃乃事同。宋有钱乐之,魏初晁崇等,总用铜铁。小大有殊,规域经模,不异蕃造。观蔡邕《月令章句》,郑玄注《考灵曜》,势同衡法,迄今不改。焯以愚管,留情推测,见其数制,莫不违爽。失之千里,差在毫厘,大象一乖,馀何可验。况赤黄均度,月无出入,(分)至所恒定,气不别衡。分刻本差,轮回守故。其为疏谬,不可复言。亦既由理不明,致使异家间出。盖及宣夜,三说并驱,平、昕、安、穹,四天腾沸。至当不二,理唯一揆,岂容天体,七种殊说? 又影漏去极,就浑可推,百骸共体,本非异物。此真已验,彼伪自彰,岂朗日未晖,爝火不息,理有而阙,讵不可悲者也? 昔蔡邕自朔方上书曰:"以八尺之仪,度知天地之象,古有其器,而无其书。常欲寝伏仪下,案度在数,而为立说。"邕以负罪朔裔,书奏不许。邕若蒙许,亦必不能。邕才不逾张衡,衡本岂有遗思也? 则有器无书,观不能悟。焯今立术,改正旧浑,又以二至之影,定去极晷漏,并天地高远,星辰运周,所宗有本,皆有其率。祛今贤之巨惑,稽往哲之群疑,豁若云披,朗如雾散。为之错综,数卷已成,待得影差,谨更启送。《周官》夏至日影,尺有五寸。张衡、郑玄、王蕃、陆绩先儒等,皆以为影千里差一寸。言南戴日下万五千里,表影正同,天高乃异。考之算法,必为不可。寸差千里,亦无典说,明为意断,事不可依。今交、爱之州,表北无影,计无万里,南过戴日。是千里一寸,非其实差。焯今说浑,以道(里)为率,道里既定,得差乃审。既大圣之年,升平之日,厘改群谬,斯正其时。请一水工,并解算术士,取河南、

---

① 魏徵、令狐德棻撰:《隋书》卷七十五《儒林传·刘焯传》,中华书局 1973 年版,第 1718 页。

② 《隋书》卷七十五《儒林传·刘焯传》,第 1719 页。

北平地之所,可量数百里,南北使正。审时以漏,平地以绳,随气至分,同日度影。得其差率,里即可知。则天地无所匿其形,辰象无所逃其数,超前显圣,效象除疑。请勿以人废言,不用。

(录自严可均辑,史建桥等审订:《全隋文》,商务印书馆 1999 年版)

上皇太子启

自木铎寝声,绪言成烬,群生荡析,诸夏沸腾,曲技云浮,畴官雨绝,历纪坏废,千百年矣。焯以庸鄙,谬荷甄擢,专精艺业,耽玩数象,自力群儒之下,冀睹圣人之意。开皇之初,奉敕修撰,性不谐物,功不克终,犹被胄玄窃为己法,未能尽妙,协时多爽,尸官乱日,实玷皇猷。请征胄玄答,验其长短。

(录自严可均辑,史建桥等审订:《全隋文》,商务印书馆 1999 年版)

刘炫学案

　　刘炫（约546—约613），字光伯，河间景城（今河北献县）人，是隋代儒家学者、经学家。其门人私谥其"宣德先生"，名亚于刘焯。刘炫著述颇为丰富，有《论语述议》十卷、《春秋攻昧》十卷、《五经正名》十二卷、《孝经述议》五卷、《春秋述议》四十卷、《尚书述议》二十卷、《毛诗述议》四十卷、《注诗序》一卷、《算术》一卷等。清代马国翰《玉函山房辑佚书》中有多卷辑录。

　　刘炫自幼就因聪慧机敏、天禀颖才而被人称道。据《隋书·刘炫传》载，刘炫眼睛明亮，看太阳也不会眩晕，且记忆力超群，他还能同时进行左手画方、右手画圆、口诵、目数、耳听这五件事情。刘炫与刘焯一样，是刘献之的三传弟子，刘轨思传他《毛诗》学。刘炫又学《礼》于熊安生，学《左传》于郭懋当。刘炫与刘焯二人关系友好，共同闭门读书十年，以儒学知名当世。

　　隋文帝开皇中，刘炫奉文帝之命，与王劭等人一起修编国史，后又修天文、历法，兼在内史省考评群言。根据刘炫自述，关于《周礼》《礼记》《毛诗》《尚书》《公羊》《左传》《孝经》《论语》孔、郑、王、何、服、杜等注共十三家，他掌握的义理虽然有精有粗，但都能讲授出来。关于史书诸子等文集内容，皆能牢牢记于心中，而且精通天文历数，作文写信，都不曾犯愁为难。对于这些言论，当时在朝名士中有十多人皆为其做担保，于是刘炫便被任命为殿内将军。后来时值朝廷在全国购求散逸在民间的书籍，刘炫便伪造了《连山易》《鲁史记》等百余卷书，送到官府取赏去。此事被人告发之后，刘炫虽免于一死，但也被革职还家。于是，刘炫就在家以讲授著书为务。后又因不愿侍奉蜀王而被充军，待到蜀王被废之后，刘炫又与诸儒修定"五礼"，被授予旅骑尉。开皇二十年（600），文帝要废国子、四门及州县学，刘炫上表力劝其不宜废除学校，情理恳切，但最终未被采纳。隋炀帝即位,经牛弘引荐,刘炫参与了修定律令的工作。后来,刘炫因杨达举荐他博学有才,射策高第,被授予太学博士,但不久就嫌于品阶低而离职归家。隋末大乱,刘炫妻离子散,音书断绝,郁郁不得志,由此深切动情地抒发了自己的"四大幸"和"一深恨",阐发了其深沉的儒家志向和追求。最后,刘炫在战乱中流离无依,在饥寒交迫中死去,时年六十八岁。

炀帝继位初期,"二刘"的儒学影响盛极一时。《隋书》记载:"炀帝即位,复开庠序,国子郡县之学,盛于开皇之初。征辟儒生,远近毕至,使相与讲论得失于东都之下,纳言定其差次,一以闻奏焉。于时旧儒多已凋亡,二刘拔萃出类,学通南北,博极今古,后生钻仰,莫之能测。所制诸经义疏,搢绅咸师宗之。"①旧儒多凋亡,新儒未崛起,"二刘"在此新旧之儒的交接和承继过程中起着重要的连接作用,不仅使有隋一代的儒学得到传承,又为初唐儒学的繁盛奠定了基础。

春秋规过(卷下)

"公子慭遂如晋。"杜云:"慭,鲁大夫;如晋,不书还,不复命而奔,故史不书于策。"

规云:"杜以慭还,不复命于介而奔,止可不书其还,何故如晋亦不书也?此盖为君使臣,聘必当告庙,告庙乃得书于策。公归,告;复,不告。使慭,故不书如晋。"

"有酒如淮,有肉如坻。"杜云:"淮,水名,坻,山名。"

规云:"淮坻非韵。淮当作潍;坻,为水中之地。山无名坻者。"

"晋荀吴伪会齐师者,假道于鲜虞,遂入昔阳。"杜云:"鲜虞,白狄别种,在中山新市县。昔阳,肥国都乐平沽县东有昔阳城。"

规云:齐在晋东伪会齐师。当自晋而东行也。假道鲜虞遂入昔阳,则昔阳当在鲜虞之东也。今按:乐平沽县在中山新市西南五百余里,何当假道于东北之鲜虞,而反入西南之昔阳也?既入昔阳而别言灭肥,则肥与昔阳不得为一,安得以昔阳为肥之都也?肥为小国,竟不必远,岂肥名取巨鹿之城,建都于乐平之县也?"十五年荀吴伐鲜虞,围鼓。"杜云:"鼓,白狄

---

① 《隋书》卷七十五《儒林传序》,第 1707 页。

之别,巨鹿下曲阳县有鼓。聚炫谓,肥、鼓并在巨鹿,昔阳即是鼓都,在鲜虞之东南也。二十二年传,晋荀吴使师伪杀者,负甲以息于昔阳之门外,遂袭鼓灭之。则昔阳之为鼓都,断可知矣。"

(录自马国翰著:《玉函山房辑佚书·经编·春秋类》,上海古籍出版社 1990 年版)

驳牛弘礼绝傍期议

吏部尚书牛弘建议,以为礼诸侯绝傍期,大夫降一等。今之上柱国,虽不同古诸侯,比大夫可也。官在第二品,宜降傍亲一等。议者多以为然。炫驳之曰:"古之仕者,宗一人而已,庶子不得进。由是先王重嫡,其宗子有分禄之义。族人与宗子虽疏远,犹服缌三月,良由受其恩也。今之仕者,位以才升,不限嫡庶,与古既异,何降之有。今之贵者,多忽近亲,若或降之,民德之疏,自此始矣。"

(录自严可均辑,史建桥等审订:《全隋文》,商务印书馆 1999 年版)

自　状

《周礼》《礼记》《毛诗》《尚书》《公羊》《左传》《孝经》《论语》孔、郑、王、何、服、杜等注,凡十三家,虽义有精粗,并堪讲授。《周易》《仪礼》《穀梁》,用功差少。史子文集,嘉言美事,咸诵于心。天文律历,穷核微妙。至于公私文翰,未尝假手。

(录自严可均辑,史建桥等审订:《全隋文》,商务印书馆 1999 年版)

自　赞

通人司马相如、扬子云、马季长、郑康成等,皆自叙风徽,传芳来叶。余岂敢仰均先达,贻笑后昆。徒以日迫桑榆,大命将近,故友飘零,门徒雨散,溘死朝露,埋魂朔野,亲故莫照其心,后人不见其迹,殆及余喘,薄言胸臆,贻及行迈,传示州里,使夫将来俊哲知余鄙志耳。余从绉发以来,迄于白首,婴孩为慈亲所恕,棰楚未尝加,从学为明师所矜,槚楚弗之及。暨乎敦叙邦族，交结等夷，重物轻身，先人后己。昔在幼弱，乐参长者，爰及耆艾，数接后生。学则服而不厌，诲则劳而不倦，幽情寡过，心事多违。内省生平，顾循终始，其大幸有四，其深恨有一。性本愚蔽，家业贫窭，为父兄所饶，厕搢绅之末，遂得博览典诰，窥涉今古，小善著于丘园，虚名闻于邦国，其幸一也。隐显人间，沉浮世俗，数忝徒劳之职，久执城旦之书，名不挂于白简，事不染于丹笔，立身立行，惭恶实多，启手启足，庶几可免，其幸二也。以此庸虚，屡动神眷，以此卑贱，每升天府，齐镳骥騄，比翼鹓鸿，整细素于凤池，记言动于麟阁，参谒宰辅，造请群公，厚礼殊恩，增荣改价，其幸三也。昼漏方尽，大耋已嗟，退反初服，归骸故里，玩文史以怡神，阅鱼鸟以散虑，观省井闾，登临园沼，缓步代车，无罪为贵，其幸四也。仰休明之盛世，慨道教之陵迟，蹈先儒之逸轨，伤群言之芜秽，驰骛坟典，厘改僻谬，修撰始毕，图书适成，天违人愿，途不我与。世路未夷，学校尽废，道不备于当时，业不传于身后。衔恨泉壤，实在兹乎？其深恨一也。

（录自严可均辑，史建桥等审订：《全隋文》，商务印书馆1999年版）

王通学案

　　王通(584—617)，字仲淹，河东郡龙门(今山西万荣县)人。隋代著名儒学家、教育学家。在他死后，门中弟子私谥其"文中子"。

　　王通出生于一个官宦之家兼儒学世家，少年即已精通儒学，有文名，"开皇六年丙午，文中子知书矣，厥声载路"[①]。这样的名声，一方面是因为王通受益于家族的儒学熏陶。其父亲王隆，为隋初国子博士，曾于隋开皇初年著《兴衰要论》七篇，"其言六代之得失明矣"[②]，并奏呈给隋文帝，得到了文帝的称赞。由此可见，王通家学渊源深厚，自幼便受到儒学的耳濡目染。正如薛收对王通的赞叹："鸿儒积德之胄，事贲家谍，名昭国史。"[③]另一方面，王通本人自幼天赋异禀，不同凡响。王通刚出生时，"铜川府君筮之，遇《坤》之《师》，献兆于安康献公。献公曰：'素王之卦也，何为而来？地二化为天一，上德而居下位，能以众正，可以王矣。虽有君德，非其时乎？是子必能通天下之志。'遂名之曰'通'"[④]。王通次子王福畤的《录关子明事》中，关于王通出生事迹，有更玄妙的讲述："开皇四年，铜川夫人经山梁，履巨石而有娠，既而生文中子，先丙午之期者二载尔。献公筮之曰：'此子当知矣'。"[⑤]及其稍长，"开皇九年，江东平。铜川府君叹曰：'王道无叙，天下何为而一乎？'文中子侍侧，十岁矣，有忧色，曰：'通闻古之为邦，有长久之策，故夏、殷以下数百年，四海常一统也；后之为邦，行苟且之政，故魏、晋以下数百年，九州无定主也。上失其道，民散久矣；一彼一此，何常之有？夫子之叹，盖忧皇纲不振，生人劳于聚敛而天下将乱

---

① 张沛撰：《中说校注·录关子明事》，中华书局2013年版，第280页。
② 《中说校注·王道篇》，第4页。
③ 董诰编：《全唐文》卷一三三《薛收·隋故征君文中子碣铭》，中华书局1983年版，第1338页。
④ 《中说校注·文中子世家》，第266页。
⑤ 《中说校注·录关子明事》，第280页。

乎？'"①这样的见识和胸襟，竟然出自于一个不到十岁的幼童，可见王通天命不凡，"神童"之称非他莫属。故而，"铜川府君异之曰：'其然乎！'遂告以《元经》之事"。②

开皇十八年（598），王通已在其父亲的谆谆勉励下，树立了雄大之志。自此开始，"盖受《书》于东海李育，学《诗》于会稽夏琠，问《礼》于河东关子明，正《乐》于北平霍汲，考《易》于族父仲华，不解衣者六岁，其精志如此"③。王通奋发努力，十八岁就举本州秀才，射策高第。十九岁时，除蜀州司户，推辞不仕。仁寿三年（603），王通考中秀才后，"慨然有济苍生之心"，西游到长安，拜见隋文帝。文帝在太极殿召见他，王通向文帝献奏了他写作的《太平十二策》，论述了"尊王道，推霸略，稽今验古，恢恢乎运天下于指掌矣"④。文帝十分高兴，慨叹相见恨晚。但是由于各种原因，王通的奏议最终并没有被采用。于是，通作《东征之歌》而退居故里，说道："我思国家兮远游京畿，忽逢帝王兮降礼布衣。遂怀古人之心兮将兴太平之基，时异事变兮志乖愿违。吁嗟！道之不行兮垂翅东归，皇之不断兮劳身西飞。"⑤后文帝听到此言，再邀他入朝，通拒之。

王通毕生信念是致力于道的彰显，而非个人的功名利禄，"君子之学进于道，小人之学进于利"⑥。关于王通奏《十二策》而不得用的事，在《中说·魏相篇》也有记载："子谒见隋祖，一接而陈《十二策》，编成四卷。薛收曰：'辩矣乎！'董常曰：'非辩也，理当然尔。'房玄龄请习《十二策》，子曰：'时异事变，不足习也。'"⑦可见，王通在看清了当朝政治情况之后，毅然决然不再出仕，而是选择在河汾之间开馆授徒，讲学传道，以此来寄予和弘扬自己的儒学思想。"乃续《诗》《书》，正《礼》《乐》，修《元经》，赞《易》道，九年而《六经》大就。门人自远而至，河南董常、太山姚义、京兆杜淹、赵郡李靖、南阳程元、扶风窦威、河东薛收、中山贾琼、清河房玄龄、巨鹿魏徵、太原温大雅、颍川陈叔达等，咸称师北面，受王佐之道焉。如往来受业

---

① 《中说校注·录关子明事》，第 280 页。
② 《中说校注·文中子世家》，第 266 页。
③ 《中说校注·文中子世家》，第 267 页。
④ 《中说校注·文中子世家》，第 267 页。
⑤ 《中说校注·文中子世家》，第 268 页。
⑥ 《中说校注·天地篇》，第 49 页。
⑦ 《中说校注·魏相篇》，第 213—214 页。

者,不可胜数,盖千余人。隋季,文中子之教兴于河汾,雍雍如也。"①即使后来王通多次被朝廷征用,皆未接受。大业十三年,"子有疾,召薛收,谓曰:'吾梦颜回称孔子之命曰:"归休乎?"殆夫子召我也。何必永厥龄?吾不起矣。'寝疾七日而终"②。王通英年早逝,有二子福郊、福畤。王通主要著作有《文中子中说》《太平十二策》四卷、《乐论》十卷、《续书》二十五卷、《续诗》十卷、《元经》十五卷等,除《文中子中说》外,其他均佚。

王通毕生以重振儒学和承继圣人思想为己任,被人尊称为"王孔子",后世则有"河汾道统"的美誉。河汾,河本指黄河,汾指汾水,河汾区域就是二河所流经的山西省西南部地区。自王通在此设教讲学兴盛之后,河汾也被赋予了学术内涵,用以专指王通及其学术影响,明代高启有诗句:"关洛遗风在,河汾旧业传。"河汾旧业,便指王通的河汾之学,蕴含着一种讲学授业的学术精神。王通在此河、汾间讲学,很多人不远千里而来,前后到此受业者的数量竟达到千余人,其中不乏很多大家,皆为"河汾门下",如京兆的杜淹,后来做了唐太宗时期的宰相;雍州的李靖,是唐初文武兼备的大将,不仅骁勇善战,战功赫赫,而且撰就了多部军事著作,文采卓著;清河的房玄龄,文才上博通典籍,军策上运筹帷幄,成为赫赫有名的良相;犯言直谏的名相魏徵;隋末唐初的著名思想家、史学家温大雅等。

王道篇

文中子曰:"甚矣,王道难行也!吾家顷铜川六世矣,未尝不笃于斯,然亦未尝得宣其用,退而咸有述焉,则以志其道也。"盖先生之述曰《时变论》六篇,其言化俗推移之理竭矣。江州府君之述曰《五经决录》五篇,其言圣贤制述之意备矣。晋阳穆公之述,曰《政大论》八篇,其言帝王之道著矣。同州府君之述曰《政小论》八篇,其言王霸之业尽矣。安康献公之述曰《皇极谠义》九篇,其言三才之去就深矣。铜川府君之述曰《兴衰要论》七篇,其言六代之得失明矣。余小子获睹成训,勤九载矣。服先人之义,稽仲尼之心,天人之事,帝王之道,昭昭乎!

---

① 《中说校注·文中子世家》,第268页。
② 《中说校注·文中子世家》,第268页。

子谓董常曰："吾欲修《元经》，稽诸史论，不足征也，吾得《皇极谠义》焉。吾欲续《诗》，考诸集记，不足征也，吾得《时变论》焉。吾欲续《书》，按诸载录，不足征也，吾得《政大论》焉。"董常曰："夫子之得，盖其志焉？"子曰："然。"

子谓薛收曰："昔圣人述史三焉：其述《书》也，帝王之制备矣，故索焉而皆获；其述《诗》也，兴衰之由显，故究焉而皆得；其述《春秋》也，邪正之迹明，故考焉而皆当。此三者，同出于史而不可杂也，故圣人分焉。"

文中子曰："吾视迁、固而下，述作何其纷纷乎！帝王之道，其暗而不明乎？天人之意，其否而不交乎？制理者参而不一乎？陈事者乱而无绪乎？"

子不豫，闻江都有变，泫然而兴曰："生民厌乱久矣，天其或者将启尧、舜之运，吾不与焉，命也。"

文中子曰："道之不胜时久矣，吾将若之何？"董常曰："夫子自秦归晋，宅居汾阳，然后三才五常各得其所。"

薛收曰："敢问《续书》之始于汉，何也？"子曰："六国之弊，亡秦之酷，吾不忍闻也，又焉取皇纲乎？汉之统天下也，其除残秽，与民更始而兴其视听乎？"薛收曰："敢问《续诗》之备六代，何也？"子曰："其以仲尼《三百》始终于周乎？"收曰："然。"子曰："余安敢望仲尼！然至兴衰之际，未尝不再三焉。故具六代始终，所以告也。"

文中子曰："天下无赏罚三百载矣，《元经》可得不兴乎？"薛收曰："始于晋惠，何也？"子曰："昔者明王在上，赏罚其有差乎？《元经》褒贬，所以代赏罚者也。其以天下无主而赏罚不明乎？"薛收曰："然则《春秋》之始周平、鲁隐，其志亦若斯乎？"子曰："其然乎！而人莫之知也。"薛收曰："今乃知天下之治，圣人斯在上矣；天下之乱，圣人斯在下矣。圣人达而赏罚行，圣人穷而褒贬作，皇极所以复建而斯文不丧也。不其深乎？"再拜而出，以告董生。董生曰："仲尼没而文在兹乎？"

文中子曰："卓哉，周、孔之道！其神之所为乎？顺之则吉，逆之则凶。"

子述《元经》皇始之事，叹焉。门人未达，叔恬曰："夫子之叹，盖叹命矣。《书》云：天命不于常，惟归乃有德。戎狄之德，黎民怀之，三才其舍诸？"子闻之曰："凝，尔知命哉！"

子在长安,杨素、苏夔、李德林皆请见。子与之言,归而有忧色。门人问子,子曰:"素与吾言终日,言政而不及化。夔与吾言终日,言声而不及雅。德林与吾言终日,言文而不及理。"门人曰:"然则何忧?"子曰:"非尔所知也。二三子皆朝之预议者也,今言政而不及化,是天下无礼也;言声而不及雅,是天下无乐也;言文而不及理,是天下无文也。王道从何而兴乎?吾所以忧也。"门人退。子援琴鼓《荡》之什,门人皆沾襟焉。

子曰:"或安而行之,或利而行之,或畏而行之,及其成功一也,稽德则远。"

贾琼习《书》,至《桓荣之命》,曰:"洋洋乎!光、明之业。天实监尔,能不以揖让终乎!"

繁师玄将著《北齐录》,以告子。子曰:"无苟作也。"

越公以《食经》遗子,子不受。曰:"羹藜含糗,无所用也。"答之以《酒诰》及《洪范》三德。

子曰:"小人不激不励,不见利不劝。"

靖君亮问辱,子曰:"言不中,行不谨,辱也。"

子曰:"化至九变,王道其明乎?故乐至九变,而淳气洽矣。"裴晞曰:"何谓也?"子曰:"夫乐,象成者也。象成莫大于形而流于声,王化始终所可见也。故《韶》之成也,虞氏之恩被动植矣,乌鹊之巢可俯而窥也,凤皇何为而藏乎?"

子曰:"封禅之费非古也,徒以夸天下,其秦、汉之侈心乎?"

子曰:"易乐者必多哀,轻施者必好夺。"

子曰:"无赦之国,其刑必平;多敛之国,其财必削。"

子曰:"廉者常乐无求,贪者常忧不足。"

子曰:"杜如晦若逢其明王,于万民其犹天乎?"董常、房玄龄、贾琼问曰:"何谓也?"子曰:"春生之,夏长之,秋成之,冬敛之;父得其为父,子得其为子,君得其为君,臣得其为臣,万类咸宜。百姓日用而不知者:杜氏之任,不谓其犹天乎?吾察之久矣,目光惚然,心神忽然。此其识时运者,忧不逢真主以然哉!"

叔恬曰:"舜一岁而巡五岳,国不费而民不劳,何也?"子曰:"无他道也,兵卫少而征求寡也。"

子曰:"王国之有风,天子与诸侯夷乎?谁居乎?幽王之罪也。故始之以《黍离》,于是雅道息矣。"

子曰:"五行不相沴,则王者可以制礼矣;四灵为畜,则王者可以作乐矣。"

子游孔子之庙,出而歌曰:"大哉乎!君君臣臣,父父子子,兄兄弟弟,夫夫妇妇,夫子之力也。其与太极合德,神道并行乎?"王孝逸曰:"夫子之道岂少是乎?"子曰:"子未三复'白圭'乎?天地生我而不能鞠我,父母鞠我而不能成我,成我者夫子也。道不啻天地父母,通于夫子受罔极之恩。吾子汩彝伦乎?"孝逸再拜谢之,终身不敢臧否。

韦鼎请见子,三见而三不语,恭恭若不足。鼎出谓门人曰:"夫子得志于朝廷,有不言之化,不杀之严矣。"

杨素谓子曰:"天子求善御边者,素闻惟贤知贤,敢问夫子。"子曰:"羊祜、陆逊仁人也,可使。"素曰:"已死矣,何可复使?"子曰:"今公能为羊、陆之事则可,如不能,广求何益?通闻:迩者悦,远者来,折冲樽俎可矣,何必临边也?"

子之家《六经》毕备,朝服祭器不假。曰:"三纲五常,自可出也。"

子曰:"悠悠素餐者天下皆是,王道从何而兴乎?"

子曰:"七制之主,其人可以即戎矣。"

董常死,子哭于寝门之外,拜而受吊。

裴晞问曰:"卫玠称'人有不及,可以情恕;非意相干,可以理遣',何如?"子曰:"宽矣。"曰:"仁乎?"子曰:"不知也。""阮嗣宗与人谈,则及玄远,未尝臧否人物,何如?"子曰:"慎矣。"曰:"仁乎?"子曰:"不知也。"

子曰:"恕哉,凌敬!视人之孤犹己也。"

子曰:"仁者,吾不得而见也,得见智者,斯可矣。智者,吾不得而见也,得见义者,斯可矣。如不得见,必也刚介乎?刚者好断,介者殊俗。"

薛收问至德要道,子曰:"至德,其道之本乎?要道,其德之行乎?《礼》不云乎:至德为道本。《易》不云乎:显道神德行。"

子曰:"大哉神乎!所自出也。至哉《易》也!其知神之所为乎?"

子曰:"我未见嗜义如嗜利者也。"

子登云中之城,望龙门之关。曰:"壮哉,山河之固!"贾琼曰:"既壮矣,又何加焉?"子曰:"守之以道。"降而宿于禹庙,观其碑首曰:"先君献公之所作也,其文典以达。"

子见刘孝标《绝交论》，曰："惜乎，举任公而毁也。任公于是乎不可谓知人矣。"见《辩命论》，曰："人道废矣。"

子曰："使诸葛亮而无死，礼乐其有兴乎？"

子读《乐毅论》，曰："仁哉，乐毅！善藏其用。智哉，太初！善发其蕴。"

子读《无鬼论》，曰："未知人，焉知鬼？"

（录自张沛撰：《中说校注》，中华书局 2013 年版）

天地篇

子曰："圆者动，方者静，其见天地之心乎！"

子曰："智者乐，其存物之所为乎？仁者寿，其忘我之所为乎？"

子曰："义也清而庄，靖也惠而断，威也和而博，收也旷而肃，琼也明而毅，淹也诚而厉，玄龄志而密，徵也直而遂，大雅深而弘，叔达简而正。若逢其时，不减卿相，然礼乐则未备。"

或曰："董常何人也？"子曰："其动也权，其静也至。其颜氏之流乎？"

叔恬曰："山涛为吏部，拔贤进善，时无知者。身殁之后，天子出其奏于朝，然后知群才皆涛所进。如何？"子曰："密矣。"曰："仁乎？"子曰："吾不知也。"

李密见子而论兵，子曰："礼信仁义，则吾论之；孤虚诈力，吾不与也。"

李伯药见子而论诗，子不答。伯药退谓薛收曰："吾上陈应、刘，下述沈、谢，分四声八病，刚柔清浊，各有端序，音若埙篪。而夫子不应我，其未达欤？"薛收曰："吾尝闻夫子之论诗矣：上明三纲，下达五常，于是征存亡，辩得失；故小人歌之以贡其俗，君子赋之以见其志，圣人采之以观其变。今子营营驰骋乎末流，是夫子之所痛也，不答则有由矣。"

子曰："学者，博诵云乎哉？必也贯乎道。文者，苟作云乎哉？必也济乎义。"

内史薛公见子于长安，退谓子收曰："《河图》《洛书》尽在是矣。汝往事之，无失也。"

子曰："士有靡衣鲜食而乐道者，吾未之见也。"

子谓魏徵曰："汝与凝皆天之直人也。徵也遂，凝也挺。若并行于时，有用舍焉。"

子谓李靖曰:"凝也若容于时,则王法不挠矣。"

李靖问任智如何,子曰:"仁以为己任。小人任智而背仁为贼,君子任智而背仁为乱。"

薛收问:"仲长子光何人也。"子曰:"天人也。"收曰:"何谓天人?"子曰:"眇然小乎,所以属于人;旷哉大乎,独能成其天。"

贾琼问君子之道,子曰:"必先恕乎!"曰:"敢问恕之说。"子曰:"为人子者,以其父之心为心;为人弟者,以其兄之心为心。推而达之于天下,斯可矣。"

子曰:"君子之学进于道,小人之学进于利。"

楚难作,使使召子。子不往,谓使者曰:"为我谢楚公。天下崩乱,非王公血诚不能安。苟非其道,无为祸先。"

李密问王霸之略,子曰:"不以天下易一民之命。"李密出,子谓贾琼曰:"乱天下者必是夫也。幸灾而念祸,爱强而愿胜,神明不与也。"

子居家,虽孩孺必狎;其使人也,虽童仆必敛容。

子曰:"我未见知命者也。"

子曰:"不就利,不违害,不强交,不苟绝,惟有道者能之。"

子躬耕。或问曰:"不亦劳乎?"子曰:"一夫不耕,或受其饥;且庶人之职也,亡职者罪无所逃天地之间,吾得逃乎?"

子艺黍登场,岁不过数石,以供祭祀、冠婚、宾客之酒也,成礼则止。子之室,酒不绝。

薛方士问葬,子曰:"贫者敛手足,富者具棺椁。封域之制无广也,不居良田。古者不以死伤生,不以厚为礼。"

陈叔达问事鬼神之道,子曰:"敬而远之。"问祭,子曰:"何独祭也,亦有祀焉,有祭焉,有享焉。三者不同,古先圣人所以接三才之奥也。达兹三者之说,则无不至矣。"叔达俯其首。

子曰:"王猛有君子之德三焉:其事上也密,其接下也温,其临事也断。"或问苏绰,子曰:"俊人也。"曰:"其道何如?"子曰:"行于战国可以强,行于太平则乱矣。"问牛弘,子曰:"厚人也。"

子观田,魏徵、杜淹、董常至。子曰:"各言志乎?"徵曰:"愿事明王,进思尽忠,退思补过。"淹曰:"愿执明王之法,使天下无冤人。"常曰:"愿圣人之道行于时,常也无事于出处。"子曰:"大哉! 吾与常也。"

子在长安,曰:"归来乎! 今之好异轻进者,率然而作,无所取焉。"

子在绛,程元者因薛收而来。子与之言六经,元退谓收曰:"夫子载造彝伦,一匡皇极。微夫子,吾其失道左见矣。"

子曰:"盖有慕名而作者,吾不为也。"

叔恬曰:"文中子之教兴,其当隋之季世,皇家之未造乎? 将败者,吾伤其不得用;将兴者,吾惜其不得见。其志勤,其言征,其事以苍生为心乎?"

文中子曰:"二帝、三王,吾不得而见也,舍两汉将安之乎? 大哉,七制之主! 其以仁义公恕统天下乎? 其役简,其刑清,君子乐其道,小人怀其生,四百年间,天下无二志,其有以结人心乎? 终之以礼乐,则三王之举也。"

子曰:"王道之驳久矣,礼乐可以不正乎? 大义之芜甚矣,《诗》《书》可以不续乎?"

子曰:"唐虞之道直以大,故以揖让终焉,必也。有圣人承之,何必定法? 其道甚阔,不可格于后。夏商之道直以简,故以放弑终焉,必也。有圣人扶之,何必在我? 其道亦旷,不可制于下。如有用我者,吾其为周公所为乎?"

子燕居,董常、窦威侍。子曰:"吾视千载已上,圣人在上者,未有若周公焉,其道则一而经制大备,后之为政,有所持循。吾视千载而下,未有若仲尼焉,其道则一而述作大明,后之修文者,有所折中矣。千载而下,有申周公之事者,吾不得而见也;千载而下,有绍宣尼之业者,吾不得而让也。"

子曰:"常也其殆坐忘乎? 静不证理而足用焉,思则或妙。"

李靖问圣人之道,子曰:"无所由,亦不至于彼。"门人曰:"微也至。"或曰"未也",门人惑。子曰:"微也去此矣,而未至于彼。"或问彼之说,子曰:"彼,道之方也。必也无至乎?"董常闻之,悦。门人不达,董常曰:"夫子之道,与物而来,与物而去;来无所从,去无所视。"薛收曰:"大哉,夫子之道! 一而已矣。"

子谓程元曰:"汝与董常何如?"程元曰:"不敢企常。常也遗道德,元也志仁义。"子曰:"常则然矣,而汝于仁义,未数数然也。其于彼有所至乎?"

子曰:"董常时有虑焉,其余则动静虑矣。"

子曰:"孝哉,薛收! 行无负于幽明。"

子于是日吊祭,则终日不笑。

或问王隐。子曰:"敏人也。其器明,其才富,其学赡。"或问其道,子曰:"述作多而经制浅,其道不足称也。"

子谓陈寿"有志于史,依大义而削异端";谓范宁"有志于《春秋》,征圣经而诘众传"。子曰:"使陈寿不美于史,迁、固之罪也;使范宁不尽美于《春秋》,歆、向之罪也。"裴晞曰:"何谓也?"子曰:"史之失,自迁、固始也,记繁而志寡;《春秋》之失,自歆、向始也,弃经而任传。"

子曰:"盖九师兴而《易》道微,《三传》作而《春秋》散。"贾琼曰:"何谓也?"子曰:"白黑相渝,能无微乎? 是非相扰,能无散乎? 故齐、韩、毛、郑,《诗》之末也;大戴、小戴,《礼》之衰也;《书》残于古、今,《诗》失于齐、鲁。汝知之乎?"贾琼曰:"然则无师无传可乎?"子曰:"'神而明之,存乎其人';'苟非其人,道不虚行'。必也传又不可废也。"

子谓叔恬曰:"汝不为《续诗》乎? 则其视七代损益,终懵然也。"

子谓《续诗》可以讽,可以达,可以荡,可以独处;出则悌,入则孝;多见治乱之情。

文中子曰:"吾师也,词达而已矣。"

或问扬雄、张衡,子曰:"古之振奇人也,其思苦,其言艰。"曰:"其道何如?"子曰:"靖矣。"

子曰:"过而不文,犯而不校,有功而不伐,君子人哉!"

子曰:"我未见见谤而喜、闻誉而惧者。"

子曰:"富观其所与,贫观其所取,达观其所好,穷观其所为,可也。"

或问魏孝文,子曰:"可与兴化。"

铜川夫人好药,子始述方。芮城府君重阴阳,子始著历日,且曰:"吾惧览者或费日也。"

子谓薛知仁善处俗,以芮城之子妻之。

子曰:"内难而能正其志,同州府君以之。"

子曰:"吾于天下,无去也,无就也,惟道之从。"

(录自张沛撰:《中说校注》,中华书局 2013 年版)

事君篇

房玄龄问事君之道，子曰："无私。"问使人之道，曰："无偏。"曰："敢问化人之道。"子曰："正其心。"问礼乐，子曰："王道盛则礼乐从而兴焉，非尔所及也。"

或问杨素，子曰："作福、作威、玉食，不知其他也。"

房玄龄问郡县之治，子曰："宗周列国，八百余年；皇汉杂建，四百余载；魏、晋已降，灭亡不暇。吾不知其用也。"

杨素使谓子曰："盍仕乎？"子曰："疏属之南，汾水之曲，有先人之弊庐在，可以避风雨，有田，可以具馈粥，弹琴著书，讲道劝义，自乐也。愿君侯正身以统天下，时和岁丰，则通也受赐多矣，不愿仕也。"

子曰："古之为政者，先德而后刑，故其人悦以恕；今之为政者，任刑而弃德，故其人怨以诈。"

子曰："古之从仕者养人，今之从仕者养己。"

子曰："甚矣！齐文宣之虐也。"姚义曰："何谓克终？"子曰："有杨遵彦者，实掌国命，视民如伤，奚为不终？"

窦威好议礼，子曰："威也贤乎哉？我则不敢。"

北山丈人谓文中子曰："何谓遑遑者，无乃急欤？"子曰："非敢急，伤时急也。"

子曰："吾不度不执，不常不遂。"

房玄龄曰："书云霍光废帝举帝，何谓也？"子曰："何必霍光？古之大臣废昏举明，所以康天下也。"

子游河间之渚。河上丈人曰："何居乎，斯人也？心若醉《六经》，目若营四海。何居乎，斯人也？"文中子去之。薛收曰："何人也？"子曰："隐者也。"收曰："盍从之乎？"子曰："吾与彼不相从久矣。""至人相从乎？"子曰："否也。"

子在河上曰："滔滔乎！昔吾愿止焉而不可得也，今吾得之止乎？"

子见牧守屡易，曰："尧、舜三载考绩，仲尼三年有成。今旬月而易，吾不知其道。"薛收曰："如何？"子曰："三代之兴，邦家有社稷焉；两汉之盛，牧守有子孙焉。不如是之亟也。无定主而责之以忠，无定民而责之以化，虽曰能之,末由也已。"

贺若弼请射于子,发必中。子曰:"美哉乎艺也!古君子志于道,据于德,依于仁,而后艺可游也。"弼不悦而退。子谓门人曰:"矜而愎,难乎免于今之世矣。

子谓荀悦"史乎!史乎!"谓陆机"文乎!文乎!""皆思过半矣。"

子谓文士之行可见:"谢灵运,小人哉!其文傲,君子则谨。沈休文,小人哉!其文冶,君子则典。鲍昭、江淹,古之狷者也,其文急以怨。吴筠、孔珪,古之狂者也,其文怪以怒。谢庄、王融,古之纤人也,其文碎。徐陵、庾信,古之夸人也,其文诞。"或问孝绰兄弟,子曰:"鄙人也,其文淫。"或问湘东王兄弟,子曰:"贪人也,其文繁。""谢朓,浅人也,其文捷。江摠,诡人也,其文虚。皆古之不利人也。"子谓颜延之、王俭、任昉"有君子之心焉,其文约以则"。

尚书召子仕,子使姚义往辞焉,曰:"必不得已,署我于蜀。"或曰"僻",子曰:"吾得从严、扬游泳以卒世,何患乎僻?"

子曰:"吾恶夫佞者,必也愚乎?愚者不妄动。吾恶夫豪者,必也吝乎?吝者不妄散。"

子曰:"达人哉,山涛也!多可而少怪。"或曰:"王戎贤乎?"子曰:"戎而贤,天下无不贤矣。"

子曰:"陈思王可谓达理者也,以天下让,时人莫之知也。"

子曰:"君子哉,思王也!其文深以典。"

房玄龄问史,子曰:"古之史也辩道,今之史也耀文。"问文,子曰:"古之文也约以达,今之文也繁以塞。"

薛收问《续诗》,子曰:"有四名焉,有五志焉。何谓四名?一曰化,天子所以风天下也;二曰政,蕃臣所以移其俗也;三曰颂,以成功告于神明也;四曰叹,以陈诲立诚于家也。凡此四者,或美焉,或勉焉,或伤焉,或恶焉,或诚焉,是谓五志。"

子谓叔恬曰:"汝为《春秋》《元经》乎?《春秋》《元经》于王道,是轻重之权衡、曲直之绳墨也,失则无所取衷矣。"

子谓:"《续诗》之有化,其犹先王之有雅乎?《续诗》之有政,其犹列国之有风乎?"

子曰:"郡县之政,其异列国之风乎?列国之风深以固,其人笃,曰:

'我君不卒求我也。'其上下相安乎？及其变也，劳而散，其人盖伤君恩之薄也，而不敢怨。郡县之政悦以幸，其人慕，曰：'我君不卒抚我也。'其臣主屡迁乎？及其变也，苛而迫，其人盖怨吏心之酷也，而无所伤焉。虽有善政，未及行也。"魏徵曰："敢问列国之风变伤而不怨，郡县之政变怨而不伤，何谓也？"子曰："伤而不怨，则不曰犹吾君也，吾得逃乎？何敢怨？怨而不伤，则不曰彼下矣，吾将贼之！又何伤？故曰三代之末，尚有仁义存焉；六代之季，仁义尽矣。何则？导人者非其路也。"

子曰："《变风》《变雅》作而王泽竭矣，《变化》《变政》作而帝制衰矣。"

子曰："言取而行违，温彦博恶之；面誉而背毁，魏徵恶之。"

子曰："爱生而败仁者，其下愚之行欤？杀身而成仁者，其中人之行欤？游仲尼之门，未有不迨中者也。"

陈叔达为绛郡守，下捕贼之令，曰："无急也，请自新者原之，以观其后。"子闻之曰："陈守可与言政矣。上失其道，民散久矣；苟非君子，焉能固穷？导之以德，悬之以信，且观其后，不亦善乎？"

薛收问："恩不害义，俭不伤礼，何如？"子曰："此文、景尚病其难行也。夫废肉刑害于义，损之可也；衣弋绨伤乎礼，中焉可也。虽然，以文、景之心为之可也，不可格于后。"

子曰："古之事君也以道，不可则止；今之事君也以佞，无所不至。"

子曰："吾于《赞易》也，述而不敢论；吾于礼、乐也，论而不敢辩；吾于《诗》《书》也，辩而不敢议。"或问其故，子曰："有可有不可。"曰："夫子有可有不可乎？"子曰："可不可，天下之所存也，我则存之者也。"

子闲居俨然：其动也徐，若有所虑；其行也方，若有所畏；其接长者，恭恭然如不足；接幼者，温温然如有就。

子之服俭以洁，无长物焉，绮罗锦绣不入于室，曰："君子非黄白不御，妇人则有青碧。"

子宴宾无贰馔。食必去生，味必适。果菜非其时不食，曰"非天道也"；非其土不食，曰"非地道也"。

乡人有穷而索者，曰："尔于我乎取，无扰尔邻里乡党为也，我则不厌。"乡人有丧，子必先往，反必后。子之言应而不唱，唱必有大端。子之乡无争者。或问人善，子知其善则称之，不善则曰"未尝与久也"。

子济大川，有风则止。不登高，不履危；不乘悍，不奔驭。乡人有水土之役,则具畚锸以往,曰:"吾非从大夫也。"

铜川府君之丧,勺饮不入口者三日。营葬具,曰:"必俭也,吾家有制焉:棺椁无饰,衣衾而举,帷车而载,涂车刍灵,则不从五世矣。"既葬之,曰:"自仲尼已来,未尝无志也。"于是立坟,高四尺,不树焉。

子之他乡,舍人之家,出入必告,既而曰:"奚适而无禀?"万春乡社,子必与执事,翼如也。

芮城府君起家为御史,将行,谓文中子曰:"何以赠我?"子曰:"清而无介,直而无执。"曰:"何以加乎?"子曰:"太和为之表,至心为之内;行之以恭,守之以道。"退而谓董常曰:"大厦将颠,非一木所支也。"

子曰:"婚娶而论财,夷虏之道也,君子不入其乡。古者男女之族各择德焉,不以财为礼。"子之族婚嫁必具六礼,曰:"斯道也,今亡矣。三纲之首不可废,吾从古。"

子曰:"恶衣薄食,少思寡欲,今人以为诈,我则好诈焉。不为夸衒,若愚似鄙,今人以为耻,我则不耻也。"

子曰:"古之仕也,以行其道;今之仕也,以逞其欲。难矣乎!"

子曰:"吏而登仕,劳而进官,非古也,其秦之余酷乎?古者士登乎仕,吏执乎役,禄以报劳,官以授德。"

子曰:"美哉,公旦之为周也!外不屑天下之谤而私其迹,曰:'必使我子孙相承,而宗祀不绝也。'内实达天下之道而公其心,曰:'必使我君臣相安,而祸乱不作。'深乎!深乎!安家者,所以宁天下也;存我者,所以厚苍生也。故迁都之义曰:'洛邑之地,四达而平,使有德易以兴,无德易以衰。'"

无功作《五斗先生传》,子曰:"汝忘天下乎?纵心败矩,吾不与也。"

(录自张沛撰:《中说校注》,中华书局 2013 年版)

周公篇

子谓周公之道:"曲而当,私而恕,其穷理尽性以至于命乎?"

子曰:"圣人之道,其昌也潜,其弊也寝,薑薑焉若寒暑进退,物莫不从之而不知其由也。"

温彦博问:"嵇康、阮籍何人也?"子曰:"古之名理者而不能穷也。"曰:

"何谓也?"子曰:"道不足而器有余。"曰:"敢问道器。"子曰:"通变之谓道,执方之谓器。"曰:"刘灵何人也?"子曰:"古之闭关人也。"曰:"可乎?"曰:"兼忘天下,不亦可乎?"曰:"道足乎?"子曰:"足则吾不知也。"

陈守谓薛生曰:"吾行令于郡县而盗不止,夫子居于乡里而争者息,何也?"薛生曰:"此以言化,彼以心化。"陈守曰:"吾过矣。"退而静居,三月盗贼出境。子闻之曰:"收善言,叔达善德。"

房玄龄问:"田畴何人也?"子曰:"古之义人也。"

子谓《武德》之舞劳而决,其发谋动虑经天子乎?谓《昭德之舞》闲而泰,其和神定气绥天下乎?太原府君曰:"何如?"子曰:"或决而成之,或泰而守之,吾不知其变也。噫!《武德》则功存焉,不如《昭德》之善也。且《武》之未尽善久矣。其时乎!其时乎!"

子谓:"史谈善述九流,知其不可废而知其各有弊也,安得长者之言哉?"子曰:"通其变,天下无弊法;执其方,天下无善教。故曰:'存乎其人。'"

子曰:"安得圆机之士,与之共言九流哉?安得皇极之主,与之共叙九畴哉?"

杜淹问:"崔浩何人也?"子曰:"迫人也。执小道,乱大经。"

程元曰:"敢问《豳风》何也?"子曰:"《变风》也。"元曰:"周公之际,亦有变风乎?"子曰:"君臣相诮,其能正乎?成王终疑,则风遂变矣。非周公至诚,孰能卒之哉?"元曰:"《豳》居《变风》之末,何也?"子曰:"夷王已下,《变风》不复正矣。夫子盖伤之者也,故终之以《豳风》;言变之可正也,唯周公能之,故系之以正,歌《豳》曰周之本也。呜呼,非周公孰知其艰哉?变而克正,危而克扶,始终不失于本,其惟周公乎?系之《豳》,远矣哉!"

子曰:"齐桓尊王室而诸侯服,惟管仲知之;苻秦举大号而中原静,惟王猛知之。"或曰苻秦逆,子曰:"晋制命者之罪也,苻秦何逆?昔周制至公之命,故齐桓、管仲不得而背也;晋制至私之命,故苻秦、王猛不得而事也。其应天顺命、安国济民乎?是以武王不敢逆天命,背人而事纣;齐桓不敢逆天命,背人而黜周。故曰晋之罪也,苻秦何逆。三十余年,中国士民,东西南北,自远而至,猛之力也。

子曰:"苻秦之有臣,其王猛之所为乎?元魏之有主,其孝文之所为乎?中国之道不坠,孝文之力也。"

太原府君曰:"温子升何人也?"子曰:"险人也,智小谋大。永安之事,同州府君常切齿焉,则有由也。"

子读三祖上事,曰:"勤哉而不补也! 无谓魏、周无人,吾家适不用尔。"

子之家庙,座必东南向,自穆公始也,曰:"未志先人之国。"

辽东之役,子闻之曰:"祸自此始矣。天子不见伯益赞禹之词,公卿不用魏相讽宣帝之事。"

王孝逸谓子曰:"天下皆争利弃义,吾独若之何?"子曰:"舍其所争,取其所弃,不亦君子乎?"

子谓贾琼、王孝逸、凌敬曰:"诸生何乐?"贾琼曰:"乐闲居。"子曰:"静以思道,可矣。"王孝逸曰:"乐闻过。"子曰:"过而屡闻,益矣。"凌敬曰:"乐逢善人。"子曰:"多贤,不亦乐乎?"

薛收游于馆陶,适与魏徵归。告子曰:"徵,颜、冉之器也。"徵宿子之家,言《六经》,逾月不出。及去,谓薛收曰:"明王不出而夫子生,是三才九畴属布衣也。"

刘炫见子,谈《六经》,唱其端,终日不竭。子曰:"何其多也!"炫曰:"先儒异同,不可不述也。"子曰:"一以贯之可矣,尔以尼父为多学而识之耶?"炫退,子谓门人曰:"荣华其言,小成其道,难矣哉!"

凌敬问礼乐之本,子曰:"无邪。"凌敬退,子曰:"贤哉,儒也! 以礼乐为问。"

子曰:"《大风》安不忘危,其霸心之存乎?《秋风》乐极哀来,其悔志之萌乎?"

子曰:"《诗》《书》盛而秦世灭,非仲尼之罪也;虚玄长而晋室乱,非老、庄之罪也;斋戒修而梁国亡,非释迦之罪也。《易》不云乎:'苟非其人,道不虚行。'"

或问佛,子曰:"圣人也。"曰:"其教何如?"曰:"西方之教也,中国则泥。轩车不可以适越,冠冕不可以之胡,古之道也。"

或问宇文俭,子曰:"君子儒也。疏通知远,其《书》之所深乎! 铜川府君重之,岂徒然哉!"

子游太乐,闻《龙舟五更》之曲,瞿然而归,曰:"靡靡乐也,作之邦国焉,不可以游矣。"

子谓姚义:"盍官乎?"义曰:"舍道干禄,义则未暇。"子曰:"诚哉!"

或问荀彧、荀攸,子曰:"皆贤者也。"曰:"生死何如?"子曰:"生以救时,死以明道,荀氏有二仁焉。"

子曰:"言而信,未若不言而信;行而谨,未若不行而谨。"贾琼曰:"如何。"子曰:"推之以诚,则不言而信;镇之以静,则不行而谨。惟有道者能之。"

杨素谓子曰:"甚矣,古之为衣冠裳履,何朴而非便也!"子曰:"先王法服,不其深乎! 为冠所以庄其首也,为履所以重其足也。衣裳襜如,剑佩锵如,皆所以防其躁也。故曰'俨然人望而畏之'。以此防民,犹有疾驱于道者;今舍之曰'不便',是投鱼于渊、置猿于木也,天下庸得不驰骋而狂乎? 引之者非其道也。"

董常歌《邶柏舟》,子闻之曰:"天实为之,谓之何哉?"

邳公好古物,钟鼎什物、珪玺钱具必具。子闻之,曰:"古之好古者聚道,今之好古者聚财。"

子谓仲长子光曰:"山林可居乎?"曰:"会逢其适也,焉知其可?"子曰:"达人哉,隐居放言也!"子光退谓董、薛曰:"子之师其至人乎? 死生一矣,不得与之变。"

薛收问隐,子曰:"至人天隐,其次地隐,其次名隐。"

子谓姚义能交。或曰"简",子曰:"所以为能也。"或曰"广",子曰:"广而不滥,又所以为能也。"

子谓晁错:"率井田之序,有心乎复古矣。"

贾琼问《续书》之义,子曰:"天子之义列乎范者有四:曰制,曰诏,曰志,曰策。大臣之义载于业者有七:曰命,曰训,曰对,曰赞,曰议,曰诚,曰谏。"

文中子曰:"帝者之制,恢恢乎其无所不容。其有大制,制天下而不割乎? 其上湛然,其下恬然。天下之危,与天下安之;天下之失,与天下正之。千变万化,吾常守中焉。其卓然不可动乎! 其感而无不通乎! 此之谓帝制矣。"

文中子曰:"《易》之忧患业业焉,孜孜焉,其畏天悯人,思及时而动乎?"繁师玄曰:"远矣,吾视《易》之道,何其难乎?"子笑曰:"有是夫? '终日乾乾'可也。'视之不臧,我思不远。'"

越公聘子,子谓其使者曰:"存而行之可也。"歌《干旄》而遣之。既而曰:"玉帛云乎哉?"

子谓房玄龄曰:"好成者,败之本也;愿广者,狭之道也。"玄龄问:"立功、立言何如?"子曰:"必也量力乎?"

子谓:"姚义可与友,久要不忘;贾琼可与行事,临难不变;薛收可与事君,仁而不佞;董常可与出处,介如也。"

子曰:"贱物贵我,君子不为也。好奇尚怪,荡而不止,必有不肖之心应之。"

薛宏请见《六经》,子不出。门人惑,子笑曰:"有好古博雅君子,则所不隐。"

子有内弟之丧,不饮酒食肉。郡人非之,子曰:"吾不忍也。"赋《载驰》卒章而去。

郑和谮子于越公曰:"彼实慢公,公何重焉?"越公使问子,子曰:"公可慢,则仆得矣;不可慢,则仆失矣。得失在仆,公何预焉?"越公待之如旧。

子曰:"我未见勇者。"或曰贺若弼。子曰:"弼也戾,焉得勇?"

李密问英雄,子曰:"自知者英,自胜者雄。"问勇,子曰:"必也义乎?"

贾琼曰:"甚矣,天下之不知子也!"子曰:"尔愿知乎哉?姑修焉,天将知之,况人乎?"

贾琼请《六经》之本,曰:"吾恐夫子之道或坠也。"子曰:"尔将为名乎!有美玉姑待价焉。"

杨玄感问孝,子曰:"始于事亲,终于立身。"问忠,子曰:"孝立,则忠遂矣。"

(录自张沛撰:《中说校注》,中华书局 2013 年版)

立命篇

文中子曰:"命之立也,其称人事乎?故君子畏之。无远近高深而不应也,无洪纤曲直而不当也,故归之于天。《易》曰:'乾道变化,各正性命。'"魏徵曰:"《书》云:'惠迪吉,从逆凶,惟影响。'《诗》云:'不戢不难,受福不那。彼交匪傲,万福来求。'其是之谓乎?"子曰:"徵,其能自取矣。"董常曰:"自取者,其称人邪?"子曰:"诚哉!惟人所召。"贾琼进曰:"敢问'死生有命,富贵在天'何谓也?"子曰:"召之在前,命之在后,斯自取也,庸非命乎? 噫! 吾未如之何也已矣。"琼拜而出,谓程元曰:"吾今而后知元命可作,多福可求矣。"程元曰:"敬佩玉音,服之无斁。"

文中子曰:"度德而师,易子而教,今亡矣。"

子曰:"不以伊尹、周公之道康其国,非大臣也;不以霍光、诸葛亮之心事其君者,皆具臣也。"

董常叹曰:"善乎,颜子之心也! 三月不违仁矣。"子闻之曰:"仁亦不远,姑虑而行之,尔无苟羡焉。'惟精惟一','诞先登于岸'。"常出曰:"虑不及精,思不及睿,焉能无咎? 焉能不违?"

繁师玄闻董常贤,问贾琼以齿,琼曰:"始冠矣。"师玄曰:"吁! 其幼达也。"琼曰:"夫子十五为人师焉。陈留王孝逸,先达之傲者也,然白首北面,岂以年乎? 琼闻之:德不在年,道不在位。"

门人有问姚义:"孔庭之法,曰《诗》曰《礼》,不及四经,何也?"姚义曰:"尝闻诸夫子矣:《春秋》断物,志定而后及也;《乐》以和,德全而后及也;《书》以制法,从事而后及也;《易》以穷理,知命而后及也。故不学《春秋》无以主断,不学《乐》无以知和,不学《书》无以议制,不学《易》,无以通理。四者非具体不能及,故圣人后之,岂养蒙之具邪?"或曰:"然则《诗》《礼》何为而先也?"义曰:"夫教之以《诗》,则出辞气,斯远暴慢矣;约之以《礼》,则动容貌,斯立威严矣。度其言,察其志,考其行,辩其德。志定则发之以《春秋》,于是乎断而能变;德全则导之以乐,于是乎和而知节;可从事则达之以《书》,于是乎可以立制;知命则申之以《易》,于是乎可与尽性。若骤而语《春秋》,则荡志轻义;骤而语《乐》,则喧德败度;骤而语《书》,则狎法;骤而语《易》,则玩神。是以圣人知其必然,故立之以宗,列之以次。先成诸己,然后备诸物;先济乎近,然后形乎远。亶其深乎! 亶其深乎!"子闻之,曰:"姚子得之矣。"

子曰:"识寡于亮,德轻于才,斯过也已。"

子曰:"治乱,运也,有乘之者,有革之者。穷达,时也,有行之者,有遇之者。吉凶,命也,有作之者,有偶之者。一来一往,各以数至,岂徒云哉?"

辽东之役,天下治船。子曰:"林麓尽矣。帝省其山,其将何辞以对?"

或问《续经》,薛收、姚义告子。子曰:"使贤者非邪,吾将饰诚以请对;

愚者非邪,吾独奈之何?"因赋《黍离》之卒章,入谓门人曰:"五交三衅,刘峻亦知言哉!"

房玄龄问:"善则称君,过则称己,可谓忠乎?"子曰:"让矣。"

杜如晦问政,子曰:"推尔诚,举尔类,赏一以劝百,罚一以惩众,夫为政而何有?"如晦出谓窦威曰:"谠人容其讦,佞人杜其渐,赏罚在其中。吾知乎为政矣。"

文中子曰:"制命不及黄初,志事不及太熙,褒贬不及仁寿。"叔恬曰:"何谓也?"子泫然曰:"仁寿、大业之际,其事忍容言邪?"

贾琼问:"'富而教之'何谓也?"子曰:"仁生于歉,义生于丰,故富而教之,斯易也。古者圣王在上,田里相距,鸡犬相闻,人至老死不相往来,盖自足也。是以至治之代,五典潜,五礼措,五服不章,人知饮食,不知盖藏,人知群居,不知爱敬,上如标枝,下如野鹿。何哉?盖上无为、下自足故也。"贾琼曰:"淳漓朴散,其可归乎?"子曰:"人能弘道,苟得其行,如反掌尔。昔舜、禹继轨而天下朴,夏桀承之而天下诈,成汤放桀而天下平,殷纣承之而天下陂,文、武治而幽、厉散,文、景宁而桓、灵失,斯则治乱相易,浇淳有由。兴衰资乎人,得失在乎教。其曰太古不可复,是未知先王之有化也,《诗》《书》《礼》《乐》复何为哉?"董常闻之,谓贾琼曰:"孔孟云亡,夫子之道行,则所谓'绥之斯来,动之斯和'乎?孰云淳朴不可归哉?"

子曰:"以性制情者鲜矣。我未见处歧路而不迟回者。《易》曰:'直方大,不习,无不利。'则不疑其所行也。"

窦威曰:"大哉,《易》之尽性也!门人孰至焉?"子曰:"董常近之。"或问:"威与常也何如?"子曰:"不知。"

子曰:"大雅或几于道,盖隐者也,'默而成之,不言而信'。"

或问陶元亮,子曰:"放人也。《归去来》有避地之心焉,《五柳先生传》则几于闭关矣。"

子曰:"和大怨者必有余怨,忘大乐者必有余乐,天之道也。"

子曰:"气为上,形为下,识都其中,而三才备矣。气为鬼,其天乎?识为神,其人乎?吾得之理性焉。"

薛收曰:"敢问天神、人鬼何谓也?周公其达乎?"子曰:"大哉,周公!远则冥诸心也,心者非他也,穷理者也,故悉本于天;推神于天,盖尊而远之也,故以祀礼接焉。近则求诸己也,己者非他也,尽性者也,卒归之人;

推鬼于人，盖引而敬之也，故以飨礼接焉。古者观盥而不荐，思过半矣。"薛收曰："敢问地祇。"子曰："至哉！百物生焉，万类形焉；示之以民，斯其义也。形也者非他也，骨肉之谓也，故以祭礼接焉。"收曰："三者何先？"子曰："三才不相离也，措之事业则有主焉。圆丘尚祀，观神道也；方泽贵祭，察物类也；宗庙用飨，怀精气也。"收曰："敢问三才之蕴。"子曰："至哉乎问！夫天者，统元气焉，非止荡荡苍苍之谓也；地者，统元形焉，非止山川丘陵之谓也；人者，统元识焉，非止圆首方足之谓也。乾坤之蕴，汝思之乎？"于是收退而学《易》。

子曰："射以观德，今亡矣。古人贵仁义，贱勇力。"

子曰："弃德背义而患人之不己亲，好疑尚诈而患人之不己信，则有之矣。"

子曰："君子服人之心，不服人之言；服人之言，不服人之身。服人之身，力加之也。君子以义，小人以力，难矣夫！"

子曰："太熙之后，天子所存者号尔。乌乎！索化列之以政，则蕃君比之矣。《元经》何以不兴乎？"

房玄龄谓薛收曰："道之不行也必矣，夫子何营营乎？"薛收曰："子非夫子之徒欤？天子失道则诸侯修之，诸侯失道则大夫修之，大夫失道则士修之，士失道则庶人修之。修之之道：从师无常，诲而不倦，穷而不滥，死而后已；得时则行，失时则蟠。此先王之道所以续而不坠也，古者谓之继时。《诗》不云乎：'纵我不往，子宁不嗣音？'如之何以不行而废也？"玄龄惕然谢曰："其行也如是之远乎？"

（录自张沛撰：《中说校注》，中华书局 2013 年版）

陆德明学案

陆德明(约 550—630),名元朗,字德明,以字行,苏州吴人,隋唐间经学家、训诂学家。

陆德明曾受学于名儒周宏正,因周氏宗王弼之学,德明受老师影响,故"善言玄理"。陈宣帝时,德明"年始弱冠",应召于承光殿讲学。当时陈国子祭酒徐克开讲,恃贵纵辨,众莫敢当,德明则独与之抗对,赢得合朝赏叹。任始兴王国左常侍任,迁国子助教。陈朝亡,遂归隐乡里。隋炀帝嗣位,陆德明为秘书学士。大业中,炀帝广召经明之士,四方学者、儒生纷纷前来。炀帝遣德明与鲁达、孔褒俱会门下省讲论,众人共相交难,却无出陆德明之右者,遂授其国子助教。隋朝末年,王世充僭越称帝,封其子为汉王,署德明为师。其子前往德明之家,将行束脩之礼,对此,陆德明深以为耻,遂服巴豆散,卧东壁下,当王世充之子见他时,德明跪在床前,对之遗痢,也不与其说话。

秦王李世民讨平王世充后,征陆德明为秦王府文学馆学士,为十八学士之一。李世民常常来馆与学士论学,还命中山王承乾从德明受业,德明寻补太学博士。后来,高祖亲临太学释奠,由三教学者讲论,徐文远讲《孝经》,沙门惠乘讲《波若经》,道士刘进喜讲《老子》。陆德明责难此三人各因宗指、随端立义,三人皆为之屈。德明的学识得到高祖的赏识,被赐与帛五十匹。陆德明对《易》经造诣颇深,时人皆以徐文远之《左传》、褚徽之《礼》、鲁(世)达之《诗》以及陆德明之《易》为一时之最。贞观初,陆德明拜国子博士,封吴县男,不久就逝世了。陆德明撰有名作《经典释文》三十卷,唐太宗读过此书,对之十分赞赏,于是使其广为流传。陆德明的《经典释文》,今本署"唐"陆德明撰,一般人多误以为撰于唐初,实际此书草创于陈后主至德元年,隋灭陈前已经成书。据《册府元龟》卷九十七载:"贞观十六年四月甲辰,太宗阅陆德明《经典音义》,美其弘益学者,叹曰:'德明虽亡,此书足可传习。'因赐其家布帛百疋。"①陆德明另有《易疏》二十卷、《老子疏》十五卷、《周易文句义疏》二十卷、《周易文外大义》二卷、《庄子文句义》二十卷。今存《经典释文》和《春秋公羊传》。

他所撰《经典释文》是一部为古代十四部经书注音释义的著作,囊括了儒家经典和老庄著作,没有佛典。这部书在经学、训诂学、音韵学等方面具有重大价值。皮锡瑞赞之:"前乎唐人义疏,经学家所宝贵者,有陆德明《经典释文》。"②《经典释文》采用的注本达一百七十九种之多,不仅全面吸收前辈诸家的研究成果,博收异本异说,证各本异同,而且对各原始文本进行了校勘和辑佚,使得唐以后亡佚的大量珍贵文献史料得以保存。《序录》作为《经典释文》之首篇,被学界公认为是我国古代最早的简明经学演变史,它按照经书产生的时间顺序,梳理了每部经典的起源、注释、传授和流传情况,系统地总结了唐以前的经典历史,为唐代经学甚至整个中国古代经学史奠定了基础。

经典释文序

夫书音之作,作者多矣,前儒撰著,光乎篇籍,其来既久,诚无闲然。但降圣已还,不免偏尚,质文详略,互有不同。汉魏迄今,遗文可见,或专出己意,或祖述旧音,各师成心,制作如面,加以楚夏声异,南北语殊,是非信其所闻,轻重因其所习,后学钻仰,罕逢指要。夫筌蹄所寄,唯在文言,差若毫厘,谬便千里。夫子有言:"必也正名乎","名不正则言不顺,言不顺则事不成","故君子名之必可言也,言之必可行也"。斯富哉,言乎大矣、盛矣、无得而称矣。

然人禀二仪之淳和,含五行之秀气,虽复挺生天纵,必资学以知道。故唐尧师于许由,周文学于虢叔,上圣且犹有学,而况其余乎。至于处鲍居兰、甄所先入,染丝斲梓、功在初变,器成采定,难复改移,一薰一莸,十年有臭,岂可易哉,岂可易哉。

余少爱坟典,留意艺文,虽志怀物外而情存著述。粤以癸卯之岁,承

---

① 王钦若等编:《册府元龟》卷九十七,中华书局1960年版,第1154页。
② 皮锡瑞著:《经学历史》,中华书局1959年版,第207页。

乏上庠,循省旧音,苦其太简,况微言久绝,大义愈乖,攻乎异端,竞生穿凿。不在其位,不谋其政,既职司其忧,宁可视成而已。遂因暇景,救其不逮,研精六籍,采摭九流,搜访异同,校之《苍》《雅》。辄撰集《五典》《孝经》《论语》及《老》《庄》《尔雅》等音,合为三袟三十卷,号曰《经典释文》。古今并录,括其枢要,经注毕详,训义兼辩,质而不野,繁而非芜,示传一家之学,用贻后嗣,令奉以周旋,不敢坠失。与我同志,亦无隐焉。但代匠指南,固取诮于博识,既述而不作,言其所用,复何伤乎云尔。

（录自陆德明撰,张一弓点校:《经典释文》,上海古籍出版社2012年版）

颜师古学案

　　颜师古(581—645),名籀,字师古,京兆万年(今陕西西安)人,祖籍琅
玡临沂(今山东临沂)。唐初经学家、训诂学家、历史学家。

　　颜师古是名儒颜之推之孙,其父为颜思鲁,以学艺称,亦以儒学著称
于世。颜师古自幼受祖训家学熏陶,博览群书,学问通博,精于文字训诂、
声韵、校勘之学,且善文词。隋仁寿中,颜师古由李纲举荐而任安养县尉。
唐高祖李渊起义时,颜师古至长春宫谒见,授朝散大夫,拜敦煌公府文学。
后又转起居舍人,再迁中书舍人,专典机密。颜师古聪明慧达,明于政理,
当时军国多务,凡有诏令,一概出于其手,而册奏之工,当时无人能及。唐
太宗即位后,拜中书侍郎,封琅玡县男,后官至秘书监、弘文馆学士。

　　贞观四年(630),唐太宗因儒家经典去圣久远,而多出现文字讹谬的
现象,遂诏令颜师古于秘书省考订五经,最终撰成五经定本。书成之后,
太宗诏令诸儒重加详议,房玄龄等人对此书大加质疑辩难,"师古辄引晋、
宋已来古今本,随言晓答,援据详明,皆出其意表,诸儒莫不叹服"[1]。于
是,太宗颁五经定本行于天下,令学者习焉,并令师古兼通直郎、散骑常
侍。贞观七年,师古拜秘书少监,专典刊正。后又奉诏撰修《五礼》,贞观
十一年,《礼》成,即《贞观礼》,师古遂进爵为子。不久,又奉太子李承乾之
命,注班固《汉书》。班固《汉书》多用古语,十分晦涩。师古《汉书注》解释
详明,深为学者所重,此书一贯被视为对《汉书》的经典注释。贞观十五
年,太宗下诏,欲封禅泰山,命所司与公卿并诸儒博士详定仪注,师古自荐
以《封禅仪注书》。太宗诏公卿定其可否,众人多从师古之说。最终,封禅
事因故不行。贞观十九年,师古随太宗东巡,途中病故,年六十五,谥号
"戴"。颜师古考定五经正本,参与撰写《五经正义》《隋书》等,并撰有《汉

---

① 刘昫撰:《旧唐书》卷七十三《颜师古传》,中华书局1975年版,第2594页。

书注》一百二十卷以及《匡谬正俗》八卷、《急就章注》一卷等,皆存。另有集六十卷(一作四十卷),已佚。

除了曾在魏徵荐举下参与《隋书》的修撰工作之外,颜师古的史学成就主要体现在他为《汉书》作注。颜师古反对以往的《汉书》注家,认为:"近代注史,竞为该博,多引杂说,攻击本文,至有诋诃言辞,掎摭利病,显前修之纰僻,骋己识之优长,乃效矛盾之仇雠,殊乖粉泽之光润。"①明确自己注书的宗旨为:"今之注解,翼赞旧书,一遵轨辙,闭绝歧路。"②颜师古主张注《汉书》要"一遵轨辙",依照《汉书》原文客观地注《汉书》,即使是"翼赞旧书",也仅仅是为了解释《汉书》,而不是借注《汉书》而攻击《汉书》。颜师古的《汉书注》以"集注"的形式包揽唐以前二十余家注释,并以己意予以裁夺、补充,订正了《汉书》在流传中产生的讹误脱漏,又阐明了由于时代的推移所出现的语音、词义的变化,以及名物、典制、史实的不同等问题。此书一贯被视为有功于"《汉书》学"的优秀之注。《匡谬正俗》是颜师古另一部重要著作,集中展现了颜师古在语言学和文字学上的造诣。此书的宗旨是纠正诸经、诸书部分音读、注释的错误,并对出错的原因加以探讨。颜师古的《匡谬正俗》对于古代文献的整理有着不容忽视的贡献。总而言之,颜师古"家籍儒风"而又自一家,他在"该博经义""详注史策""探测典礼"这三方面对儒学和经学贡献良多,堪称一代儒宗。

策贤良问五道

第一道

问:天生蒸庶,树之司牧,立化成俗,阐教宏风。譬玺印之抑涂,若盘盂之置水。污隆各随所齿,方圆在其所制。夏后尚忠之政,固以率服万邦;殷人先敬之道,亦足仪型百姓。亟从革变,靡定沿袭,所贵虽殊,同归于义,先圣设法,将不徒然。厥意如何,伫问诠释。

---

① 班固撰:《汉书·汉书叙例》,中华书局1962年版,第3页。
② 《汉书·汉书叙例》,第3页。

第二道

问：夫杂用霸道，不纯德教。是非稽古，何以称强？权宜一切，宁可垂训。其理隐微，其说安取？且设官分职，非贤不任，知人则哲，惟帝难之。良由言行相违，名实乖舛，情态难睹，兰艾莫分，藻镜铨衡，若其混糅，如何审综？察兹优劣，八观之术，往彦所陈，七缪之邮，非无前说。澄汰糠粃，其可必陈。何谓七缪？宜具条录，勿致阙遗。又西京课吏，其法何以？邺洛考功，众议孰得？且公卿已下，员禄素定，量其间剧，职务才举。而散官一色，多乏器干，纵非鄙弱，则有疵瑕。至于衔命诸方，承旨出使，按察抚劳，络绎相趋。若差职事之人，则于官曹阙废，如其专遣冗散，又致前涂亏失，彼此难周，未能通允，欲施何法，使得兼济？又二代寮案，大数几何？用官详备，遣人可观，准望圣朝，繁省何若？自秦及汉，掌外使者何人？当涂典午，出邦畿者何职？书传所说，可得而言？职达化方，久应商略，既无碍滞，悉俟敷陈。

第三道

问：洁己以进，陈诸往册，平康正直，彰乎前训，修身励操，俱曰可称。摄职当官，何者尤切？必能兼善，其利溥哉，互有所长，宜甄先后。今既举兹二事，欲委共康，广扇清风，大矫流俗，施行条教，可用率下，使人怀冰玉之心，家有素丝之节。轨物昭范，伫观表仪。若在姬周，号称多士，嬴氏居位，亦有贤人。谁修廉洁之道？孰当正直之举？爰及雨汉魏晋已来，历载遐长，廉直众矣。其间尤异，凡有几人？必须具列姓名，分条事迹。无或非当，意状殊违，先古有言：惟德作乂。既充廉洁之选，又应正直之科，诚宜追踪曩人，尚想同志，并驱前烈。诚可比肩。仰企高山，谁者弗逮。当仁不让，宁假执谦。近取诸身，岂或涯分。无而为有，是则非廉，虚美雷同，又乖正直。兼兹学植，理必该通，原始要终，当尽宏博。

第四道

问：学以从政，昔贤令则。博文强识，君子所尚。结发升朝，敷衽受职。开物成务，率由兹道。是以登高能赋，可列大夫；试讽籀篇，乃得为史。然而算祀悠邈，载籍实繁，钻仰虽多，罕能择练。今将少论古昔，庶异见闻,勿用浮辞,当陈指要。九流七略,题目何施?八体六书,名义焉在?三皇五帝,诸说不同。列次分区,谁者为允?翠妫元扈,临之而安得?绿纯黄玉,所表其奚事?阴康骊畜,行序孰当?封钜大坟,胡宁游处?彤鱼昌仆,出何典诰?穷蝉声望,厥类惟何?管仲文锦,既丑何贵?子产深炼,实厚何俾?周鼎所存,识者几物?齐钟所衅,卒用何牲?罢绌诸侯,何名三十六都?褒贬将相,何谓三十二人?至如象叶之精乎弃日,木鸡之巧乎异端,著于简牒,何所沮劝?学综古今,想宜究悉,一二显析,无惮米盐。

第五道

问:八政所先,食货居首;万商之业,市井为利。菽粟稻粱,饥馑足以充口;布帛丝纩,寒暑足以蔽形。生灵所资,莫此为急。爰及室宇器械,同出五材,皆禀造化之功,取者得供其用。而龟贝之属,何故为宝?竞取而多,谁所创意?钱币之作,本以何施?亿兆赖其何功?政教得其何助?若夫九府之法,于何贸迁?三官所统,又何典掌?未知乘时趋利,济益深浅,起伪生奸,有何亏败?九府之名,欲知其九,三官之号,何等为三?宜各指陈,务令可晓。子绀称贵,文饰何如?赤仄殊形,以何间错?又卖谷极贱,则农夫劬劳而不给;籴价翔踊,则工商窘乏而难振。为政之道,患在不均。设法筹算,去其太甚。使夫荷锸拥耒,阡陌之用获饶;作工通财,仓廪之储不匮,又籴三舍一,起自何人?以母权子,云谁所建?各申何法?厥利焉如?今欲修之,孰可孰不可?亦宜辨说,不可暧昧。佐时经国,此亦一隅。既膺斯举,何所兴让?聊动翰墨,岂申余勇?

(录自董诰编:《全唐文》,中华书局1983年版)

封禅议

将封先祭,义在告神,且备款谒之仪,方展庆成之礼。固当为坛下址,预申斋洁,赞飨已毕,然后登封。既表重慎之深,兼示行事有渐。今请察于山下,封于山上,四出开道,坛场通仪,南面入升,于事为允。今请山上圜坛广五尺,高九尺,用五色土为之。四面各设一陛,御位在坛前,升自南陛,而就行事。旧藏玉牒,止用石函,亦用书盛箧笥。所以或呼为石箧。然其形大质重,转徙非易。岱宗傥无此石,皆应取自他山。所以不为混成，累辑而作，大要在于周固，藉其缜密。而近代仪注，更名石礈。礈非稽古之文，本无义训可寻。赢缩之间，贵在折中，不烦纷议，更增疑惑。今请方石三枚，以为再累。其十枚石检，刻方石四边而立之，缠以金绳，用备检约。凡言封者，皆是积土之名，利建分封，亦以班社立号，谓之封惮，厥义可知。今若置牒坛上，止因累石，不加缮筑，即以为封，匪唯严秘之道，有如简率，亦乃名实不副，理恐乖爽。今请于圜坛之上，安置方石，封印既讫，加五色土，筑以为封，高一丈二尺，而广二丈。金玉重宝，质性坚贞，宗祀严禋，皆充器币。岂嫌华靡？实贵精确。况乎三神壮观，万代鸿名。礼极殷崇，事资藻缛，玉牒玉检，式韫灵琦，传之无穷，永存不朽。至于广袤之数，足以载文辞；缄束之方，务在申胶固。今宜立制，随时损益。丰功厚德，既以跨蹑前踪；盛典宏规，无劳一遵曩式。今请玉牒长一尺八寸，广厚各五寸，玉检厚二寸，其印齿疏密，随印大小，距石之设，意取牢固，本资实用，岂云巧饰？今既积土厚封，更无差动，天长地久，宁假支持？斜设横安，请并弗置。勒石纪号，垂裕后昆。美盛德之形容，阐后王之休烈。其义远矣！其事尚焉！我皇声畅九垓，威横八极，灵祇不爱其宝，兆庶无得而稽。但当赞述希夷，以摅臣下之至，具祭坛之例，登封之所，肆觐万国，受记百神，固宜刻颂，显扬功业。至如小距环坛，石阙别树，事非经据，无益礼仪，烦而非要，请从减省。神灵玺宝而弗用，由来无所施行。其六玺虽以封书，莫不披于群下。受命之玺，登封则用，昭事上元，表兹介福，休征纬兆，岂因常贯？又封检之玺，分寸不同，即事而言，请并更造。既顺肃虔之理，永垂创制之名。禅坛制度，请从新礼，行事仪式，亦并依之。自外委细不载于文者，职在所司，随事量定，议曰：

谨率愚管，具录如前，庸疑之言，不足观采。但封禅大礼，旧典不存。秦汉以来，颇有遗迹。阙而不备，难可甄详。昔在元封，倪宽专赞其决；逮乎光武，梁松独尸其事。搢绅杂议，不知所裁。至如流俗传闻，记注臆说，未尝从事，徒有空言，乖殊不一，曷足云也？且夫沿革不同，著之前诰，自君作古，闻诸往册。方今台铉佐时，远超风后，秩宗典职，追迈伯夷。究六经之妙旨，毕天下之能事。纳于圣德，禀自宸衷，果断而行，文质斯允。（《文苑英华》载别本同异："诏旨集公卿及儒生学士议登封事，谨依访闻，具件如右。但封禅大礼，旧典不存，秦汉以来，颇有遗迹，阙而不备，难可甄详。昔在元封时，主博采群论，建武有司亦禀成规，至如记注近书，委巷浮说，不足凭据，无所取材。且夫沿革不同，著于往册。自君作古，实惟令范。圣朝丕业，方贻万载，臣下庸蔽，不敢专决，请垂鉴察，克断宸衷，谨录奏闻，伏听裁择。谨议。"）

（录自董诰编：《全唐文》，中华书局 1983 年版）

功臣配飨议

窃以肃恭禋祀，经邦彝训，追远念功，历代鸿典。故当立文定制，适事从宜，垂裕后昆，永贻宪则。圣皇驭寓，元化醇深，错综遗文，苞括旧艺。于穆清庙，备孝享于吉蠲；股肱良哉！豫铭常之配侑。爰发明诏，俾命率由。秩宗致请，博谋僚列，浅闻寡见，无足观采。但礼经残缺，年载遐深，传习各殊，执见靡一。《尔雅》说祀禘为大祭，《公羊》义大事为祫，何休所释，又异郑玄。然皆一配之文。曾无重祝之证。是非众论，虽曰舛驳，隆杀二端，厥趋可睹。谨按祫者合食。禘乃禘祭，禘小于祫，理则非疑。《商书》称从与于大享，《周礼》著祭于大烝。是知小祀不及功臣，其事又无可惑。魏晋以降，莫不通行。中间虽经差失，梁朝又已矫正。有齐立号，朝宗河朔。周氏命历，卜食咸阳。修定礼义，皆有凭据，同遵此典，未尝厘革。今欲更改，实谓非宜。六经莫见斯文，三雍不显其迹，悠悠之论，蔑足云也。且夫无丰于昵，昔贤著诫；黩则不敬，祀典明文。徒见异端，假从臆说，烦而非当，于义无取。又寻古之配祭，皆在于冬，据其时月，益明非禘。况乎臣之立功，各因所奉，享祀之日，从主升配。禘之为祭，自于本室。庙未毁者，不至太祖之庭，君既不来，而臣独当祀列，对扬尊极，乃非所事。岂容山河之誓，务乎殷重，霜露之感，从于简略。论情即理，孰曰可安？今请祫配功臣，禘则不豫。依经合义，进退为允。谨议。

（录自董诰编：《全唐文》，中华书局 1983 年版）

孔颖达学案

　　孔颖达(574—648)，字仲达(一说仲远)，冀州衡水人，孔子第三十二代孙。孔颖达八岁就学，日诵千余言，异于凡童。及长，尤明《左氏传》《郑氏尚书》《王氏易》《毛诗》《礼记》，兼善算历，解属文。同郡刘焯名重海内，为一代大儒，孔颖达尝造访其门，请质疑滞，多出刘焯意表。隋大业初，举明经高第，授河内郡博士。当时，炀帝征召诸郡儒官集于洛阳，令国子秘书学士与他们论难，其中以颖达为最。因为孔颖达年少，先辈宿儒耻于居其后，就派刺客暗杀他，辛亏礼部尚书杨玄感舍之于家，最终获免于难，补太学助教。

　　及唐太宗平王世充，孔颖达为秦王府文学馆学士。贞观六年(632)，累除国子司业，后迁太子右庶子，仍兼国子司业。孔颖达尝与诸儒议历及明堂，众儒皆从颖达之说。又与魏徵撰成《隋书》，加位散骑常侍。贞观十一年，与朝贤修定《五礼》，所有疑滞，咸谘决之。书成，进爵为子，赐物三百段。太子李承乾令孔颖达撰《孝经义疏》，颖达因文见意，又广之以规讽之道，学者称之。太宗以颖达在东宫数有匡谏，与左庶子于志宁各赐黄金一斤、绢百匹。十二年，拜国子祭酒，仍侍讲东宫。十四年，太宗幸国学观释奠，命颖达讲《孝经》，既毕，颖达上《释奠颂》，太宗手诏褒美。孔颖达尝与颜师古、司马才章、王恭、王琰等诸儒受诏撰修五经义训，凡一百八十卷，太宗诏改为《五经正义》。贞观十五年，孔颖达与房玄龄、高士廉等参修《文思博要》一千二百卷。贞观十七年，颖达以年老致仕。十八年，图形于凌烟阁，贞观二十二年卒，陪葬昭陵，赠太常卿，谥曰"宪"。

　　唐代的新儒学不同于汉代的章句之学，它以古文经为基础，综汇了今文经和古文之学，完成了经学的一统，同时又接续魏晋南北朝援道玄入儒、援佛入儒的潮流，吸纳了玄佛思想，并通过官方化与国家化固定下来。从重训诂考据的汉儒之学，到重性命义理的宋儒之学，孔颖达承担了这一思想发展的过渡环节。

周易正义序

　　夫易者，象也。爻者，效也。圣人有以仰观俯察；象天地而育群品，云行雨施，效四时以生万物。若用之以顺，则两仪序而百物和；若行之以逆，则六位倾而五行乱。故王者动必则天地之道，不使一物失其性；行必协阴阳之宜，不使一物受其害。故能弥纶宇宙，酬酢神明。宗社所以无穷，风声所以不朽，非夫道极玄妙，孰能与于此乎？斯乃乾坤之大造，生灵之所益也。若夫龙出于河，则八卦宣其象；麟伤于泽，则《十翼》彰其用。业资凡圣，时历三古。及秦亡金镜，未坠斯文；汉理珠囊，重兴儒雅。其传《易》者，西都则有丁、孟、京、田，东都则有荀、刘、马、郑，大体更相祖述，非有绝伦。唯魏世王辅嗣之《注》独冠古今。所以江左诸儒，并传其学；河北学者，罕能及之。其江南义疏，十有余家，皆辞尚虚玄，义多浮诞。

　　原夫易理难穷，虽复"玄之又玄"，至于垂范作则，便是有而教有。若论住内住外之空、就能就所之说，斯乃义涉于释氏，非为教于孔门也。既背其本，又违于《注》。至若《复卦》云："七日来复。"并解云："七日当为七月，谓阳气从五月建午而消，至十一月建子始复，所历七辰，故云'七月'。"今案：辅嗣注云："阳气始剥尽，至来复时，凡七日。"则是阳气剥尽之后，凡经七日始复，但阳气虽建午始消，至建戌之月，阳气犹在，何得称七月来复？故郑康成引《易纬》之说，建戌之月，以阳气既尽，建亥之月，纯阴用事，至建子之月，阳气始生，隔此纯阴一卦，卦主六日七分，举其成数言之，而云"七日来复"。仲尼之《纬》分明，辅嗣之《注》若此。康成之说，遗迹可寻。辅嗣注之于前，诸儒背之于后，考其义理，其可通乎？又《蛊卦》云："先甲三日，后甲三日。"辅嗣注云"甲者创制之令"，又若汉世之时甲令、乙令也。辅嗣又云"令洽""乃诛"，故后之三日。又《巽卦》云："先庚三日，后庚三日。"辅嗣注云："申命令谓之庚。"辅嗣又云："甲庚皆申命之谓也。"诸儒同于郑氏之说，以为甲者宣令之日；先之三日而用辛也，欲取改新之义；后之三日而用丁也，取其丁宁之义。王氏《注》意，本不如此，而又不顾其《注》，妄作异端。

　　今既奉敕删定，考察其事，必以仲尼为宗；义理可诠，先以辅嗣为本；

去其华而取其实，欲使信而有征。其文简，其理约，寡而制众、变而能通，仍恐鄙才短见，意未周尽。谨与朝散大夫行大学博士臣马嘉运，守大学助教臣赵乾叶等对共参议，详其可否。至十六年，又奉敕与前修疏人及给事郎守四门博士上骑都尉臣苏德融等，对敕使赵弘智覆更详审，为之《正义》，凡十有四卷。庶望上裨圣道，下益将来，故序其大略，附之卷首尔。

（录自《十三经注疏·周易正义》，上海古籍出版社1997年版）

毛诗正义序

夫《诗》者，论功颂德之歌，止僻防邪之训，虽无为而自发，乃有益于生灵。六情静于中，百物荡于外，情缘物动，物感情迁。若政遇醇和，则欢娱被于朝野，时当惨黩，亦怨刺形于咏歌。作之者所以畅怀舒愤，闻之者足以塞违从正。发诸情性，谐于律吕，故曰"感天地，动鬼神，莫近于《诗》"。此乃《诗》之为用，其利大矣。

若夫哀乐之起，冥于自然，喜怒之端，非由人事。故燕雀表嗝噍之感，鸾凤有歌舞之容。然则《诗》理之先，同夫开辟，《诗》迹所用，随运而移。上皇道质，故讽谕之情寡。中古政繁，亦讴歌之理切。唐、虞乃见其初，牺、轩莫测其始。于后时经五代，篇有三千，成、康没而颂声寝，陈灵兴而变风息。先君宣父，厘正遗文，缉其精华，褫其烦重，上从周始，下暨鲁僖，四百年闲，六诗备矣。卜商阐其业，雅颂与金石同和；秦正燎其书，简牍与烟尘共尽。汉氏之初，《诗》分为四：申公腾芳于鄢郢，毛氏光价于河间，贯长卿传之于前，郑康成笺之于后。晋、宋、二萧之世，其道大行；齐、魏两河之间，兹风不坠。

其近代为义疏者，有全缓、何胤、舒瑗、刘轨思、刘丑、刘焯、刘炫等。然焯、炫并聪颖特达，文而又儒，擢秀干于一时，骋绝辔于千里，固诸儒之所揖让，日下之所无双，于其所作疏内特为殊绝。今奉敕删定，故据以为本。然焯、炫等负恃才气，轻鄙先达，同其所异，异其所同，或应略而反详，或宜详而更略，准其绳墨，差忒未免，勘其会同，时有颠踬。今则削其所烦，增其所简，唯意存于曲直，非有心于爱憎。谨与朝散大夫行太学博士臣王德韶、征事郎守四门博士臣齐威等对共讨论，辨详得失。至十六年，又奉敕与前修疏人及给事郎守太学助教云骑尉臣赵乾叶、登仕郎守四门助教云骑尉臣贾普曜等，对敕使赵弘智覆更详正，凡为四十卷，庶以对扬圣范，垂训幼蒙，故序其所见，载之于卷首云尔。

（录自《十三经注疏·毛诗正义》，上海古籍出版社 1997 年版）

礼记正义序

夫礼者，经天纬地，本之则大一之初；原始要终，体之乃人情之欲。夫人上资六气，下乘四序，赋清浊以醇醨，感阴阳而迁变。故曰：人生而静，天之性也；感物而动，性之欲也。喜怒哀乐之志，于是乎生；动静爱恶之心，于是乎在。精粹者虽复凝然不动，浮躁者实亦无所不为。是以古先圣王鉴其若此，欲保之以正直，纳之于德义。犹襄陵之浸，修堤防以制之；毷驾之马，设衔策以驱之。故乃上法圆象，下参方载，道之以德，齐之以礼。然飞走之伦，皆有怀于嗜欲；则鸿荒之世，非无心于性情。燔黍则大享之滥觞，土鼓乃云门之拳石。冠冕饰于轩初，玉帛朝于虞始。夏商革命，损益可知；文武重光，典章斯备。泊乎姬旦，负扆临朝，述《曲礼》以节威仪，制《周礼》而经邦国。礼者，体也，履也，郁郁乎文哉！三百三千，于斯为盛。纲纪万事，雕琢六情。非彼日月照大明于寰宇，类此松筠负贞心于霜雪。顺之则宗祐固，社稷宁，君臣序，朝廷正；逆之则纪纲废政，政教烦，阴阳错于上，人神怨于下。故曰人之所生，礼为大也。非礼无以事天地之神，辩君臣长幼之位，是礼之时义大矣哉！暨周昭王南征之后，彝伦渐坏；彗星东出之际，宪章遂泯。夫子虽定礼正乐，颓纲斯理，而国异家殊，异端并作。画蛇之说，文擅于纵横；非马之谈，辨离于坚白。暨乎道丧两楹，义乖四术，上自游夏之初，下终秦汉之际，其间歧涂诡说，虽纷然竞起，而余风曩烈，亦时或独存。

于是博物通人，知今温古，考前代之宪章，参当时之得失，俱以所见，各记旧闻。错总鸠聚，以类相附，《礼记》之目，于是乎在。去圣逾远，异端渐扇。故大、小二戴，共氏而分门；王、郑两家，同经而异注。爰从晋、宋，逮于周、隋，其传《礼》业者，江左尤盛。其为义疏者，南人有贺循、贺玚、庾蔚之、崔灵恩、沈重、范宣、皇甫侃等；北人有徐遵明、李业兴、李宝鼎、侯聪、熊安生等。其见于世者，唯皇、熊二家而已。熊则违背本经，多引外义，犹之楚而北行，马虽疾而去逾远矣。又欲释经文，唯聚难义，犹治丝而棼之,手虽繁而丝益乱也。皇氏虽章句详正,微稍繁广,又既遵郑氏,乃时乖郑义,此是木落不归其本,狐死不首其丘。此皆二家之弊,未为得也。然以熊比皇,皇氏胜矣。虽体例既别,不可因循,今奉敕删理,仍据皇氏以为本,其有不备,以熊氏补焉。必取文证详悉,义理精审,翦其繁芜,撮其机要。恐独见肤浅,不敢自专,谨与中散大夫守国子司业臣朱子奢、国子助教臣李善信、守太学博士臣贾公彦、行太常博士臣柳士宣、魏王东阁祭酒臣范义頵、魏王参军事臣张权等对共量定。至十六年,又奉敕与前修疏人及儒林郎守太学助教云骑尉臣周玄达、儒林郎守四门助教云骑尉臣赵君赞、儒林郎守四门助教云骑尉臣王士雄等,对敕使赵弘智覆更详审,为之《正义》,凡成七十卷。庶能光赞大猷,垂法后进,故叙其意义,列之云尔。

（录自《十三经注疏・礼记正义》,上海古籍出版社 1997 年版）

春秋正义序

夫《春秋》者,纪人君动作之务,是左史所职之书。王者统三才而宅九有,顺四时而治万物。四时序则玉烛调于上,三才协则宝命昌于下,故可以享国永年,令闻长世。然则有为之务,可不慎与? 国之大事在祀与戎,祀则必尽其敬,戎则不加无罪,盟会协于礼,兴动顺其节,失则贬其恶,得则褒其善。此《春秋》之大旨,为皇王之明鉴也。若夫五始之目,章于帝轩,六经之道,光于《礼记》。然则此书之发,其来尚矣。但年祀绵邈,无得而言。暨乎周室东迁,王纲不振,楚子北伐,神器将移。郑伯败王于前,晋侯请隧于后。窃僭名号者,何国不然! 专行征伐者,诸侯皆是。下陵上替,内叛外侵,九域骚然,三纲遂绝。夫子内韫,大圣逢时若此,欲垂之以法则无位,正之以武则无兵,赏之以利则无财,说之以道则不用。虚叹衔书之凤,乃似丧家之狗,既不救于已往,冀垂训于后昆。因鲁史之有得失,据周经以正褒贬。一字所嘉,有同华衮之赠;一言所黜,无异萧斧之诛。所谓不怒而人威,不赏而人劝,实永世而作则,历百王而不朽者也。至于秦灭典籍,鸿猷遂寝。汉德既与,儒风不泯。其前汉传《左氏》者有张苍、贾谊、尹咸、刘歆,后汉有郑众、贾逵、服虔、许惠卿之等,各为诂训。然杂取《公羊》《穀梁》以释《左氏》,此乃以冠双屦,将丝综麻,方凿圆枘,其可入乎？晋世杜元凯又为《左氏集解》，专取丘明之传，以释孔氏之经，所谓子应乎母，以胶投漆，虽欲勿合，其可离乎？今校先儒优劣，杜为甲矣，故晋宋传授，以至于今。其为义疏者，则有沈文何、苏宽、刘炫。然沈氏于义例粗可，于经传极疏；苏氏则全不体本文，唯旁攻贾、服，使后之学者钻仰无成；刘炫于数君之内，实为翘楚，然聪惠辩博，固亦罕俦，而探赜钩深，未能致远。其经注易者，必具饰以文辞；其理致难者，乃不入其根节。又意在矜伐，性好非毁，规杜氏之失，凡一百五十余条，习杜义而攻杜氏，犹蠹生于木而还食其木，非其理也。虽规杜过，义又浅近，所谓捕鸣蝉于前，不知黄雀在其后。案僖公三十三年经云："晋人败狄于箕。"杜注云："却缺称'人'者，未为卿。"刘炫规云："晋侯称'人'与殽战同。"案殽战在葬晋文公之前，可得云背丧用兵，以贱者告。箕战在葬晋文公之后，非是背丧用兵，何得云"与殽战同"？此则一年之经，数行而已，曾不勘省上下，妄规得失。又襄公二十一年传云："邾庶共以漆闾丘来奔，以公姑姊妻之。"杜注云："盖寡者二人。"刘炫规云："是襄公之姑，成公之姊，只一人而已。"案成公二年，成公之子公衡为质，及宋逃归。案《家语·本命》云："男子十六而化生。"公衡已能逃归，则十六七矣。公衡之年如此，则于时成公三十三四矣，计至襄二十一年，成公七十余矣，何得有姊而妻庶其？此等皆其事历然，犹尚妄说，况其余错乱，良可悲矣！然比诸义疏，犹有可观。今奉敕删定，据以为本，其有疏漏，以沈氏补焉。若两义俱违，则特申短见。虽课率庸鄙，仍不敢自专，谨与朝请大夫国子博士臣谷那律、故四门博士臣杨士勋、四门博士臣朱长才等，对共参定。至十六年，又奉敕与前修疏人及朝散大夫行大学博士上骑都尉臣马嘉运、朝散大夫行大学博士上骑都尉臣王德韶、给事郎守四门博士上骑都尉臣苏德融、登仕郎守大学助教云骑尉臣随德素等，对敕使赵弘智覆更详审，为之正义，凡三十六卷，冀贻诸学者，以裨万一焉。

（录自《十三经注疏·春秋左传正义》，上海古籍出版社 1997 年版）

魏徵学案

魏徵（580—643），字玄成，魏州曲城人。唐初政治家、思想家、儒家学者、历史学家。

魏徵父亲是北齐的屯留令。魏徵少孤，性直，好读书，落拓有大志。隋炀帝大业末年，魏徵为瓦岗军李密所召，进十策以说密，但不为之用。后随李密降唐，至长安。又自请安辑山东，乃授秘书丞，驰驱至黎阳。窦建德攻陷黎阳，俘获徵，署为起居舍人。等到建德败亡的时候，太子李建成闻其名，引为洗马。后得到秦王李世民的器重，引为詹事主薄。李世民即位，魏徵擢拜谏议大夫，封爵巨鹿县男。太宗新即位，励精政事，数引魏徵入卧内，访以得失。贞观二年（628），迁秘书监，参预朝政。贞观七年，代王珪为侍中。后因撰史有功，加左光禄大夫，进爵郑国公。贞观十一年，魏徵又与长孙无忌、房玄龄、李百药、颜师古、令狐德棻、孔颖达、于志宁等撰成《大唐仪礼》一百卷。贞观十六年，拜太子太师，知门下省事如故。十七年，魏徵逝，时年六十四岁。太宗亲临恸哭，赠司空，谥曰"文贞"，陪葬昭陵。太宗亲制碑文，并为书石。太宗曾说："夫以铜为镜，可以正衣冠；以古为镜，可以知兴替；以人为镜，可以明得失。朕常保此三镜，以防己过。今魏徵殂逝，遂亡一镜矣！"①

魏徵通于儒经，每有谏言或上封事，多引经据典。徵以戴圣《礼记》编次不伦，遂撰《类礼》二十卷，以类相从，削其重复，采先儒训注，择善从之，研精覃思，数年而成。太宗览而善之，录数本以赐太子及诸王，仍藏之秘阁。魏徵参与撰写或自己撰写的著作有《次礼记》（亦曰《类礼》）二十卷、《陈书》三十六卷、《隋书》八十五卷、《自古诸侯王善恶录》二卷、《祥瑞录》十卷、《列女传略》七卷、《大唐仪礼》一百卷、《谏事》五卷、《群书治要》五十

---

① 《旧唐书》卷七十一《魏徵传》，第 2561 页。

卷、《文思博要》一千二百卷、《目》十二卷、《时务策》五卷。魏徵文集已经散佚,今存辑本有清人王灏《畿辅丛书》所收《魏郑公文集》与今人吕效祖所编的《新编魏徵集》。

魏徵的儒学思想集中体现在他与太宗君臣奏对时所呈上的奏疏中。贞观年间,魏徵频上《论时政疏》《论治道疏》《十渐疏》等,以陈得失,劝太宗以"隋亡为鉴","居安思危",做到"简能而任之,择善而从之"等。魏徵常常犯颜直谏,得到太宗的信任和夸赞:"朕即位之初,有上书者非一,或言人主必须威权独任,不得委任群下;或欲耀兵振武,慑服四夷。惟有魏徵劝朕'偃革兴文,布德施惠,中国既安,远人自服'。朕从此语,天下大宁。绝域君长,皆来朝贡,九夷重译,相望于道。凡此等事,皆魏徵之力也。"[①]又说:"贞观以前,从我平定天下,周旋艰险,玄龄之功无所与让。贞观之后,尽心于我,献纳忠说,安国利人,成我今日功业,为天下所称者,惟魏徵而已。"[②]

可以说,魏徵不是著书立说型的儒家知识分子,而是积极践行儒家"入世"精神的活动家,他通过政治实践来应和儒家的政治理念。魏徵的政治实践活动展现了传统儒家"正君德"和"行仁政"的思想。太宗贞观年间君圣臣贤,政治清明,远夷宾服,在这些辉煌的成就中,魏徵以及他所遵循的儒家理念都扮演着重要的角色。

论时政疏·第一疏

臣观自古受图膺运,继体守文,控御英杰,南面临下,皆欲配厚德于天地,齐高明于日月,本支百代,传祚无穷。然而克终者鲜,败亡相继,其故何哉?所以求之失其道也。殷鉴不远,可得而言。昔在有隋,统一寰宇,甲兵强盛,三十余年,风行万里,威动殊俗。一旦举而弃之,尽为他人所有。彼炀帝岂恶天下之治安,不欲社稷之长久,故行桀纣,以就灭亡哉?盖恃其富强,不虞后患。驱天下以从欲,罄万物以自奉。采域中之子女,求远方之奇异。宫宇是饰,台榭是崇。徭役无时,干戈不戢,外示威重,内

---

① 吴兢编著:《贞观政要》卷五《诚信第十七》,上海古籍出版社1978年版,第183页。
② 《贞观政要》卷二《任贤第三》,上海古籍出版社1978年版,第33页。

多隘忌,谗邪者,必遂其福,忠正者,莫保其生。上下相蒙,君臣道隔。人不堪命,率土分析,遂以四海之尊,殒于匹夫之手,子孙珍灭,为天下之笑,深可痛矣。圣哲乘机,拯其危溺,八柱倾而复正,四维绝而更张。远肃迩安,不疏于期月。胜残去杀,无待于百年。今宫观台榭,尽居之矣;珍奇异物,尽收之矣;姬姜淑媛,尽侍于侧矣;四海九州岛,尽为臣妾矣。若能鉴彼之所以亡,念我之所以得,日慎一日,虽休勿休。焚鹿台之宝衣,毁阿房之广殿,惧危亡于峻宇,思安处于卑宫,则神化潜通,无为而理,德之上也。若成功不毁,即仍其旧,除其不急,损之又损,杂茅茨于桂栋,参玉砌于土阶,悦以使人,不竭其力,常念居之者逸,作之者劳,亿兆悦以子来,群生仰而遂性,德之次也。若惟圣罔念,不慎厥终,忘缔构之艰难,谓天命之可恃,忽采椽之恭俭,追雕墙之侈靡;因其基以崇之,增其旧而饰之。触类而长,不思止足,人不见德,而劳役是闻。斯为下矣,譬如负薪救火,扬汤止沸,以暴易乱,与乱同道,莫可则也。后嗣何观?夫事无可观,则人怨神怒;人怨神怒,则灾害必生;灾害既生,则祸乱必作。祸乱既作,而能以身名令终者鲜矣。顺天革命之后,将隆七百之祚,贻厥孙谟,传之万世。难得易失,可不念哉。

（录自董诰编:《全唐文》,中华书局1983年版）

论时政疏·第二疏

臣闻求木之长者,必固其根本;欲流之远者,必浚其泉源;思国之安者,必积其德义。源不深而望流之远,根不固而求木之长,德不厚而望国之治。虽在下愚,知其不可,而况于明哲乎?人君当神器之重,居域中之大,将崇极天之峻,永保无疆之休。不念居安思危,戒奢以俭,德不处其厚,情不胜其欲,斯亦伐根以求木茂,塞源而欲流长也。凡百元首,承天景命,莫不殷忧而道著,功成而德衰,有善始者实繁,能克终者盖寡。岂其取之易守之难乎?昔取之而有余,今守之而不足,何也?夫在殷忧,必竭诚以待下,既得志,则纵情以傲物;竭诚则吴、越为一体,傲物则骨肉为行路。虽董之以严刑,震之以威怒,终苟免而不怀仁,貌恭而不心服。怨不在大,可畏惟人;载舟覆舟,所宜深慎。奔车朽索,其可忽乎?君人者,诚能见可欲,则思知足以自戒;将有作,则思知止以安人;念高危,则思谦冲而自牧;

惧满溢,则思江海下百川;乐盘游,则思三驱以为度;忧懈怠,则思慎始而敬终;虑壅蔽,则思虚心以纳下;想谗邪,则思正身以黜恶;恩所加,则思无因喜以谬赏;罚所及,则思无因怒而滥刑。总此十思,宏兹九德,简能而任之,择善而从之,则智者尽其谋,勇者竭其力,仁者播其惠,信者效其忠;文武争驰,君臣无事,可以尽豫游之乐,可以养松乔之寿,鸣琴垂拱,不言而化。何必劳神苦思,代下司职,役聪明之耳目,亏无为之大道哉?

(录自董诰编:《全唐文》,中华书局1983年版)

论时政疏·第四疏

臣闻为国之基,必资于德礼;君之所保,惟在于诚信。诚信立,则下无二心;德礼行,则远人斯格。然则德礼诚信,国之大纲,在于父子君臣,不可斯须而废也。故孔子曰:"君使臣以礼,臣事君以忠。"又曰:"自古皆有死,人无信不立。"文子曰:"同言而信,信在言前;同令而行,诚在令外。"然则言而不行,言不信也;令而不从,令无诚也。不信之言,无诚之令,为上则败德,为下则危身,虽在颠沛之中,君子之所不为也。自王道休明,十有余载,威加海外,万国来庭,仓廪日积,土地日广。然而道德未益厚,仁义未益博者何哉?由乎待下之情,未尽于诚信,虽有善始之勤,未睹克终之美故也。其所由来者渐,非一朝一夕之故。昔贞观之始,闻善若惊,既五六年间,犹悦以从谏。自兹厥后,渐恶直言,虽或勉强时有所容,非复曩时之豁如也。謇谔之士,稍避龙鳞;便佞之徒,肆其巧辩。谓同心者为朋党,谓告讦者为至公,谓强直者为擅权,谓忠谠者为诽谤。谓之为朋党,虽忠信而可疑;谓之为至公,虽矫伪而无咎。强直者畏擅权之议,忠谠者虑诽谤之尤。至于窃金生疑,投杼致惑。正人不得尽其言,大臣莫能与之争。荧惑视听,郁闷大猷,妨化损德,其在兹乎?故孔子之恶利口之覆邦家,盖为此也。且君子小人,貌同心异。君子掩人之恶,扬人之善,临难不苟免,杀身以成仁。小人不耻不仁,不畏不义,惟利之所在,危人以自安。夫苟在危人,则何所不至?今将求致治,必委之于君子;事有得失,或访之于小人。其待君子也,则敬而疏;遇小人也,必轻而狎。狎则言无不尽,疏则情不上通。是则毁誉在于小人,刑罚加于君子。实兴丧所在,亦安危所系,安可以不慎哉?此乃孙卿所谓使智者谋之,与愚者论之,使修洁之士行之,与汗鄙之人疑之,欲其成功,可得乎哉? 夫中智之人,岂无小慧,然才非经国,虑不及远,虽竭力尽诚,犹未免于倾败。况内怀奸利,承顺颜旨,其为祸患,不亦深乎? 故孔子曰:"君子或有不仁者焉,未见小人而仁者。"然则君子不能无小恶,恶不积,无妨于正道。小人或时有小善,善不积,不足以立忠。今谓之善人矣。复虑其时有不信,何异夫立直木而疑其影之曲乎? 虽竭精神,劳思虑,其不可得,亦已明矣。

夫君能尽礼,臣能竭忠,必有在乎内外无私,上下相信。上不信,则无以使下;下不信,则无以事上。信之为道大矣哉! 故自天佑之,吉无不利。昔齐桓公问于管仲曰:"吾欲酒腐于爵,肉腐于俎,得无害于霸乎?"管仲曰:"此固非其善者,然亦无害于霸也。"公曰:"如何而害霸乎?"曰:"不能知人,害霸也。知而不能用,害霸也。用而不能任,害霸也。任而不能信,害霸也。既信而又使小人参之,害霸也。"晋中行穆伯攻鼓,经年而不能下,魏简伦曰:"鼓之啬夫,简伦之知,请无疲士大夫,而鼓可得。"穆伯不应。左右曰:"折一戟,不伤一卒,而鼓可得,君奚为不取?"穆伯曰:"简伦之为人也,佞而不仁。若使简伦下之,吾不可以不赏。若赏之,是赏佞人也。佞人得志,是使晋国之士,舍仁而为佞。虽得鼓,将何用之?"夫穆伯列国大夫,管仲霸者之佐,犹能慎于信任远避佞人也如此,况乎为四海之大君,应千龄之上圣,而可使巍巍之盛德,复将有所阂然乎? 若欲令君子小人是非不杂,必怀之以德,待之以信,励之以义,节之以礼。然后善善而恶恶,审罚而明赏,则小人绝其邪佞,君子自强不息。无为而化,何远之有? 善善而不能进,恶恶而不能去,罚不及于有罪,赏不加于有功,则危亡之期,或未可保,永锡祚允,将何望哉?

(录自董诰编:《全唐文》,中华书局1983年版)

论治道疏

臣闻君为元首,臣作股肱,齐契同心,合而成体,已成不备,为未成人。然则首虽尊高,必资手足以成体;君虽明哲,必资股肱以致治。《礼》云:"人以君为心,君以臣为体。心庄则体舒,心肃则容敬。"《书》云:"元首明哉,股肱良哉,万事康哉。元首丛脞哉,股肱惰哉,万事堕哉。"然则委弃股肱,独任胸臆,具体成理,非所闻也。夫君臣相遇,自古为难。以石投水,千载一合。以水投石，无时不有。其能开至公之道，申天下之用，内尽心膂，外竭股肱，和若盐梅，固同金石者，非惟高位厚秩，在于礼之而已。昔周文游于凤凰之墟，袜系解，顾左右，莫可使结者，乃自结之。岂周文之朝，尽为俊乂，圣明之代，独无君子哉？但知与不知，礼与不礼耳。是以伊尹有莘之媵臣，韩信项氏之亡命。殷汤致礼，定王业于南巢；汉祖登坛，成帝统于垓下。若夏桀不弃于伊尹，项王垂恩于韩信，岂肯败已成之国，为灭亡之虏乎？又微子骨肉也，受茅土于宋；箕子良臣也，陈洪范于周。仲尼称其仁，莫有非之者。《礼记》称："鲁穆公问于子思曰：'为旧君反服古欤？'子思曰：'古之君子，进人以礼，退人以礼，故有旧君反服之礼也；今之君子，进人若将加诸膝，退人若将坠诸泉，无为戎首，不亦善乎？又何反服之礼之有？'齐景公问于晏子曰：'忠臣之事君，如之何？'晏子对曰：'有难不死，出亡不送。'公曰：'裂地以封之，疏爵而待之，有难不死，出亡不送，何也？'晏子曰：'言而见用，终身无难，臣何死焉？谏而见从，终身不亡，臣何送焉？若言而不见用，有难而死，是妄死也。谏而不见从，出亡而送，是诈忠也。'"《春秋左氏传》曰："崔杼弑齐庄公，晏子立于崔氏之门外，其人曰：'死乎？'曰：'独吾君也乎哉？吾死也。'曰：'行乎？'曰：'吾罪也乎哉？吾亡也。故君为社稷死，则死之；为社稷亡，则亡之。若为己死而为己亡，非其亲昵，谁敢任之？'门启而入，枕尸股而哭之，兴，三踊而出。"孟子曰："君视臣如手足，臣视君如腹心。君视臣如犬马，臣视君如国人。君视臣如土芥，臣视君如寇雠。"虽臣之事君，无有二志，至于去就之节，尚缘恩施厚薄。然则为人上者，安可以无礼于上哉？

窃观在朝群臣，当枢机之寄者，或地邻齐晋，或业预经纶，并立事立功，皆一时之选，处之衡轴，为任重矣。任之虽重，信之未笃。信之不笃，则人或自疑。人或自疑，则心怀苟且。心怀苟且，则节义不立。节义不立，则名教不兴。名教不兴，而可与固太平之基，保七百之祚，未之有也。又国家重惜功臣，不念旧恶，方之前圣，一无所闲然。但宽于大事，急于小罪，临时责怒，未免爱憎之心，不可以为政。君严其禁，臣或犯之，况上启其源，下必有甚。川壅而溃，其伤必多。欲使凡百黎元，何所措其手足？此则君开一源，下生百端，百端之变，无不动乱者。《礼》曰："爱而知其恶，憎而知其善。"若憎而不知其善，则为善者必惧。爱而不知其恶，则为恶者实繁。《诗》曰："君子如怒，乱庶遄沮。"然则古人之震怒，将以惩恶，当今之威罚,所以长奸,此非尧舜之心,非汤禹之事。《书》云:"抚我则后,虐我则雠。"孙卿子曰:"君舟也,人水也,水所以载舟,亦所以覆舟。"孔子曰:"鱼失水而死,水失鱼,则犹为水也。"故尧战战栗栗,日慎一日。安可不深思之乎?安可不熟虑之乎?夫委大臣以大体,责小臣以小事,为国之常也,为理之道也。今委之以职,则重大臣而轻小臣,至于有事,则信小臣而疑大臣,信其所轻,疑其所重,将以致理,其可得乎?又政贵有恒,不求屡易。今或责小臣以大体,或责大臣以小事,小臣乘非其据,大臣孰得其所守?大臣或以小过获罪,小臣或以大体受罚,职非其位,罚非其罪,欲其无私,求其尽力,不亦难乎?小臣不可委以大事,大臣不可责以小罪。任以大官,求其细过,刀笔之吏,顺旨承风,舞文弄法,曲成其罪。自陈也,则以为心不伏辜;不言也,则以为所犯皆实。进退惟谷,莫能自明。则苟免其祸,大臣苟免,则谲诈萌生。谲诈萌生,则矫伪成俗。矫伪成俗,则不可以臻至理矣。又委任大臣,欲其尽力。每官有所避忌不言,则为不尽力。若举得其人,何嫌于故旧?若举非其任,何贵于疏远?待之不尽诚信,何以责其忠恕哉?臣虽或有失之,君亦未为得也。夫上之不信于下,必以为下无可信。若必下无可信,则上亦有可疑矣。《礼》云:"上人疑,则百姓惑。下难知,则君长劳。"上下相疑,则不可以言至理矣。当今群臣之内,远在一方,流言三至而不投杼者,臣窃思度,未见其人。夫以四海之广,士庶之众,岂无一二可信之人哉?盖信之则无不可,疑之则无可信者,岂独臣之过乎?夫以一介愚夫,结为交友,以身相许,死且不渝,况君臣契合,实同鱼水。若君为尧舜,则臣为稷契,岂有遇小事则变志,见小利则易心哉?此虽下之立忠,未能明著,亦由上怀不信,待之过薄之所致也。此岂君使臣以礼,臣事君以忠乎?以陛下之圣明,以当今之功业,诚能博求时俊,上下同心,则三皇可追而四,五帝可俯而六矣。夏殷周汉,夫何足数焉?

(录自董诰编:《全唐文》,中华书局1983年版)

论御臣之术

臣闻知臣莫若君,知子莫若父。父不能知其子,则无以睦一家。君不能知其臣,则无以齐万国。万国咸宁,一人有庆,必藉忠良作弼,俊乂在官,则庶绩其凝,无为而化矣。故尧舜文武,见称前载,咸以知人则哲,多士盈朝,元凯翼巍巍之功,周召光焕乎之美。然则四岳九官,五臣十乱,岂惟生之于曩代,而独无于当今者哉?在乎求与不求,好与不好耳。何以言之?夫美玉明珠,孔翠犀象,大宛之马,西旅之獒,或无足也,或无情也。生于八荒之表,途遥万里之外,重译入贡,道路不绝者何哉?盖由乎中国之所好也。况从仕者,怀君之荣,食君之禄,率之以义,将何往而不至哉?臣以为与之为忠,则可使同乎龙逄比干矣。与之为孝,则可使同乎曾参子骞矣。与之为信,则可使同乎尾生展禽矣。与之为廉,则可使同乎伯夷叔齐矣。然而今之群臣,罕能贞白卓异者,盖求之不切,励之未精故也。若勖之以公忠,期之以远大,各有职分,得行其道。贵则观其所举,富则观其所养,居则观其所好,习则观其所言,穷则观其所不受,贱则观其所不为。因其材以取之,审其能以任之。用其所长,掩其所短,进之以六正,戒之以六邪。则不严而自励,不劝而自勉矣。故《说苑》曰:"人臣之行,有六正六邪,行六正则荣,犯六邪则辱。"

何谓六正?一曰萌芽未动,形兆未见,昭然独见存亡之机,得失之要,预禁乎未然之前,使主超然立乎荣显之处,如此者圣臣也。二曰虚心尽意,日进善道,勉主以礼义,谕主以长策,将顺其美,匡救其恶,如此者良臣也。三曰夙兴夜寐,进贤不懈,数称往古之行事,以励主意,如此者忠臣也。四曰明察成败,早防而救之,塞其间,绝其源,转祸以为福,使君终以无忧,如此者智臣也。五曰守文奉法,任官职事,不受赠遗,辞禄让赐,饮食节俭,如此者贞臣也。六曰国家昏乱,所为不谀,敢犯主之严颜,面言主之过失,如此者直臣也。是谓六正。

何谓六邪?一曰安官贪禄,不务公事,与代浮沉。左右观望,如此者具臣也。二曰主所言皆曰善,主所为皆曰可,隐而求主之所好而进之,以快主之耳目,偷合苟容,与主为乐,不顾后害,如此者谀臣也。三曰内实险诐,外貌小谨,巧言令色,妒贤嫉能。所欲进,则明其美,隐其恶;所欲退,则明其过,匿其美。使主赏罚不当,号令不行。如此者奸臣也。四曰智足以饰非,辩足以行说,内离骨肉之亲,外构乱于朝廷,如此者谗臣也。五曰专权擅势,以轻为重,私门成党,以富其家,擅矫主命,以自显贵,如此者贼臣也。六曰谄主以邪佞,陷主于不义,朋党比周,以蔽主明,使黑白无别,是非无间,使主恶布于境内,闻于四邻,如此者亡国之臣也。是谓六邪。

贤臣处六正之道,不行六邪之术,故上安而下理。生则见乐,死则见思，此人臣之术也。《记》曰："权衡诚悬，不可欺以轻重；绳墨诚陈，不可欺以曲直；规矩诚设，不可欺以方圆；君子审礼，不可诬以奸诈。"然则臣之情伪，知之不难矣。又设礼以待之，执法以御之。为善者蒙赏，为恶者受罚，安敢不企及乎？安敢不尽力乎？国家思欲进忠良退不肖，十有余载矣，徒闻其语，不见其人何哉？盖言之是也，行之非也。言之是，则出乎公道；行之非，则涉乎邪径。是非相乱，好恶相攻，所爱虽有罪，不及于刑；所恶虽无辜，不免于罚。此所谓爱之欲其生，恶之欲其死者也。或以小恶弃大善，或以小过忘大功，此所谓君之赏不可以无功求，君之罚不可以有功免者也。赏不以劝善，罚不以惩恶，而望邪正不惑，其可得乎？若赏不遗疏远，罚不阿亲贵，以公平为规矩，以仁义为准绳，考事以正其名，循名以求其实，则邪正莫隐，善恶自分。然后取其实，不尚其华，处其厚，不居其薄。则不言而化，期月而可知矣。若徒爱美锦，而不为人择官，有至公之言，无至公之实，爱而不知其恶，憎而不知其善，徇私情以近邪佞，背公道而远忠良，则夙夜不怠，劳神苦思，将求至理，不可得也。

（录自董诰编：《全唐文》，中华书局1983年版）

十渐疏

臣观自古帝王，受图定鼎，皆欲传之万代，贻厥孙谋。故其垂拱岩廊，布政天下，其语道也，必先淳朴而抑浮华；其论人也，必贵忠良而鄙邪佞；言制度也，则绝奢靡而崇俭约；谈物产也，则重谷帛而贱珍奇。然受命之初，皆遵之以成治，稍安之后，多反之而败俗。其故何哉？岂不以居万乘之尊，有四海之富，出言而莫己逆，所为而人必从，公道溺于私情，礼节亏于嗜欲故也。语曰："非知之难，行之惟难；非行之难，终之斯难。"斯言信矣！伏惟陛下年甫弱冠，大拯横流，削平区宇，肇开帝业。贞观之初，时方克壮，抑损嗜欲，躬行节俭，内外康宁，遂臻至治。论功则汤武不足方，语德则尧舜未为远。臣自擢居左右，十有余年，每侍帷幄，屡奉明旨，常许仁义之道，守之而不失；俭约之志，终始而不渝。一言兴邦，斯之谓也。德音在耳，敢忘之乎？而顷年已来，稍乖曩志，敦朴之理，渐不克终，谨以所闻，列之如左。

陛下贞观之初，无为无欲，清静之化，远被遐荒。考之于今，其风渐堕,听言则远超于上圣,论事则未逾于中主。何以言之?汉文晋武,俱非上哲,汉文辞千里之马,晋武焚雉头之裘,今则求骏马于万里,市珍奇于域外,取怪于道路,见轻于戎狄,此其渐不克终一也。

昔子贡问理人于孔子,孔子曰:"懔乎若朽索之驭六马。"子贡曰:"何其畏哉?"子曰:"不以道遵之,则吾雠也,若何其无畏?"故《书》曰:"民惟邦本,本固邦宁。"为人上者,奈何不敬?陛下贞观之始,视人如伤,恤其勤劳,爱民犹子,每存简约,无所营为。顷年已来,意在奢纵,忽忘卑俭,轻用人力,乃云百姓无事则骄逸,劳役则易使。自古已来,未有由百姓逸乐而致倾败者也。何有逆畏其骄逸,而故欲劳役者哉?恐非兴邦之至言,岂安人之长算?此其渐不克终二也。

陛下贞观之初,损己以利物;至于今日,纵欲以劳人。卑俭之迹岁改,骄奢之情日异。虽忧人之言,不绝于口;而乐身之事,实切于心。或时欲有所营,虑人致谏,乃云若不为此,不便我身,人臣之情,何可复争?此直意在杜谏者之口,岂曰择善而行者乎?此其渐不克终三也。

立身成败,在于所染,兰芷鲍鱼,与之俱化,慎乎所习,不可不思。陛下贞观之初,砥砺名节,不私于物,唯善是与,亲爱君子,疏斥小人。今则不然,轻亵小人,礼重君子。重君子也,敬而远之;轻小人也,狎而近之。近之则不见其非,远之则莫知其是。莫知其是,则不间而自疏;不见其非,则有时而自昵。昵近小人,非致理之道;疏远君子,岂兴邦之义?此其渐不克终四也。

《书》曰:"不作无益害有益,功乃成;不贵异物贱用物,人乃足。犬马非其土性不畜,珍禽奇兽,弗育于国。"陛下贞观之初,动遵尧舜,捐金抵璧,反朴还淳。顷年已来,好尚奇异。难得之货,无远不臻;珍玩之作,无时能止。上好奢靡,而望下敦朴,未之有也。末作滋兴,而求丰实,其不可得,亦已明矣,此其渐不克终五也。

贞观之初,求贤如渴,善人所举,信而任之,取其所长,恒恐不及。近岁已来,由心好恶,或众善举而用之,或一人毁而弃之;或积年任而用之,或一朝疑而远之。夫行有素履,事有成迹,所毁之人,未必可信于所举;积年之行,不应顿失于一朝。君子之怀,蹈仁义而宏大德;小人之性,好谗佞以为身谋。陛下不审察其根源,而轻为之臧否,是使守道者日疏,干求者日进,所以人思苟免,莫能尽力,此其渐不克终六也。

陛下初登大位，高居深视，事惟清静，心无嗜欲，内除毕弋之物，外绝畋猎之源。数载之后，不能固志，虽无十旬之逸，或过三驱之礼。遂使盘游之娱，见讥于百姓；鹰犬之贡，远及于四夷。或时教习之处，道路遥远，侵晨而出，入座方还，以驰骋为欢，莫虑不虞之变。事之不测，其可救乎？此其渐不克终七也。

孔子曰："君使臣以礼，臣事君以忠。"然则君之待臣，义不可薄。陛下初践大位，敬以接下，君恩下流，臣情上达，咸思竭力，心无所隐。顷年已来，多所忽略。或外官充使，奏事入朝，思睹阙庭，将陈所见，欲言则颜色不接，欲请又恩礼不加。间因所短，诘其细过，虽有聪辩之略，莫能申其忠款。而望上下同心，君臣交泰，不亦难乎？此其渐不克终八也。

傲不可长，欲不可纵，乐不可极，志不可满，四者前王所以致福，通贤以为深诫。陛下贞观之初，孜孜不怠，屈己从人，恒若不足。顷年已来，微有矜放，恃功业之大，意蔑前王，负圣智之明，心轻当代，此傲之长也。欲有所为，皆取遂意，纵或抑情从谏，终是不能忘怀，此欲之纵也。志在嬉游，情无厌倦，虽未全妨政事，不复专心治道，此乐将极也。率土乂安，四夷款服，仍远劳士马，问罪遐裔，此志将满也。亲狎者阿旨而不肯言，疏远者畏威而莫敢谏，积而不已，将亏圣德，此其渐不克终九也。

昔陶唐成汤之时，非无灾患，而称其圣德者，以其有始有终，无为无欲，遇灾则极其忧勤，时安则不骄不逸故也。贞观之初，频年霜旱，畿内户口，并就关外，携负老幼，来往数千，曾无一户逃亡，一人怨苦，此诚由识陛下矜育之怀，所以至死无携贰。顷年已来，疲于徭役，关中之人，劳弊尤甚。杂匠之徒，下日悉留和雇；正兵之辈，上番多别驱使。和市之物，不绝于乡间；递送之夫，相继于道路。既有所弊，易为惊扰，脱因水旱，谷麦不收，恐百姓之心，不能如前日之宁帖，此其渐不克终十也。

臣闻祸福无门，唯人所召。人无衅焉，妖不妄作。伏惟陛下统天御寓，十有三年，道洽寰中，威加海外，年谷丰稔，礼教聿兴，比屋喻于可封，菽粟同于水火。暨乎今岁，天灾流行，炎气致旱，乃远被于郡国，凶鬼作孽，忽近起于穀下，夫天何言哉？垂象示诫，斯诚陛下惊惧之辰，忧勤之日也。若见诫而惧，择善而从，同周文之小心，追殷汤之罪己，前王所以致理者，勤而行之，今时所以败德者，思而改之，与物更新，易人视听，则宝祚无疆，普天幸甚，何祸败之有乎？然则社稷安危，国家理乱，在于一人而已。

当今太平之基,既崇极天之峻;九仞之积,犹亏一篑之功。千载休期,时难再得,明王可为而不为,微臣所以郁结而长叹者也。臣诚愚鄙,不达事机,略举所见十条,辄以上闻圣听。伏愿陛下采臣狂瞽之言,参以刍荛之议,冀千虑一得,裨职有补,则死日生年,甘从斧钺。

（录自董诰编:《全唐文》,中华书局1983年版）

吕才学案

吕才(600—665),唐博州清平人。吕才出身于庶族家庭,从小爱好学习,熟读阴阳方技一类书籍,长于音律,是一位自学成才的思想家。贞观三年(629),太宗命令祖孝孙修改整理乐曲,而祖孝孙跟王长通、白明达等人各持一说,相持不下。因为此事,吕才为中书令温彦博、侍中王珪、魏徵所荐入仕,入职弘文馆。

吕才精通阴阳、方伎、舆地、医学,贞观十五年,曾奉太宗命与学者十余人共加刊定《阴阳书》,削其浅俗,存其可用者,勒成五十三卷,并旧书四十七卷,十五年书成,诏颁行之。吕才的无神论思想集中反映于刊正削存的《阴阳书》上,批驳阴阳家的风水、卜筮、择日、禄命以及当时流行的宿命论等迷信思想。吕才认为,师巫之说是野俗口传,并无所出之处,以五音配属姓氏选择住宅,也是没有根据的乖僻理论。阴阳家根据人的生辰、长相来预言吉凶祸福、贵贱寿夭的理论,只不过是"高谈禄命以悦人心,矫言祸福以尽人财"。吕才还批判了当时流行的"富贵官品,皆由安葬所致;年寿延促,亦由坟垅所招"之说。他认为,官爵弘之在人,不由安葬所致,人的吉凶祸福,决定于人的德行,与安葬时日无关,葬书择日的说法是违背礼仪的、荒谬的。吕才也反对葬书中根据五音五姓来选择葬地的说法。

贞观十六年至十八年,又奉旨造《方域图》及《教飞骑战阵图》,迁太常丞。永徽初,预修《文思博要》及《姓氏录》。永徽六年(655),吕才时任太医署上药奉御,收到幼时之友栖玄法师抄送的《因明入正理论》。吕才因耻于被试不知因明学,遂仔细研读,并参看神泰、靖迈、明觉三位法师的义疏,站在经院佛学之外,对玄奘法师等的因明问题提出质疑、进行论辩,举出40余条疑难,加以驳斥,撰写了《因明注解立破义图》上、中、下三卷,并别撰一方义图。对玄奘门下的三家义疏,所说善者,因而称之,其有疑者,立而破之,就"生因了因""差别为性""宗依宗体""喻体喻依"等七个论题,与沙门慧立、明浚等往复辩难。吕才此举以及其书在佛学界引起了很大轰动，直接挑战佛门领袖玄奘法师这位宗师的权威，由此引发了一场辩论，即僧俗之间关于因明学的大辩论。显庆中，吕才作《白雪歌词》，后又与许敬宗、李淳风、孔志约以及诸名医，增损陶弘景所撰《本草》，并作"图解"，合成五十四卷，大行于代。

吕才一生著述甚丰。他出入于当时的各家学说，又以圣人之教为归宗。由于吕才学说的批判色彩，当时"诸家共诃短之"，吕才的著述难容于世，大都散佚。今存仅有两《唐书》本传中的《叙宅经》《叙禄命》《叙葬书》三篇残文，以及《全唐文》辑录的《进大义婚书表》《进白雪歌奏》《议僧道不应拜俗状》《因明注解立破译图序》《东皋子后序》等五篇文章。

叙葬书

《易》曰：古之葬者，衣之以薪，不封不树，丧期无数。后代圣人易之以棺椁，盖取诸大过。《礼》云：葬者藏也，欲人之不得见也。然《孝经》云：卜其宅兆，而安厝之。以其顾复事毕，长为感慕之所；窀穸礼终，永作鬼神之宅。朝市变迁，岂得豫测于将来？泉石交侵，不可逆知于地下。是以谋及龟筮，庶无后难，斯乃备于慎终之礼，曾无吉凶之义。

暨近代以来，加之阴阳葬法，或选年月便利，或量墓田远近，一事失所，祸及生人。巫者利其货贿，莫不擅加妨害，遂使葬书一术，乃有百二十家，各说吉凶，拘而多忌。且天覆地载，乾坤之理备焉；一刚一柔，消息之义详矣。或成于昼夜之道，感于男女之化，三光运于上，四时通于下，斯乃阴阳之大经，不可失之于斯须也。至于丧葬之吉凶，乃附此为妖妄。

《传》曰：王者七日而殡，七月而葬，诸侯五日而殡，五月而葬。大夫经时而葬，士及庶人逾月而已。此则贵贱不同，礼亦异数。欲使同盟同轨，赴吊有期，量事制宜，遂为常式。法既一定，不得违之。故先期而葬，谓之不怀；后期而不葬，讥之怠礼。此则葬有定期，不择年月，其义一也。

《春秋》又云：丁巳，葬定公，雨，不克葬。至于戊午襄事。礼经善之。《礼记》云：卜葬先远日者，盖选月终之日，所以避不怀也。今检葬书，以己亥之日，用葬最凶。谨按春秋之际，此日葬者凡有二十余件。此则葬不择日，其义二也。

《礼记》又云:周尚赤,大事用日出;殷尚白,大事用日中;夏尚黑,大事用昏时;郑玄注云:大事者何?谓丧葬也。此则直取当代所尚,不择时之早晚。《春秋》又云:郑卿子产及子太叔葬郑简公,于时司墓大夫室当葬路,若坏其室,即日出而珊;不坏其室,即日中而珊。子产不欲坏室,欲待日中。子太叔云:若至日中而珊,恐久劳诸侯大夫来会葬者。然子产既云博物君子,太叔乃为诸侯之选。国之大事,无过丧葬,必是义有吉凶,斯等岂得不用?今乃不问时之得失,唯论人事可否。《曾子》问云:葬逢日蚀,舍于路左,待明而行,所以备非常也。若依《葬书》,多用乾艮二时,并是近夜半,此则交与礼违。今检礼传,葬不择时,其义三也。

《葬书》云:富贵官品,皆由安葬所致;年寿延促,亦由坟陇所招。今按《孝经》云:立身行道,则扬名于后世,以显父母。《易》曰:圣人之大宝曰位,何以守位曰仁。是以日慎一日,则泽及于无穷。苟德不建而人而无后,此则非论安葬吉凶,而论福祚延促。臧孙有后于鲁,不关葬得吉日;若敖绝祀於荆,不由迁厝失所,此则安葬吉凶,不可信用,其义四也。

今之丧葬吉凶,皆依五姓便利。古之葬者,并在国都之北,兆域既有常所,何取姓墓之义?赵氏之葬,并在九原;汉之山陵,散在诸处。上利下利,蔑尔不论;大墓小墓,其义安在?及其子孙,富贵不绝,或与三代同风,或分六国而王。此则五姓之义,大无稽古,吉凶之理,何从而生?其义五也。

且人臣名位,进退何常?亦有初贱而后贵,亦有始泰而终否。是以子文三已令尹,展禽三黜士师。卜葬一定,更不回改,冢墓既成,曾不革易。则何因名位,无时暂安?故知官爵宏之在人,不由安葬所致,其义六也。

野俗无识,皆信《葬书》,巫者诳其吉凶,愚人因而徼幸。遂使擗踊之际,择葬地而希官品;荼毒之秋,选葬时以规财禄。或云辰日不宜哭泣,遂莞尔而受吊问;或云同属忌于临圹,乃吉服而不送其亲。圣人设教,岂其然也?《葬书》败俗,一至于斯,其义七也。

(录自董诰等编:《全唐文》,中华书局出版1983年版)

叙禄命

谨按《史记》:宋忠、贾谊诮司马季主云:夫卜筮者,高谈禄命,以悦人心;矫言祸福,以尽人财。又按王充《论衡》云:见骨体而知命禄,睹命禄而知骨体。此即命禄之书,行之久矣。多言或中,人乃信之。今更研寻,本非实录。

但以积善余庆,不假建禄之吉;积恶余殃,岂由劫杀之灾? 皇天无亲,常与善人;祸福之应,其犹响影。故有夏多罪,天命剿绝;宋景修德,妖孛夜移。学也禄在,岂待生当建学? 文王忧勤损寿,不关月值空亡。长平坑卒,未闻共犯三刑;南阳贵士,何必俱当六合? 历阳成湖,非独河魁之上;蜀郡炎燎,岂由灾厄之下? 今时亦有同建同禄,而贵贱悬殊;共命共胎,而夭寿更异。

按《春秋》:鲁桓公六年七月,鲁庄公生。今检长历,庄公生当乙亥之岁,建申之月,以此推之,庄公乃当禄之空亡。依禄命书,法合贫贱,又犯句绞六害,背驿马生,身克驿马,驿马三刑,当此生者,并无官爵。火命,七月生,当病乡,为人尪弱,身合矬陋。今按《齐诗》讥庄公,猗嗟昌兮,颀而长兮。美目扬兮,巧趋跄兮。唯有向命一条,法当长命。依检《春秋》,庄公薨时,计年四十五矣,此则禄命不验一也。

又按《史记》:秦庄襄王四十八年,始皇帝生。宋忠注云:因正月生,为此名政。依检襄王四十八年,岁在壬寅。此年正月生者,命当背禄,法无官爵。假得禄,合奴婢尚少。始皇又当破驿马生,驿马三刑,身克驿马,法当望官不到。金命,正月生,当绝下。为人无始有终,老而弥吉。今检《史记》,始皇乃是有始无终,老更弥凶。唯建命生,法合长寿,计其崩时,不过五十。禄命不验二也。

又检汉武故事,武帝以乙酉之岁七月七日平旦时生,亦当禄空亡下。依禄命书,法无官爵,唯向驿马,尚隔四辰,依禄命法,少无官荣,老而方盛。今检《汉书》,武帝即位,年始十六。末年已后,户口减半,禄命不验三也。

又按《后魏书》云:孝文皇帝皇兴元年八月生。今按长历其年岁在丁未,以此推之,孝文皇帝背禄背命,并驿马三刑,身克驿马,依禄命书,法无官爵,命当父死中生,法当生不见父。今检《魏书》,孝文皇帝身受其父显祖之禅。《礼》云:嗣子位定,在于初丧,逾年之后,方始正号。是以天子无父事三老也。孝文皇帝受禅,异于常礼,躬为天子,以事其亲。而禄命例云,不合识父,禄命不验四也。

又按沈约《宋书》云：宋高祖癸亥岁三月生。依此而推，禄之与命，并当空亡。依禄命书，法无官爵，又当子墓中生，唯宜嫡子。假有次子，法当早死。今检《宋书》，高祖长子，先被篡杀，次子义隆，享国多年。高祖又当祖禄下生，法得嫡孙财禄。今检《宋书》，其孙刘劭、刘濬并为篡逆，几失宗祧，禄命不验五也。

（录自董诰等编：《全唐文》，中华书局出版1983年版）

因明注解立破义图序

盖闻一消一息，范围天地之仪。大哉至哉，变通爻画之纪。理则未弘于方外，事乃犹拘于域中。推浑元而莫知，穷阴阳而不测。岂闻象系之表，犹开八正之门，形器之先，更弘二智之教者也。故能运空有而双照，冥真俗而两夷，泛六度于爱河，驾三车于火宅。是知法王法力，超群生而自在；自觉觉人，摧众魔而独悟；业运将启，乃雷震而电耀；化缘斯极，亦火灭而薪尽。观其应迹，若有去来。察此真常，本无生住。但以宏济之道，有缘斯应。天祚明德，无远不臻。是以萌蒂畴昔，神光聊见于曩时。祥瑞有归，净土咸欢于兹日。伏惟皇唐之有天下也，运金轮而临四有，握璇极而抚万方。耀慧日于六天，蒸法云于十地。西越流沙，遂荒妙乐之地。东渐于海，掩有欢喜之都。振声教于无边，通车书于有顷。遂使百亿须弥，既咸颂于望秩。三千法界，亦共沐于皇风。故令五方印度国，改荒服于槀街。十八韦陀，译梵文于秘府。乃有三藏玄奘法师者，所谓当今之能仁也。聪慧夙成，该览宏赡。德业纯粹，律禁翘勤。实三宝之栋梁，四众之纲纪者也。每以释教东迁，为日已久，或恐邪正杂扰，水乳不分，若不稽实相于迦维，验真文于摩竭，何以成决定之藏，为毕竟之宗者乎。幸逢二仪交泰、四海无尘，遂得拂衣玄漠，振锡葱岭。不由味于蒟酱，直路夷通。岂藉佩于杜衡，遥途近易。于是穷源河于西域，涉恒水于东维，采贝叶于鹫山，窥金文于鹤树。所历诸国，百有余都。所获经论，向七百部。并传以藩驿，聿归上京，因得面奉圣颜，对扬宗极。此因明论者，即是三藏所获梵本之内之一部也。理则包括于三乘，事乃牢笼于百法。研机空有之际，发挥内外之宗。虽词约而理弘，实文微而义显。学之者当生不能窥其奥，游之者数载未足测其源。以其众妙之门，是以先事翻译。其有神泰法师、靖迈法师、明觉法师等，并以神机昭晰，志业兼该，精习群经，多所通悟，皆蒙别敕，追赴法筵。遂得函丈请益，执卷承旨。三藏既善宣法要，妙尽幽深。泰法师等是以各录所闻，为之义疏，诠表既定，方拟流通。无缘之徒，多未闻见。复有栖玄法师者，乃是才之幼少之旧也。昔栖遁于嵩岳，尝枉步于山门。既筮仕于上京，犹曲眷于穷巷。自蒙修摄，三十余年，忉怛之诚，二难俱尽。然法师节操精洁，戒行冰霜。学既昭达于一乘，身乃拘局于十诵，才既睹其清苦，时以开遮拆之，但以内外不同，行已各异。言戏之间，是非锋起。师乃从容谓才曰：檀越复研味于六经，探赜于百氏，推阴阳之愆伏，察律吕之忽微。又闻生平未见太玄，诏问须臾即解。由来不窥象戏，试造旬日复成。以此有限之心，逢事即欲穿凿。但以佛法玄妙，量谓未与彼同。虽复强学推寻，恐非措心之所，何因今将内论，翻用见讥者乎？法师后逢因明创行，义趣幽隐，是以先写一通，故将见遗。仍附书云：此论极难，深究玄妙，比有聪明博识，听之多不能解。今若复能通之，可谓内外俱悉矣。其论既近至中夏，才实未之前闻，耻于被试。不知为复，强加披阅，于是依极成而探深义，凭比量而求微旨。反覆再三，薄识宗趣。后复借得诸法师等三家义疏，更加究习。然以诸法师等虽复序致泉富，文理会通，既以执见参差，所说自相矛盾，义既同禀三藏，岂合更开二门。但由衅发萧墙，故容外侮窥测。然佛以一音演说，亦许随类各解，何必独简白衣，不为众生之例。才以公务之余，辄为斯注。至于三法师等所说，善者因而成之，其有疑者，立而破之。分为上中下三卷，号曰立破注解。其间墨书者，即是论之本文；朱书者，以存师等旧说。其下墨书注者，是才今之新撰。用决师等前义，凡有四十余条，自郐已下，犹未具录。至于文理隐伏稍难见者，乃画为义图，共相比按。仍更别撰一方丈大图，独存才之近注，论既外无人解，无处道听途说。若言生而知之，固非才之望也。然以学无再请，尚曰传灯，闻一知十，方称殆庶。况乎生平不见，率尔辄事含毫。今既不由师资，注解能无纰紊。窃闻雪山夜叉说生灭法，邱井野兽叹未曾有。苟令所言合理，尚得天仙归敬。才之所注，庶几于兹。法师等若能忘狐鬼之微陋，思句味之可尊，择善而从，不简真俗。此则如来之道，不坠于地，宏之者众，何常之有。必以心未忘于人我，义不察于是非，才亦扣其两端，犹拟质之三藏。

（录自董诰等编：《全唐文》，中华书局出版1983年版）

贾公彦学案

贾公彦,生卒年不详,洺州永年(今河北广平县)人,唐朝儒家学者、经学家。博通经籍,尤精《三礼》,后世朱熹、戴震等人皆对其有称赞之词。

唐高宗永徽中,公彦官至太学博士,曾受业于当时名儒张士衡。在张氏诸弟子中,以彦最为出名,史书载:"士衡既礼学为优,当时受其业擅名于时者,唯贾公彦为最焉。"①贾公彦撰《周礼义疏》五十卷、《仪礼义疏》四十卷,北宋时编入《七经疏义》,后又纳入《十三经注疏》。实际上,公彦还著有《礼记疏》八十卷,据《旧唐书·经籍志上》载贾公彦撰有《周礼疏》五十卷,《仪礼疏》五十卷,《礼记疏》八十卷。《新唐书·艺文志》也载其撰有"《礼记正义》八十卷,又《周礼疏》五十卷,《仪礼疏》五十卷"②。但《礼记疏》已亡佚而不得流传。

《周礼义疏》和《仪礼义疏》当是贾公彦为太学博士时撰写,"永徽中,贾公彦始撰《周礼》《仪礼》义疏"③。《周礼义疏》又称《周礼正义》,《周礼正义序》称:"唐朝散大夫行太学博士弘文馆学士臣贾公彦等奉敕撰。"④由此可知《周礼正义》当是公彦等人奉敕而撰,实际由公彦作为总负责人,多名学者共同编撰而成。他选用郑玄注本十二卷,综合了诸家经说,体例上仿照《五经正义》。事实上,贞观初,公彦曾奉诏参撰《五经正义》的编撰工作,如《礼记正义序》记载:"恐独见肤浅,不敢自专,谨与中散大夫守国子司业臣朱子奢、国子助教臣李善信、守太学博士臣贾公彦、行太常博士

---

① 《旧唐书》卷一百八十九《张士衡传》,第4949页。
② 欧阳修、宋祁撰:《新唐书》卷五十七《艺文志一》,中华书局1975年,第1433页。
③ 顾炎武撰:《日知录》卷十八,上海古籍出版社1984年版,第3页。
④ 李学勤主编:《十三经注疏·周礼注疏》,北京大学出版社1999年版,第3页。

臣柳士宣、魏王东阁祭酒臣范义颛、魏王参军事臣张权等对共量定。"①

《仪礼义疏》又称为《仪礼注疏》，是公彦等在汉代郑玄为《仪礼》作的注上再进行的义疏，这本书成为后世最通行的《仪礼》版本。《仪礼》记载周代的冠、婚、丧、祭、乡、射、朝、聘等各种礼仪，主要对士大夫的各类行事中的礼节行为作了规范。人伦礼仪的规范有助于国家的和谐统一，社会的团结，以及增强个人行为举止的责任感，故而我国古代十分重视《仪礼》。贾公彦撰写《仪礼义疏》，参考了黄庆、李孟悊两家之旧疏："信都黄庆者，齐之盛德；李孟悊者，隋曰硕儒。"②公彦认为此二家亦有诸多疏漏谬误之处："庆则举大略小，经注疏漏，犹登山远望而近不知；悊则举小略大，经注稍周，似入室近观而远不察。二家之疏，互有修短。"③故公彦对这二家择善而从，兼增己义。除此之外，他又广取诸家，且不敢自是，不妄自专断，"仍取四门助教李玄植详论可否"④，由此可见其撰写此著作的谨严态度。

贾公彦以其渊博的学识和高深的儒学素养，撰就《周礼义疏》和《仪礼义疏》。这二《礼》义疏为儒家经典的保存和传承立下了不朽之功，对各种旧说经旨进行疏解，纠前人之失，补其不足，在中国经学史上占据着重要的地位。

周礼正义序

夫天育蒸民，无主则乱；立君治乱，事资贤辅。但天皇地皇之日，无事安民。降自燧皇，方有臣矣。是以《易·通卦验》云："天地成位，君臣道生。君有五期，辅有三名。"注云："三名，公、卿、大夫。"又云："燧皇始出，握机矩表计，置其刻日苍牙，通灵昌之成，孔演命，明道经。"注云："拒燧皇，谓人皇，在伏羲前，风姓，始王天下者。"《斗机》云："所谓人皇九头，兄弟九人，别长九州岛者也。"是政教君臣，起自人皇之世，至伏羲因之。故《文耀钩》云："伏羲作《易》名官者也。"又案《论语撰考》云："黄帝受地形象

① 《十三经注疏·礼记正义》，第4页。
② 《十三经注疏·仪礼注疏》，第1页。
③ 《十三经注疏·仪礼注疏》，第1页。
④ 《十三经注疏·仪礼注疏》，第1页。

天文以制官。"伏羲已前,虽有三名,未必具立官位,至黄帝名位乃具。是以《春秋纬·命历序》云:"有九头纪,时有臣,无官位尊卑之别。"燧皇、伏羲既有官,则其间九皇六十四民有官明矣,但无文字以知其官号也。案《左传》昭十七年云:"秋,郯子来朝,公与之宴,昭子问焉,曰:少皞氏鸟名官,何故也?"杜氏注云:"少皞金天氏,黄帝之子,己姓之祖也。""郯子曰:吾祖也,我知之。昔者黄帝氏以云纪,故为云师而云名。"注云:"黄帝轩辕氏,姬姓之祖也。黄帝受命有云瑞,故以云纪事,百官师长皆以云为名号,缙云氏盖其一官也。""炎帝氏以火纪,故为火师而火名。"注云:"炎帝神农氏,姜姓之祖也。亦有火瑞,以火纪事名百官也。""共工氏以水纪,故为水师而水名。"注云:"共工以诸侯霸有九州岛者,在神农前,大皞后,亦受水瑞,以水名官也。""大皞氏以龙纪,故为龙师而龙名。"注云:"大皞伏羲氏,风姓之祖也。有龙瑞,故以龙命官也。""我高祖少皞挚之立也,凤鸟适至,故纪于鸟,为鸟师而鸟名。"又云"凤鸟氏历正"之类,又以五鸟、五鸠、九扈、五雉并为官长,亦皆有属官,但无文以言之。若然,则自上以来,所云官者,皆是官长,故皆云师以目之。又云:"自颛顼以来,不能纪远,乃纪于近。"是以少皞以前,天下之号象其德,百官之号象其征;颛顼以来,天下之号因其地,百官之号因其事,事即司徒、司马之类是也。若然,前少皞氏言祝鸠氏为司徒者,本名祝鸠,言司徒者,以后代官况之。自少皞以上,官数略如上说,颛顼及尧官数虽无明说,可略而言之矣。案昭二十九年,魏献子曰:"社稷五祀,谁氏之五官?"蔡墨对曰:"少皞氏有四叔,曰重、曰该、曰修、曰熙,实能金、木及水。使重为句芒,该为蓐收,修及熙为玄冥,世不失职,遂济穷桑,此其三祀也。"注云:"穷桑,帝少皞之号也。""颛顼氏有子曰犁,为祝融;共工氏有子曰句龙,为后土:此其二祀也。后土为社。稷,田正也。有烈山氏之子曰柱,为稷,自夏以上祀之。周弃亦为稷,自商以来祀之。"故《外传》犁为高辛氏之火正,此皆颛顼时之官也。案《郑语》云:"重、犁为高辛氏火正。"故《尧典》注:"高辛氏之世,命重为南正,司天;犁为火正,司地。"以高辛与颛顼相继无隔,故重、犁事颛顼,又事高辛,若稷、契与禹事尧又事舜。是以昭十七年服注"颛顼"之下云:"春官为木正,夏官为火正,秋官为金正,冬官为水正,中官为土正。"高辛氏因之,故《传》云"遂济穷桑",穷桑,颛顼所居,是度颛顼至高辛也。若然,高辛时之官,唯有重、犁及春之木正之等,不见更有余官也。至于尧舜,官号稍改。《楚语》云"尧复育重、犁之后",重、犁之后,即羲、和也。是以《尧典》云"乃命羲和",注云:"高辛之世,命重为南正,司天;犁为火正,司地。尧育重、犁之后羲氏、和氏之子,贤者使掌旧职。天地之官,亦纪于近,命以民事,其时官名盖曰稷、司徒。"是天官,稷也;地官,司徒也。又云"分命羲仲"、"申命羲叔"、"分命和仲"、"申命和叔",使分主四方。注:"仲、叔亦羲、和之子,尧既分阴阳四时,又命四子为之官。掌四时者,字曰仲叔;则掌天地者,其曰伯乎?是有六官。"案下"驩兜曰共工",注:"共工,水官也。"至下舜求百揆,禹让稷、契暨咎繇,帝曰:"弃,黎民阻饥,汝后稷播时百谷。"注:"稷,弃也。初,尧天官为稷。"又云"帝曰契,百姓不亲,汝作司徒",又云"帝曰咎繇,汝作士"。此三官是尧时事,舜因禹让,述其前功。下文云"舜命伯夷为秩宗",舜时官也。以先后参之,唯无夏官之名。以余官约之,《夏传》云司马在前,又后代况之,则羲叔为夏官,是司马也。故分命仲叔,注云官名,盖春为秩宗,夏为司马,秋为士,冬为共工,通稷与司徒,是六官之名见也。郑玄分阴阳为四时者,非谓时无四时官,始分阴阳为四时,但分高辛时重、黎之天地官,使兼主四时耳。而云仲叔,故云:"掌天地者其曰伯乎。"若然,《尧典》云伯禹作司空,四时官不数之者,郑云:"初,尧冬官为共工。舜举禹治水,尧知其有圣德,必成功,故改命司空,以官名宠异之,非常官也。"至禹登百揆之任,舍司空之职,为共工与虞,故曰"垂作共工,益作朕虞"是也。案《尧典》又云"帝曰畴咨,若时登庸",郑注:"尧末时,羲、和之子皆死,庶绩多阙而官废。当此之时,驩兜、共工更相荐举。"下又云"帝曰四岳,汤汤洪水,有能俾乂",郑云:"四岳,四时之官,主四岳之事。"始羲、和之时,主四岳者,谓之四伯。至其死,分岳事置八伯,皆王官。其八伯,唯驩兜、共工、放齐、鲧四人而已,其余四人,无文可知。案《周官》云:"唐虞稽古,建官惟百。内有百揆、四岳。"则四岳之外,更有百揆之官者。但尧初天官为稷,至尧试舜天官之任,谓之百揆。舜即真之后,命禹为之,即天官也。案《尚书传》云"惟元祀巡狩四岳八伯",注云:"舜格文祖之年,尧始以羲、和为六卿,春夏秋冬者,并掌方岳之事,是为四岳,出则为伯。其后稍死,驩兜、共工求代,乃置八伯。"元祀者,除尧丧、舜即真之年。九州岛言八伯者,据畿外八州。郑云"畿内不置伯,乡遂之吏主之"。案《明堂位》云:"有虞氏官五十,夏后氏官百,殷二百,周三百。"郑注云:"有虞氏官盖六十,夏百二十,殷二百四十,周三百六十,不得如此记也。"《昏义》云:"三公,九卿,二十七大夫,八十一元士。"郑云盖夏制依此差限,故不从记文。但虞官六十,唐则未闻。尧舜道同,或皆六十,并属官言之,则皆有百。故成王《周官》云"唐虞建官惟百"也。若然,自高阳已前,官名略言于上,至于帝喾官号,略依高阳,不可具悉。其唐虞之官,惟四岳、百揆与六卿,又《尧典》有典乐、纳言之职,至于余官,未闻其号。夏官百有二十,公、卿、大夫、元士具列其数。殷官二百四十,虽未具显,案《下曲礼》云六大、五官、六府、六工之等,郑皆云"殷法",至于属官之号,亦蔑云焉。案《昏义》云三公九卿者,六卿并三孤而言九,其三公又下兼六卿,故《书传》云司徒公、司马公、司空公各兼二卿。案《顾命》太保领冢宰,毕公领司马,毛公领司空,别有芮伯为司徒,彤伯为宗伯,卫侯为司寇,则周时三公各兼一卿之职,与古异矣。但周监二代,郁郁乎文,所以象天立官,而官益备。此即官号沿革,粗而言也。

(录自李学勤主编:《十三经注疏·周礼注疏》,北京大学出版社 1999年版)

序周礼废兴

周公制礼之日,礼教兴行。后至幽王,礼仪纷乱,故孔子云诸侯专行征伐,"十世希不失"。郑注云:"亦谓幽王之后也。"故晋侯赵简子见仪,皆谓之"礼",孟僖子又不识其仪也。至于孔子更修而定之时,已不具,故《仪礼》注云:"后世衰微,幽厉尤甚,礼乐之书,稍稍废弃。"孔子曰:"吾自卫反于鲁,然后乐正,雅、颂各得其所。"谓当时在者而复重杂乱者也,恶能存其亡者乎? 至孔子卒后,复更散乱。故《艺文志》云:"昔仲尼没,微言绝,七十二弟子丧而大义乖。诸子之书,纷然散乱,至秦患之,乃燔灭文章,以愚黔首。"又云:"礼经三百,威仪三千。及周之衰,诸侯将逾法度,恶其周亡,灭去其籍,自孔子时而不具,至秦大坏。汉兴,至高堂生博士传十七篇。孝宣世,后仓最明礼,戴德、戴圣、庆普皆其弟子,三家立于学官。"案《儒林传》:"汉兴,高堂生传《礼》十七篇,而鲁徐生善为容。孝文时,徐生以容为礼官大夫,而瑕丘萧奋以礼至淮阳太守。孟卿,东海人也,事萧奋,以授后仓。后仓说礼数万言,号曰《后氏曲台记》,授戴德、戴圣。"郑云"五传弟子",则高堂生、萧奋、孟卿、后仓、戴德、戴圣,是为五也。此所传者,谓十七篇，即《仪礼》也。《周官》，孝武之时始出，秘而不传。《周礼》后出者，以其始皇特恶之故也。是以《马融传》云："秦自孝公已下，用商君之法，其政酷烈，与《周官》相反。故始皇禁挟书，特疾恶，欲绝灭之，搜求焚烧之独悉，是以隐藏百年。孝武帝始除挟书之律，开献书之路，既出于山岩屋壁，复入于秘府，五家之儒莫得见焉。至孝成皇帝，达才通人刘向、子歆，校理秘书，始得列序，著于录略。然亡其《冬官》一篇，以《考工记》足之。时众儒并出共排，以为非是。唯歆独识，其年尚幼，务在广览博观，又多锐精于《春秋》。末年，乃知其周公致太平之迹，迹具在斯。奈遭天下仓卒，兵革并起，疾疫丧荒，弟子死丧。徒有里人河南缑氏杜子春尚在，永平之初，年且九十，家于南山，能通其读，颇识其说，郑众、贾逵往受业焉。众、逵洪雅博闻，又以经书记传相证明为《解》，逵《解》行于世，众《解》不行。兼揽二家，为备多所遗阙。然众时所解说，近得其实，独以《书序》言'成王既黜殷，命还归在丰，作《周官》'，则此《周官》也，失之矣。逵以为六乡大夫，则家宰以下及六遂，为十五万家，组千里之地，甚谬焉。此比多多，吾甚闵之久矣。"六乡之人，实居四同地，故云组千里之地者，误矣。又六乡大夫，家宰以下，所非者不著。又云"多多"者，如此解不著者多。又云："至六十，为武都守。郡小少事，乃述平生之志，著《易》《尚书》《诗》《礼》传，皆讫。惟念前业未毕者唯《周官》，年六十有六，目瞑意倦，自力补之，谓之《周官传》也。"案《艺文志》云："成帝时，以书颇散亡，使谒者陈农求遗书于天下。诏光禄大夫刘向校书经传诸子诗赋。向辄条其篇目，撮其指意，录而奏之。会向卒，哀帝复使向子歆卒父业。歆于是总群书，奏其《七略》，故有《六艺》《七略》之属。"歆之录，在于哀帝之时，不审马融何云"至孝成皇帝，命刘向、子歆考理秘书，始得列序，著于录略"者。成帝之时，盖刘向父子并被帝命，至向卒，哀帝命歆卒父所修者，故今文乖，理则是也。故郑玄序云："世祖以来，通人达士大中大夫郑少赣，名兴，及子大司农仲师，名众，故议郎卫次仲、侍中贾君景伯、南郡太守马季长，皆作《周礼解诂》。"又云："玄窃观二三君子之文章，顾省竹帛之浮辞，其所变易，灼然如晦之见明，其所弥缝，奄然如合符复析，斯可谓雅达广揽者也。然犹有参错，同事相违，则就其原文字之声类，考训诂，捃秘逸。谓二郑者，同宗之大儒，明理于典籍，粗识皇祖大经《周官》之义，存古字，发疑正读，亦信多善，徒寡且约，用不显传于世。今赞而辨之，庶成此家世所训也。其名《周礼》为《尚书》'周官'者,周天子之官也。《书序》曰:'成王既黜殷命,灭淮夷,还归在丰,作《周官》。'是言盖失之矣。案:《尚书·盘庚》《康诰》《说命》《泰誓》之属,三篇《序》皆云'某作若干篇',今多者不过三千言。又《书》之所作,据时事为辞,君臣相诰命之语。作《周官》之时,周公又作《立政》,上下之别,正有一篇。《周礼》乃六篇,文异数万,终始辞句,非书之类,难以属之。时有若兹,焉得从诸?"又云:"斯道也,文武所以纲纪周国,君临天下,周公定之,致隆平龙凤之瑞。"然则《周礼》起于成帝刘歆,而成于郑玄,附离之者大半。故林孝存以为武帝知《周官》末世渎乱不验之书,故作《十论》《七难》以排弃之。何休亦以为六国阴谋之书。唯有郑玄遍览群经,知《周礼》者乃周公致大平之变,故能答林硕之论难,使《周礼》义得条通。故郑氏传曰,玄以为"括囊大典,网罗众家",是以《周礼》大行,后王之法。《易》曰"神而化之,存乎其人",此之谓也。

（录自李学勤主编:《十三经注疏·周礼注疏》,北京大学出版社 1999年版）

仪礼疏序

窃闻道本冲虚,非言无以表其疏;言有微妙,非释无能悟其理。是知圣人言曲事资,注释而成。至于《周礼》《仪礼》,发源是一,理有终始,分为二部,并是周公摄政大平之书。《周礼》为末,《仪礼》为本。本则难明,末便易晓。是以《周礼》注者,则有多门,《仪礼》所注,后郑而已。其为章疏,则有二家:信都黄庆者,齐之盛德;李孟悊者,隋日硕儒。庆则举大略小,经注疏漏,犹登山远望而近不知;悊则举小略大,经注稍周,似入室近观而远不察。二家之疏,互有修短。时之所尚,李则为先。案士冠三加,有缁布冠、皮弁、爵弁,既冠,又着玄冠见于君。有此四种之冠,故记人下陈缁布冠、委貌、周弁,以释经之四种。经之与记都无天子冠法,而李云委貌与弁皆天子始冠之冠,李之谬也。《丧服》一篇,凶礼之要,是以南北二家,章疏甚多,时之所以,皆资黄氏。案郑注《丧服》引《礼记·檀弓》云:经之言实也,明孝子有忠实之心,故为制此服焉。则经之所作,表心明矣。而黄氏妄云:衰以表心,经以表首。以黄氏公违郑注,黄之谬也。黄、李之训,略言其一,余足见矣。今以先儒失路,后宜易涂,故悉鄙情,聊裁此疏,未敢专欲,以诸家为本,择善而从,兼增己义,仍取四门助教李玄植详论可否,佥谋已定,庶可施以函丈之儒,青衿之俊,幸以去瑕取玖,得无讥焉。

（录自李学勤主编：《十三经注疏·仪礼注疏》,北京大学出版社 1999年版）

杨士勋学案

　　杨士勋，正史无载，生卒时间、籍贯、生平皆不详，目前仅能确定他是唐初重要的《春秋》学者。根据唐孔颖达在《春秋左传正义序》中所说："虽课率庸鄙，仍不敢自专，谨与朝请大夫国子博士臣谷那律、故四门博士臣杨士勋、四门博士臣朱长才等，对共参定。"①由此可知，杨士勋曾任四门博士，且参与了《春秋正义》的编撰审定工作。潘重规先生根据《春秋穀梁传疏》庄公二十七年中，有"故先师刘炫难之"之语，故认为杨士勋应是隋代儒学大师刘炫的弟子。但亦有学者指出，这种说法论据不充足，并不可信。据《宋史·艺文志》记载，杨士勋还撰有《春秋公穀考异》五卷，惜已亡佚。清代经学家阮元对杨士勋的功绩评价很高，他在《春秋穀梁传注疏校勘记序》卷首中称赞杨士勋所作《疏》分肌擘理，是《穀梁》学者未能超越之者。

　　杨士勋是《穀梁传义疏》十二卷的作者，《穀梁传》又称《穀梁春秋》《春秋穀梁传》，与《左氏传》《公羊传》相同，皆是对《春秋》进行注解的儒家经典，所记载的时间起于鲁隐公元年，终于鲁哀公十四年。《穀梁传》以语录体和对话体为主的方式注解《春秋》，成书于西汉，在此之前的流传经历亦与《公羊传》相似，主要依靠口耳相传。《穀梁传》是一部研究儒家思想从战国时期到汉代演变的重要文献资料。在唐代杨士勋之前，对《穀梁传》的解诂之书很多，晋人范宁撰有《春秋穀梁传集解》，其序交代了撰述原因："释《穀梁传》者虽近十家，皆肤浅末学，不经师匠。辞理典据，既无可观，又引《左氏》《公羊》以解此传，文义违反，斯害也已。于是乃商略名例，敷陈疑滞，博示诸儒同异之说。"②在范宁看来，三传各有特色，亦各有不

---

① 《十三经注疏·春秋左传正义》，第4—5页。
② 《十三经注疏·春秋穀梁传注疏》，第11—12页。

足:"《左氏》艳而富,其失也巫。《穀梁》清而婉,其失也短。《公羊》辩而裁,其失也俗。若能富而不巫,清而不短,裁而不俗,则深于其道者也。"①杨士勋在撰撷义疏时十分重视范宁所作之注,他以《春秋穀梁传集解》作为自己作疏解的底本,在义理主旨的阐释和逻辑框架上也受到了范氏的影响。此外,杨士勋并不满足于范宁之学,他在为《春秋穀梁传集解》作疏文的过程中,广征异说别书,补引《集解》未辑注文,且不断对之作出反思,进行细致的择别和整理,在文意、义例、训诂等方面做出了阐释,力使自己的疏解更加完善。

总之,杨士勋所作《义疏》在范宁注解的基础上把对《穀梁传》的诠释又向前推进了一大步。事实上,在隋唐之际,《穀梁春秋》面临着很大的传承危机,《隋书》载:"至隋,杜氏盛行,服义及《公羊》《穀梁》浸微,今殆无师说。"②而到了唐玄宗时,这种危机更加严重,"《周礼》《仪礼》及《公羊》《穀梁》殆将废绝,若无甄异,恐后代便弃"③。因此,杨士勋对穀梁学的传承起到了至关重要的作用。

春秋穀梁传序

春秋穀梁传序 [疏] 释曰:此题,诸本文多不同,晋、宋古文多云《春秋穀梁传序》,俗本亦有直云《穀梁传序》者。然"春秋"是此书之大名,传之解经,随事则释,亦既经传共文,题名不可单举。又此序末云"名曰《春秋穀梁传集解》",故今依上题焉。此序大略凡有三段。第一段自"周道衰陵",尽"莫善于《春秋》",释仲尼修《春秋》所由,及始隐终麟之意。夫圣哲在上,动必合宜,而直臣良史克施有政,故能使善人劝焉,淫人惧焉。洎乎周德既衰,彝伦失序,居上者无所惩艾,处下者信意爱憎,致令九有之存唯祭与号,八表之俗或狄或戎。故仲尼就大师而正《雅》《颂》,因鲁史而修《春秋》,其始隐终麟,范自具焉。第二自《春秋》之传有三"尽"君子之于《春秋》,没身而已",释三传所起及是非得失。仲尼卒而微言绝,秦正起而书记亡。其《春秋》之书,异端竞起,遂有邹氏、夹氏、左氏、公羊、穀梁五家之传。邹氏、夹氏,口说无文,师既不传,道亦寻废。左氏者,左丘明与圣同耻,恐诸弟子各安其意,为经作传,故曰《左氏传》。其传之者,有张苍、贾谊、张禹、翟方进、贾逵、服虔之徒。汉武帝置五经博士,《左氏》不得立于学官。至平帝时,王莽辅政,方始得立。公羊子名高,齐人,受经

---

① 《十三经注疏·春秋穀梁传注疏》,第 11 页。
② 《隋书》卷三十二《经籍志》,第 933 页。
③ 《旧唐书》卷一百八十五《杨玚传》,第 4820 页。

于子夏，故《孝经说》云"《春秋》属商"是也；为经作传，故曰《公羊传》。其传之者，有胡母子都、董仲舒、严彭祖之类。其道盛于汉武帝。穀梁子名俶，字元始，鲁人，一名赤，受经于子夏，为经作传，故曰《穀梁传》。传孙卿，孙卿传鲁人申公，申公传博士江翁。其后鲁人荣广大善《穀梁》，又传蔡千秋，汉宣帝好《穀梁》，擢千秋为郎，由是《穀梁》之传大行于世。然则三家之传，是非无取，自汉以来，废兴由于好恶而已。故郑玄《六艺论》云："《左氏》善于礼，《公羊》善于谶，《穀梁》善于经。"是先儒同遵之义也。言"《左氏》善于礼"者，谓朝聘、会盟、祭祀、田猎之属不违周典是也。"《公羊》善于谶"者，谓黜周王鲁及龙门之战等是也。"《穀梁》善于经"者，谓大夫曰卒，讳莫如深之类是也。其三传是非，序文自具。第三自"升平之末"，尽"《穀梁传集解》"，释己注述之意，并序《集解》之人。案《晋书》范宁字武子，顺阳县人，为豫章太守。父名汪。长子名泰，字伯伦；中子名雍，字仲伦；小子名凯，字季伦。其从弟则注云"邵曰"是也，言"先君"则父注是也。以传《穀梁》者虽多，妄引三传，辞理典据不足可观，故与一门徒商略名例，传示同异也。所云名例者，即范氏所据，别为《略例》一百余条是也。其《春秋》及经传之名，在后别释。谓之序者，序述经传之旨，并明己注作之意也。

昔周道衰陵，乾纲绝纽，○乾，其连反，天也。纽，女久反。礼坏乐崩，彝伦攸斁。○彝伦，以之反；彝，常；伦，理也。攸斁，丁故反，字书作斁，败也。弑逆篡盗者国有，○弑，申志反，又作杀，音同。篡盗，初患反，《尔雅》云："取也。"淫纵破义者比肩。○淫纵，子用反。[疏]"昔周"至"比肩"。○释曰：仲尼之修《春秋》，因衰乱而作，故序先述周道衰也。云"昔"者，范氏晋世之人，仰追周代，故曰"昔"。云"周道衰陵"者，总述幽、厉以来也，指衰极言之，则平、桓之世也。知者，幽、厉虽则失道，名器未失，《诗》犹入《雅》；平王东迁之后，下同于《国风》，政教所被，才及郊畿；仲尼修《春秋》，以平王为始，知衰极是平、桓也。"衰陵"谓衰弱陵迟。云"乾纲"者，乾为阳，喻天子，坤为阴，喻诸侯；天子总统万物，若纲之纪众纽，故曰"乾纲"。云"绝纽"者，纽是连系之辞，故昭十三年《左传》云："再拜皆厌纽。"《玉藻》云："纽约用组。"诸侯背叛，四海分崩，若纽之绝，故曰"绝纽"。云"礼坏乐崩"者，通言之耳。知非乐是阳，故以"崩"言之，礼是阴，故以"坏"言之者，正以《诗序》云"微子至于戴公，其间礼乐废坏"，明知通矣。云"彝伦攸斁"者，《尚书·洪范》文也。礼以安上治民，乐以移风易俗，礼乐崩坏，故常道所以败也。"弑"谓臣弑君，"逆"谓子弑父，"篡"谓以庶夺正，"盗"即哀四年《传》云"春秋有三盗"是也。是以妖灾因衅而作，○衅，许靳反。民俗染化而迁，阴阳为之愆度，○为之，于伪反，下同。七耀为之盈缩，○缩，所六反。川岳为之崩竭，鬼神为之疵厉。○疵，才斯反。厉音例，又作疠。[疏]"是以"至"疵厉"。○释曰：宣十五年《左传》云："天反时为灾，地反物为妖，人反德为乱，乱则妖灾生。"是妖灾因衅而起也。云"阴阳愆度"者，谓冬温夏寒，失其节度。云"七耀盈缩"者，谓日月薄食，若晦食则是月行疾，食朔与二日是月行迟。又《五行传》云：晦而月见西方谓之朓，朔而月见东方谓之侧匿，朓则侯王其荼，侧匿则侯王其肃。是由君行使之然也。五星亦有迟疾，故襄二十八年《左传》云"岁在星纪，而淫于玄枵"，是也。谓之"七曜"者，日月五星皆照天下，故谓之"七曜"。五星者，即东方岁星，南方荧惑，西方太白，北方辰星，中央镇星是也。云"川岳崩竭"者，谓《周语》云幽王之时，三川震，伯阳父曰："昔伊洛竭而夏亡，河竭而商亡。""岳"是山之类，即梁山沙鹿崩是也。云"鬼神疵厉"者，旧解以为"鬼神"即宗庙，是也。"疵厉"谓灾变也。言人弃常制，致宗庙之灾，即桓宫新宫灾是也。今以为"鬼神为之疵厉"，即《国语》云"杜伯射宣王于镐"，《左传》云"伯有之鬼为厉"，是也。**故父子之恩缺，则《小弁》之刺作；**○缺，丘悦反。弁，步寒反。刺，七赐反。此所引皆《诗》篇名，《谷风》在《邶风》，余皆《小雅》。**君臣之礼废，则《桑扈》之讽兴；**○扈音户。讽，方凤反，又作风。**夫妇之道绝，则《谷风》之篇奏；骨肉之亲离，则《角弓》之怨彰；君子之路塞，则《白驹》之诗赋。**[疏]"故父"至"诗赋"。○释曰：今范引此者，即周道之衰微，废此五事，为此仲尼作《春秋》也。故《孔丛》云"孔子读《诗》至《小雅》，废卷而叹，感《诗》修《春秋》"是也。云"《小弁》之刺作"者，《小弁》，《诗·小雅》，周幽王废太子宜曰，故大子之傅作诗以刺之。云"《桑扈》之讽兴"者，《桑扈》亦《诗·小雅》，刺幽王君臣上下动无礼文焉，故作是诗以讽之。云"《谷风》之篇奏"者，《谷风》，卫人刺其君无德，故令国内之人得其新婚者并弃其旧室，风俗衰坏，故作是诗以刺。言"奏"者，谓奏进此诗，与上文"作""兴"不异，但述作之体，欲辟文耳。云"《角弓》之怨彰"者，《角弓》，《诗·小雅》，以幽王不亲九族，故作诗以刺，言族人怨之彰显，故云"《角弓》之怨彰"。云"《白驹》之诗赋"者，《白驹》，《诗·小雅》，宣王之末，不能任贤，致使贤人乘白驹而去也。此引《诗》之次，先云《小弁》，后言《白驹》者，以父子是人伦之端首，六亲之莫大，故先言之。其次则有君臣，若君臣礼废，则上下无序，故次《桑扈》。夫妇者，生民之本，室家之原，欲见从近及远，故夫妇先九族，是以《谷风》在《角弓》之上。《白驹》是贤人弃君，又非亲戚，故最后言之。或当随便而言，更无次第之例。知者，《白驹》是宣王之诗，而言在幽王之诗下，是无先后之次也。

　　天垂象，见吉凶。○见，贤遍反。**圣作训，纪成败。欲人君戒慎厥行，**○行，下孟反。**增修德政。**[疏]"天垂"至"德政"。○释曰：《易》称："在天成象，在地成形。"成象则日月之曜，成形则山川之形。"见吉凶"者，即上"七曜为之盈缩，川岳为之崩竭"是也。独言天象者，旧解云，尊作法之本，明圣人与天地合其德，与日月齐其明，以为川岳崩竭，亦是天使之，故总言"垂象"以包之。云"圣作训，纪成败"者，谓若《春秋》书日食、星陨、山崩、地震，记灾录异，善恶褒贬等，皆所以示祸福成败之原，存亡得失之本，欲使人君戒慎其所行，改修德政，以消灾咎也。**盖诲尔谆谆，听我藐藐，**○藐，亡角反。**履霜坚冰，所由者渐。**[疏]"盖诲"至"者渐"。○释曰：言此者，明圣人虽作法，愚者不能用也。言我教诲汝王谆谆然，何故听我言藐藐然而不入？此《诗·大雅·抑》篇，刺厉王之诗也。云"履霜坚冰"者，《易·坤卦》初六爻辞，《象》曰："履霜坚冰，阴始凝也。驯至其道，至坚冰也。"引之者，取积渐之义也。**四夷交侵，华戎同贯，幽王以暴虐见祸，平王以微弱东迁。征伐不由天子之命，号令出自权臣之门，故两观表而臣礼亡，**○

观,古乱反。**朱干设而君权丧。**○丧,息浪反,下"道丧"同。**下陵上替,僭逼理极。**○替,他计反。僭,子念反。**天下荡荡,王道尽矣。**[疏]"四夷"至"尽矣"。○释曰:云"四夷"者,东夷、西戎、南蛮、北狄之总号也。云"交侵"者,谓交相侵伐也。云"华戎同贯"者,谓诸夏与夷狄无异也。旧解"四夷交侵,华戎同贯",指谓当春秋之时,今以为文势在幽王之上,则当亦兼据幽、厉以来,故《节》诗刺幽王云"斩伐四国",又曰"国既卒斩",及宣王、幽王并为夷狄所败,则此段序意论衰之积渐,不直据春秋之时明矣。云幽王见祸,平王东迁者,《周本纪》幽王既得褒姒,废申后而黜大子宜臼,申侯与鄫人及犬戎杀幽王于骊山之下,尽取周赂而还,乃与诸侯就申立太子宜臼,是为平王,东迁洛邑是也。云"两观"已下者,昭二十五年《公羊传》云:"子家驹谓昭公曰:'诸侯之僭天子,大夫之僭诸侯久矣。'公曰:'吾何僭哉?'子家驹曰:'设两观,乘大路,朱干玉戚以舞《大夏》,八佾以舞《大武》。'"然则诸侯不立两观,周衰,诸侯僭而置之,是臣无有事君之礼也。天子之舞始设朱干,诸侯今亦用之,是君之权丧失也。云"僭逼理极"者,谓僭上逼下之理至极也。据君失权言之是逼下,以臣陵君是僭上。或以为直据臣言之,理亦通也。云"王道尽矣"者,言法度废坏尽也。

　　孔子睹沧海之横流,乃喟然而叹曰:○喟,起愧反,又苦怪反。**"文王既没,文不在兹乎!"言文王之道丧,兴之者在己,于是就大师而正《雅》《颂》,**○大师音泰。**因鲁史而修《春秋》,列《黍离》于《国风》,齐王德于邦君,所以明其不能复雅,**○复,扶又反。**政化不足以被群后也。**○被,皮义反。[疏]"孔子"至"后也"。○释曰:旧解引扬雄《剧秦篇》曰:"当秦之世,海水群飞。""海水"喻万民,"群飞"言散乱。又引《孟子》云:"当尧之世,洪水横流。"言不复故道,喻百姓散乱,似水之横流。今以为沧海是水之大者,沧海横流,喻害万物之大,犹言在上残虐之深也。云"就大师而正《雅》《颂》"者,大师,乐官也,《诗》者,乐章也,以大师掌《诗》乐,故仲尼自卫反鲁,就而正之。直言《雅》《颂》者,举《雅》《颂》则《风》诗理在可知。又《雅》《颂》之功大,故仲尼先用意焉。知非为师挚理之,故仲尼不正者,师挚直闲《关雎》之音而已。《诗》之颠倒,仍是仲尼改正,故此序云仲尼"列《黍离》于《国风》"。杜预注《左氏》云"后仲尼删定,故不同",是也。然则作《诗》之体,《风》《雅》先定。《黍离》若是《风》体,大师不得列之于《雅》《颂》之中;若是《雅》《颂》之体,仲尼亦不得退之于《风》诗之中。而云"列《黍离》于《国风》"者,诗人咏歌,实先有《风》《雅》之体,《黍离》既是《国风》,诚不可列之于《雅》《颂》。但天子不风,诸侯不雅,仲尼刊正,还同《国风》,亦是仲尼列之。**于时则接乎隐公,故因兹以托始,该二仪之化育,赞人道之幽变,举得失以彰黜陟,明成败以著劝诫,拯颓纲以继三五,**○拯,拯救之拯。颓,徒回反。**鼓芳风以扇游尘。**[疏]"于时"至"游尘"。○释曰:平王四十九年,隐公之元年,故曰"接乎隐公"。亦与惠公相接,不托始于惠公者,以平王之初,仍赖晋郑,至于末年,陵替尤甚,惠公非是微弱之初,故不托始于惠公。隐公与平王相接,故因兹以托始也。"该"者备也。"二仪"谓天地,言仲尼修《春秋》,济群物,同于天地之化育。云"举得失以彰黜陟"者,谓若仪父能结信于鲁,书字以明其陟;杞虽二王之后,而后代微弱，书子以明其黜。云"明成败以著劝诫"者，成败黜陟，事亦相类。谓若葵丘书日，以表齐桓之功；戎伐凡伯，言戎以明卫侯之恶。又定、哀之时为无贤伯，不屈夷狄，不申中国，皆是书其成败，以著劝善惩恶。云"拯颓纲以继三五"者，于时王侯失位，上下无序，纲纪颓坏，故曰"颓纲"。今仲尼修《春秋》，祖述尧舜，宪章文武。"拯"者救溺之名，言欲拯此颓纲，以继三王五帝。先言三王者，欲见三王可以继五帝，从小至大之意，或亦随便而言。云"鼓芳风以扇游尘"者，旧解以正乐为芳风，淫乐为游尘。乐可以降天神，出地祇，故云"芳风"。淫乐鬼神不享，君子不听，故曰"游尘"。或以为善之显著者为芳风，恶之烦碎者为游尘，理亦足通耳。但旧解云范氏别录如此，故两存之。一字之褒，宠逾华衮之赠。○衮，古本反；衮冕，上公之服。片言之贬，辱过市朝之挞。○贬，彼检反。市朝，直遥反。挞，吐达反。德之所助，虽贱必申。义之所抑，虽贵必屈。故附势匿非者无所逃其罪，○匿，女力反。潜德独运者无所隐其名，信不易之宏轨，百王之通典也。[疏]"一字"至"典也"。○释曰：言仲尼之修《春秋》，文致褒贬。若蒙仲尼一字之褒，得名传竹帛，则宠逾华衮之赠，若定十四年石尚欲著名于《春秋》是也。若被片言之贬，则辱过市朝之挞，若宣八年仲遂为弑君不称公子是也。言"华衮"则上比王公，称"市""朝"则下方士庶。衮则王公之服而有文华。或以对"市""朝"言之，"华衮"当为二，非也。云"德之所助，虽贱必申"者，谓若吴是东夷，可谓贱矣，而襄二十九年因季札之贤而进称爵，是其申也。云"义之所抑，虽贵必屈"者，谓若秦术是卿，可谓贵矣，而文十二年以其敌晋而略称名，是其屈也。云"故附势匿非者无所逃其罪"者，旧解若公子翚假桓公之势，匿情于隐，可谓非人臣也，故隐四年、十年皆贬之，是不得逃其罪也。云"潜德独运者无所隐其名"者，谓若公弟叔肸不食逆主之禄，潜德昧身，不求宠荣之名，独运其道，宣十七年著名《春秋》，是无所隐其名也。或以为"匿非"谓隐匿其非，便于旧解。先王之道既弘，麟感而来应。○麟本又作骥，吕辛反，瑞兽也。应，应对之应。因事备而终篇，故绝笔于斯年。成天下之事业，定天下之邪正，○邪，似嗟反。莫善于《春秋》。[疏]"先王"至"《春秋》"。○释曰："先王"谓文武。言仲尼修《春秋》，贵仁重德，崇道抑邪，弘大先王之道，麟感化而至。杜预解《左氏》，以为获麟而作《春秋》。今范氏以作《春秋》然后麟至者，以麟是神灵之物，非圣不臻。故《论语》云："凤鸟不至，河不出图，吾已矣夫。"《礼器》云："升中于天，而凤皇降，龟龙假。"《公羊传》曰："麟有王者则至。"《援神契》曰："德至鸟兽则麒麟臻。"是非有明王，则五灵不至也。当孔子之世，周室陵迟，天下丧乱，岂有神灵之物无故而自来？明为仲尼修《春秋》，麟应而至也。然则仲尼并修六艺，何故不致诸瑞者？先儒郑众、贾逵之徒，以为仲尼修《春秋》，约之以《周礼》，修母致子，故独得麟也。或可仲尼修六艺，不可五灵俱来，偶然麟应，余不至也。"因事备"者，谓从隐至哀，文武之道协，嘉瑞来臻，是事备也。"终篇"者，谓绝笔于获麟也。

《春秋》之传有三，而为经之旨一，臧否不同，○臧，子郎反。否音鄙，又方九反。臧否犹善恶也。褒贬殊致。[疏]"《春秋》"至"殊致"。○释曰：圣人作法，本无二意，故传虽有三,而经旨一也。云"臧否不同,褒贬殊致"者,"臧"谓事有所善,"否"谓理有所恶,以臧、否既异,故褒贬亦殊。谓若隐元年《左氏》贵仪父结盟,《公羊》善其趣圣;僖元年《公羊》善齐桓存邢,故称"师",《穀梁》以为不足乎扬,故贬之;隐二年夫人子氏薨,《左氏》以为桓母,《公羊》以为隐母,《穀梁》以为隐妻,是三传异也。**盖九流分而微言隐,异端作而大义乖。**[疏]"盖九"至"义乖"。○释曰:《汉书·艺文志》云,孔子既没,诸弟子各编成一家之言,凡为九。一曰儒家流,凡五十三家,八百三十六篇。入扬雄一家,三十八篇。"盖出于司徒之官,助人君,顺阴阳,明教化,游心于六艺之中,留意于仁义之际,祖述尧舜,宪章文武,宗师仲尼,以重其言,于道最为高也。"二曰道家流,凡三十七家,九百九十三篇。"其本盖出于史官,历记成败存亡祸福古今之道,然后知秉要执本,清虚以自守,卑弱以自持,此人君南面之术也。合于尧之克让,《易》之谦谦,一谦而四益。此其所长也。"三曰阴阳家流,凡二十一家,三百六十九篇。"盖出于羲和之官,敬顺昊天,历象日月星辰,敬授民时,此其所长也。及拘者为之,则牵于禁忌,泥于小数,舍人事而任鬼神也。"四曰法家流,凡十家,二百一十七篇。"盖出于理官,信赏必罚,以辅礼制。《易》曰:'先王以明罚饬法。'此其所长也。及刻者为之,则无教化,去仁爱,专任刑法也。"五曰名家流,凡七家,三十六篇。"盖出于礼官。古者名位不同,礼亦异数。孔子曰:'必也正名乎!名不正则言不顺,言不顺则事不成。'此其所长也。"六曰墨家流,凡六家,八十六篇。"盖出于清庙之官。茅屋采椽,是以贵俭;养三老五更,是以兼爱;选士大夫射,是以上贤;宗祀严父,是以右鬼;顺四时而行,是以非命;以孝视天下,是以上同。及蔽者为之,见俭之利,因以非礼;推兼爱之意,而不知别亲疏。"七曰纵横家流,凡十二家,百七篇。"盖出于行人之官。孔子曰:'诵《诗》三百,使于四方,不能专对,虽多,亦奚以为?'又曰:'使乎,使乎!'言其当权事制宜,受命不受辞。此其所长也。及邪人为之,则尚诈谖而弃其信。"八曰杂家流,凡二十家,四百三篇。"盖出于议官,兼儒、墨、合名、法,知国体之有此,见王治之无不贯,此其所长也。"九曰农家流,凡九家,百一十四篇。"盖出于农稷之官,播百谷,劝农桑,以足衣食。故八政一曰食,二曰货。孔子曰:'所重民食。'此其所长也。及鄙者为之,以为无所事圣王,欲使君臣并耕,悖上下之序也。"此九家之术,"皆起于王道既微,诸侯力政,各引一端,崇其所善,以此驰说,取合于诸侯"。云"微言隐"者,仲尼没而微言绝,故云"隐"也。云"异端起而大义乖"者,谓同说儒家,三传各异,俱述经旨,而理味有殊也。"微言绝,大义乖",亦《艺文志》文。李奇云:"隐微不显之言也。"**《左氏》以鬻拳兵谏为爱君,**○鬻音育。拳音权。**文公纳币为用礼。《穀梁》以卫辄拒父为尊祖,不纳子纠为内恶。**○纠,居黝反。**《公羊》以祭仲废君为行权,**○祭,侧界反。**妾母称夫人为合正。以兵谏为爱君,是人主可得而胁也;以纳币为用礼,是居丧可得而婚也;以拒父为尊祖,是为子可得而叛也;以不纳子纠为内恶,是仇雠可得而容也;以废君为行权,是神器可得而阒也;**○阒,本又作窥,去规反。**以妾母为夫人,是嫡庶可得而齐也。**○嫡,丁历反,本又作适,亦同。**若此之类,伤教害义,不可强通者也。**○强,其丈反。

[疏]"《左氏》"至"者也"。○释曰：鬻拳兵谏在庄十九年，文公纳币在文二年，卫辄拒父在哀二年，不纳子纠在庄九年，祭仲废君在桓十一年，妾母称夫人在隐二年。凡传以通经为主，经以必当为理。○当，丁浪反，下同。夫至当无二，而三传殊说，庸得不弃其所滞，择善而从乎？既不俱当，则固容俱失。若至言幽绝，择善靡从，庸得不并舍以求宗，据理以通经乎？○舍以音舍。虽我之所是，理未全当，安可以得当之难，而自绝于希通哉！○难，乃旦反。[疏]"凡传"至"通哉"。○释曰：三传殊异，皆以通经为主。"当"者谓中于道也。言圣人之经，以必中为理。其理既中，计无差二，而三传殊说，故范氏言不得不择善而从之。云"三传殊说"者，若隐二年子氏之说，僖八年用致夫人之谈是也。择善而从之，季姬之遇鄫子，注云《左氏》"近合人情"，是也。"并舍以求宗，据理以通经乎"者，谓若子纠、卫辄，范氏别注起异端；季子潜刃，注云"传或失之"；天子六师，方伯一军，示以凝滞；南季之聘，传言"非正"，范所不取，是也。而汉兴以来，瑰望硕儒，○瑰，古回反。各信所习，是非纷错，○错，七洛反。准裁靡定。○裁，在代反，又音才，下同。故有父子异同之论，石渠分争之说。○父子异同，谓刘向好《穀梁》，刘歆善《左氏》之论，力困反。石渠，其居反，阁名，汉宣帝时使诸儒讲论同异于石渠阁也。分争，争斗之争。废兴由于好恶，○好，呼报反。恶，乌路反。盛衰继之辩讷。○字书云："讷，或作呐，乃骨反。"《字诂》云："讷，迟于言也。"包咸《论语注》云："迟钝也。"斯盖非通方之至理，诚君子之所叹息也。[疏]"而汉"至"息也"。○释曰：旧解云"瑰望"者，据容貌言之。"硕儒"者，大德之称，或当"瑰望"犹美望也。云"各信所习，是非纷错"者，若贾谊、刘歆之类，服虔、郑众之徒，皆说《左氏》之美，不论二传之得也。云"父子异同之论"者，若刘向注意《穀梁》，子歆专精《左氏》，是其异也；贾景伯父子及陈元父子皆习《左氏》，不学二传，是其同也。或解"异同"总据刘向父子言之，理亦通。云"石渠"者，汉之学名，论事校文，多在其内，故张平子云："天禄石渠，校文之处。""分争"者，若刘歆欲专立《左氏》，而移书太常，诸儒不从，反为排摈；陈元上疏论二传之短，亦被喧器，是也。云"废兴由于好恶"者，若景帝好《公羊》，胡毋之学兴，仲舒之义立；宣帝善《穀梁》，而千秋之道起，刘向之意存。云"盛衰继之辩讷"者，若武帝时《公羊》师董仲舒有才辩，《穀梁》师江翁性讷，《公羊》于是大兴，《穀梁》遂尔浸废；其后鲁人荣广善《穀梁》，与《公羊》师眭孟辩论大义，眭孟数至穷屈，《穀梁》于是又兴，《公羊》还复浸废。道有升降，在乎其人，不复论其得失，故云可叹息也。《左氏》艳而富，其失也巫。○艳，移验反。巫音无。《穀梁》清而婉，其失也短。○婉，於阮反。《公羊》辩而裁，其失也俗。若能富而不巫，清而不短，裁而不俗，则深于其道者也。故君子之于《春秋》，没身而已矣。[疏]"《左氏》"至"已矣"。○释曰：左丘明身为国史，躬览载籍，属辞比事，有可依据。杨子以为品藻，范氏以为富艳。"艳"者，文辞可美之称也。云"其失也巫"者，谓多叙鬼神之事，预言祸福之期，申生之托狐突，荀偃死不受含，伯有之厉，彭生之妖是也。云"清而婉"者，辞

清义通，若论隐公之小惠，虞公之中知是也。云"其失也短"者，谓元年大义而无传，益师不日之恶略而不言是也。云"辩而裁"者，"辩"谓说事分明，"裁"谓善能裁断，若断元年五"始"，益师三"辞"，"美恶不嫌同辞，贵贱不嫌同号"是也。旧解以为"裁"谓才辩，恐非也。云"其失也俗"者，若单伯之淫叔姬，郑子之请鲁女，论叔术之妻嫂是非，说季子之兄弟饮食是也。云"没身而已矣"者，三传虽说《春秋》，各有长短，明非积年所能精究，故要以没身为限也。

　　升平之末，岁次大梁，先君北蕃回轸蕃，○方元反，又作藩。顿驾于吴，乃帅门生故吏、我兄弟子侄，○侄，徒节反，《字林》丈一反。杜预注《左氏传》云："兄子曰侄。"研讲六籍，次及三传。《左氏》则有服、杜之注，《公羊》则有何、严之训。释《穀梁传》者虽近十家，○近，附近之近。皆肤浅末学，不经师匠。辞理典据，既无可观，又引《左氏》《公羊》以解此传，文义违反，斯害也已。［疏］"升平"至"也已"。○释曰：此范氏言已注述之意也。"升平"者，晋之年号。"岁"谓大岁也。"大梁"是十二次名也。"先君"谓宁之父注也。"门生"，同门后生。"故吏"谓昔日君臣，江、徐之属是也。"兄弟子侄"，即邵、凯、雍、泰之等是也。"六籍"者，谓《易》《诗》《书》《礼》《乐》与《春秋》也。"服、杜"者，即服虔、杜预也。"何、严"者，即何休、严彭祖也。"近十家"者，魏晋已来注《穀梁》者，有尹更始、唐固、糜信、孔演、江熙、程阐、徐仙民、徐乾、刘瑶、胡讷之等，故曰"近十家"也。范不云注二传得失，直言注《穀梁》肤浅末学者，旧解以为服、杜、何、严皆深于义理，不可复加，故不论之；以注《穀梁》者，皆不经师匠，故偏论之。或当方便注《穀梁》，故言其短也。于是乃商略名例，敷陈疑滞，博示诸儒同异之说。昊天不吊，大山其颓。○昊天，胡老反。《诗》云："欲报之德，昊天亡极。"本又作旻，亡巾反。匍匐墓次，死亡无日。○匍音蒲，又音扶。匐，蒲北反，又音服。日月逾迈，○逾音榆。跂及视息。○跂，丘弭反，又丘豉反。乃与二三学士及诸子弟各记所识，并言其意。业未及终，严霜夏坠，○坠，直类反。从弟彫落，○从，才用反。二子泯没。○泯，忘忍反，又作泯。天实丧予，○丧，息浪反。何痛如之！今撰诸子之言，各记其姓名，名曰《春秋穀梁传集解》。［疏］"于是"至"《集解》"。○释曰："商略名例"者，即范氏别为略例百余条是也。言"旻天"者，以父卒，故以杀方言之。"旻天不吊"，哀十六年《左氏》文也。云"大山其颓"者，《礼记·檀弓》文也。"集解"者，撰集诸子之言以为解，故曰集解。杜预云："集解者，谓集解经传。"与此异也。

　　（录自李学勤主编：《十三经注疏·春秋穀梁传注疏》，北京大学出版社1999年版）

刘知几学案

　　刘子玄(661—721),本名知几,后避玄宗讳,以字行。刘知几出生在一个世代为官、世传儒业的家庭。知几少受父、兄教诲熏陶,与兄知柔俱以词学闻名。刘知几在《史通·自叙》中详细地叙述了他青少年时代的读书生活。在十七岁时,刘知几将历代重要的史籍以及唐朝实录都已经阅读完了。刘知几在二十岁擢进士第,授获嘉主薄。在圣历二年(699)调职入京前的近二十年,刘知几于公务之暇,潜心坟典,"公私借书,恣情披阅",修养与见识不断得到提高。

　　刘知几有抱负,有才识,其性介直,不附奸回,故仕途坎坷。但"德不孤,必有邻",知几年过而立后,获交东海徐坚、永城米敬则、沛国刘允济、吴兴薛谦光、河南元行冲、陈留吴兢、寿春裴怀古。他们"以言议见许,道术相知",知几尝曰:"海内知我者数子耳。"刘知几至京任右补阙及定王府仓曹,旋即参与修《三教珠英》。《三教珠英》是以《文思博要》为本,"更加佛道二教,及亲属姓名方城等部"①。此书于长安元年(701)修成,次年刘知几出任著作佐郎兼修国史,寻迁左史,于门下撰起居注。由此开始了他的史官生涯。

　　刘知几自长安二年进入史馆,至中宗景龙四年(710),九年之中,"三为史臣,再入东观"②。中宗即位之后,除著作郎、太子中允、率更令,其兼修史皆如故,这是二为史臣。中宗还京不久,"驿召至京,领史事。迁秘书少监"③,这是三为史臣。其间,他参与修过《唐史》,重修《则天实录》等。自撰《刘氏家史》十五卷、《谱考》三卷。学者服其该博。

　　景龙二年,依《新唐书·刘子玄传》记载:"时宰相韦巨源、纪处讷、杨

---

①　王溥撰:《唐会要》卷三十六,中华书局 1955 年版,第 657 页。

②　《旧唐书》卷一百二《刘子玄传》,第 3168 页。

③　《新唐书》卷一百三十二《刘子玄传》,第 4520 页。

再思、宗楚客、萧至忠皆领监修,子玄病长官多,意尚不一,而至忠数责论次无功,又仕偃蹇,乃奏记求罢去。"①因为这个原因,刘知几求罢史任。他在给萧至忠的书中,详细陈述了自己"三为史臣,再入东观,竟不能勒成国典,贻彼后来者"②的原因,即史馆纲维不举,督课徒勤,虽威之以刑,悬金以赏,终不可得。不过,刘知几辞去史职的主要动因,还在于要集中精力撰写《史通》。撰写《史通》是刘知几一生中最光辉的一页,《史通》是刘知几留给后人的一部不朽史学评论巨著。刘知几撰写《史通》,是酝酿已久的事情。神龙元年(705),知几在史馆开始著《史通》,景龙四年二月撰成,凡二十卷。刘知几对《史通》的评价是:"夫其书虽以史为主,而余波所及,上穷王道,下揽人伦。总括万殊,包吞千有。"③《史通》撰成后,其挚友徐坚深重其书,并赞叹说:"居史职者,宜置此书于座右。"④

刘知几累迁太子左庶子兼崇文馆学士,依旧修国史,加银青光禄大夫。贞观年间,太宗曾命高士廉撰《氏族志》,以甄别士庶。先天初年,玄宗即位历经百年,诸姓至有兴替,左散骑常侍柳冲上表请依《氏族志》,重加修撰。先天初,柳冲与侍中魏知古、中书侍郎陆象克及徐坚、刘知几、吴兢等撰成《姓氏系录》,凡二百卷。开元初,知几迁左散骑常侍,修史如故。开元七年(719),诏敕诸儒议《孝经》《老子》注及《易》传。知几乃上议,论《孝经》非郑玄注、《老子》无河上公注,《易》无子夏传,请行《孝经》孔安国传,《老子》王弼注。宰相宋璟不然其论,奏与诸儒质辩。博士司马贞等阿宰相之意,贬斥其言,最终知几的意见不被采纳,但其见解颇为时人所称道。

开元九年,刘知几因长子之事触怒玄宗,被贬为安州都督府别驾,而刘知几在到安州不久之后便去世了,年六十一岁。《旧唐书·刘子玄传》精简地概括了刘知几的一生:"子玄掌知国史,首尾二十余年,多所撰述,甚为当时所称。……自幼及长,述作不倦,朝有论著,必居其职。预修《三教珠英》《文馆词林》《姓族系录》,论《孝经》非郑玄注、《老子》无河上公注,

---

① 《新唐书》卷一百三十二《刘子玄传》,第4520页。

② 《旧唐书》卷一百二《刘子玄传》,第3168页。

③ 刘知几著,浦起龙释:《史通通释》卷十《自叙第三十六》,上海古籍出版社1978年版,第291—292页。

④ 《旧唐书》卷一百二《刘子玄传》,第3171页。

修《唐书实录》，皆行于代，有集三十卷。后数年，玄宗敕河南府就家写《史通》以进，读而善之，追赠汲郡太守；寻又赠工部尚书，谥曰文。"①

六家第一

自古帝王编述文籍，《外篇》言之备矣。古往今来，质文递变，诸史之作，不恒厥体。榷而为论，其流有六：一曰《尚书》家，二曰《春秋》家，三曰《左传》家，四曰《国语》家，五曰《史记》家，六曰《汉书》家。今略陈其义，列之于后。

《尚书》家者，其先出于太古。《易》曰："河出《图》，洛出《书》，圣人则之。"故知《书》之所起远矣。至孔子观书于周室，得虞、夏、商、周四代之典，乃删其善者，定为《尚书》百篇。孔安国曰："以其上古之书，谓之《尚书》。"《尚书璇玑钤》曰："尚者，上也。上天垂文象，布节度，如天行也。"王肃曰："上所言，下为史所书，故曰《尚书》也。"推此三说，其义不同。盖《书》之所主，本于号令，所以宜王道之正义，发话言于臣下，故其所载，皆典、谟、训、诰、誓、命之文。至如《尧》《舜》二典直序人事，《禹贡》一篇唯言地理，《洪范》总述灾祥，《顾命》都陈丧礼，兹亦为例不纯者也。

又有《周书》者，与《尚书》相类，即孔氏刊约百篇之外，凡为七十一章。上自文、武，下终灵、景。甚有明允笃诚，典雅高义；时亦有浅末恒说，滓秽相参，殆似后之好事者所增益也。至若《职方》之言，与《周官》无异；《时训》之说，比《月令》多同。斯百王之正书，《五经》之别录者也。

自宗周既殒，《书》体遂废，迄乎汉、魏，无能继者。至晋广陵相鲁国孔衍，以为国史所以表言行，昭法式，至于人理常事，不足备列。乃删汉、魏诸史，取其美词典言，足为龟镜者，定以篇第，纂成一家。由是有《汉尚书》《后汉尚书》《汉魏尚书》，凡为二十六卷。至隋秘书监太原王劭，又录开皇、仁寿时事，编而次之，以类相从，各为其目，勒成《隋书》八十卷。寻其义例，皆准《尚书》。

原夫《尚书》之所记也，若君臣相对，词旨可称，则一时之言，累篇咸载。如言无足纪，语无可述，若此故事，虽有脱略，而观者不以为非。爱逮

---

① 《旧唐书》卷一百二《刘子玄传》，第 3173—3174 页。

中叶，文籍大备，必翦截今文，模拟古法，事非改辙，理涉守株。故舒元所撰《汉》《魏》等书，不行于代也。若乃帝王无纪，公卿缺传，则年月失序，爵里难详，斯并昔之所忽，而今之所要。如君懋《隋书》，虽欲祖述商、周，宪章虞、夏，观其所述，乃似《孔子家语》、临川《世说》，可谓画虎不成，反类犬也。故其书受嗤当代，良有以焉。

《春秋》家者，其先出于三代。案《汲冢琐语》记太丁时事，目为《夏殷春秋》。孔子曰："疏通知远，《书》教也"；"属辞比事，《春秋》之教也。"知《春秋》始作，与《尚书》同时。《琐语》又有《晋春秋》，记献公十六年事。《国语》云：晋羊舌肸习于《春秋》，悼公使傅其太子。《左传》昭二年，晋韩宣子来聘，见《鲁春秋》曰："周礼尽在鲁矣。"斯则春秋之目，事匪一家。至于隐没无闻者，不可胜载。又案《竹书纪年》，其所纪事皆与《鲁春秋》同。《孟子》曰："晋谓之乘，楚谓之梼杌，而鲁谓之春秋，其实一也。"然则乘与纪年、梼杌，其皆春秋之别名者乎！故《墨子》曰："吾见百家春秋。"盖皆指此也。

逮仲尼之修《春秋》也，乃观周礼之旧法，遵鲁史之遗文；据行事，仍人道；就败以明罚，因兴以立功；假日月而定历数，朝聘而正礼乐；微婉其说，志晦其文；为不刊之言，著将来之法，故能弥历千载，而其书独行。

又案儒者之说春秋也，以事系日，以日系月；言春以包夏，举秋以兼冬，年有四时，故错举以为所记之名也。苟如是，则晏子、虞卿、吕氏、陆贾，其书篇第，本无年月，而亦谓之春秋，盖有异于此者也。

至太史公著《史记》，始以天子为本纪，考其宗旨，如法《春秋》。自是为国史者，皆用斯法。然时移世异，体式不同。其所书之事也，皆言罕褒讳，事无黜陟，故马迁所谓整齐故事耳，安得比于《春秋》哉！

《左传》家者，其先出于左丘明。孔子既著《春秋》，而丘明受经作传。盖传者，转也，转受经旨，以授后人。或曰传者，传也，所以传示来世。案孔安国注《尚书》，亦谓之传，斯则传者，亦训释之义乎。观《左传》之释经也，言见经文而事详传内，或传无而经有，或经阙而传存。其言简而要，其事详而博，信圣人之羽翮，而述者之冠冕也。

逮孔子云没，经传不作。于时文籍，唯有《战国策》及《太史公书》而已。至晋著作郎鲁国乐资，乃追采二史，撰为《春秋后传》。其书始以周贞王续前传鲁哀公后，至王赧入秦，又以秦文王之继周，终于二世之灭，合成三十卷。当汉代史书,以迁、固为主,而纪传互出,表志相重,于文为烦,颇难周览。至孝献帝,始命苟悦撮其书为编年体,依《左传》著《汉纪》三十篇。自是每代国史,皆有斯作,起自后汉,至于高齐。如张璠、孙盛、干宝、徐贾、裴子野、吴均、何之元、王劭等,其所著书,或谓之春秋,或谓之纪,或谓之略,或谓之典,或谓之志。虽名各异,大抵皆依《左传》以为的准焉。

《国语》家者,其先亦出于左丘明。既为《春秋内传》,又稽其逸文,纂其别说,分周、鲁、齐、晋、郑、楚、吴、越八国事,起自周穆王,终于鲁悼公,别为《春秋外传》《国语》,合为二十一篇。其文以方《内传》,或重出而小异。然自古名儒贾逵、王肃、虞翻、韦曜之徒,并申以注释,治其章句,此亦《六经》之流,《三传》之亚也。

暨纵横互起,力战争雄,秦兼天下,而著《战国策》。其篇有东西二周、秦、齐、燕、楚、三晋、宋、卫、中山,合十二国,分为三十三卷。夫谓之策者,盖录而不序,故即简以为名。或云,汉代刘向以战国游士为之策谋,因谓之《战国策》。

至孔衍,又以《战国策》所书,未为尽善。乃引太史公所记,参其异同,删彼二家,聚为一录,号为《春秋后语》。除二周及宋、卫、中山,其所留者,七国而已。始自秦孝公,终于楚、汉之际,比于《春秋》,亦尽二百三十余年行事。始衍撰《春秋时国语》,复撰《春秋后语》,勒成二书,各为十卷。今行于世者,唯《后语》存焉。按其书序云:"虽左氏莫能加。"世人皆尤其不量力,不度德。寻衍之此义,自比于丘明者,当谓《国语》,非《春秋传》也。必方以类聚,岂多嗤乎!

当汉氏失驭,英雄角力。司马彪又录其行事,因为《九州岛春秋》,州为一篇,合为九卷。寻其体统,亦近代之《国语》也。

自魏都许、洛,三方鼎峙;晋宅江、淮,四海幅裂。其君虽号同王者,而地实诸侯。所在史官,记其国事,为纪传者则规模班、马,创编年者则议拟苟、袁。于是《史》《汉》之体大行,而《国语》之风替矣。

《史记》家者,其先出于司马迁。自《五经》间行,百家竞列,事迹错糅,前后乖舛。至迁乃鸠集国史,采访家人,上起黄帝,下穷汉武,纪传以统君臣,书表以谱年爵,合百三十卷。因鲁史旧名,目之曰《史记》。自是汉世史官所续,皆以《史记》为名。迄乎东京著书,犹称《汉记》。

至梁武帝,又敕其群臣,上自太初,下终齐室,撰成《通史》六百二十卷。其书自秦以上，皆以《史记》为本，而别采他说，以广异闻；至两汉已还，则全录当时纪传，而上下通达，臭味相依；又吴、蜀二主皆入世家，五胡及拓拔氏列于《夷狄传》。大抵其体皆如《史记》，其所为异者，唯无表而已。其后元魏济阴王晖业，又著《科录》二百七十卷，其断限亦起自上古，而终于宋年。其编次多依仿《通史》，而取其行事尤相似者，共为一科，故以《科录》为号。皇家显庆中，符玺郎陇西李延寿抄撮近代诸史，南起自宋，终于陈，北始自魏，卒于隋，合一百八十篇，号曰《南》《北史》。其君臣流例，纪传群分，皆以类相从，各附于本国。凡此诸作，皆《史记》之流也。

寻《史记》疆宇辽阔，年月遐长，而分以纪传，散以书表。每论家国一政，而胡、越相悬；叙君臣一时，而参、商是隔。此其为体之失者也。兼其所载，多聚旧记，时采杂言，故使览之者事罕异闻，而语饶重出。此撰录之烦者也。况《通史》以降，芜累尤深，遂使学者宁习本书，而怠窥新录。且撰次无几，而残缺遽多，可谓劳而无功，述者所宜深诫也。

《汉书》家者，其先出于班固。马迁撰《史记》，终于今上。自太初已下，阙而不录。班彪因之，演成《后记》，以续前编。至子固，乃断自高祖，尽于王莽，为十二纪、十志、八表、七十列传，勒成一史，目为《汉书》。昔虞、夏之典，商、周之诰，孔氏所撰，皆谓之"书"。夫以"书"为名，亦稽古之伟称。寻其创造，皆准子长，但不为"世家"，改"书"曰"志"而已。自东汉以后，作者相仍，皆袭其名号，无所变革，唯《东观》曰"记"，《三国》曰"志"。然称谓虽别，而体制皆同。

历观自古，史之所载也，《尚书》记周事，终秦穆，《春秋》述鲁文，止哀公，不逮于魏亡，《史记》唯论于汉始。如《汉书》者，究西都之首末，穷刘氏之废兴，包举一代，撰成一书。言皆精练，事甚该密，故学者寻讨，易为其功。自尔迄今，无改斯道。

于是考兹六家，商榷千载，盖史之流品，亦穷之于此矣。而朴散淳销，时移世异，《尚书》等四家，其体久废，所可祖述者，唯《左氏》及《汉书》二家而已。

（录自刘知几撰，浦起龙释：《史通通释》，上海古籍出版社 1978 年版）

二体第二

三、五之代，书有典、坟，悠哉邈矣，不可得而详。自唐、虞以下迄于周，是为《古文尚书》。然世犹淳质，文从简略，求诸备体，固以阙如。既而丘明传《春秋》，子长著《史记》，载笔之体，于斯备矣。后来继作，相与因循，假有改张，变其名目，区域有限，孰能逾此！盖荀悦、张璠，丘明之党也；班固、华峤，子长之流也。惟此二家，各相矜尚。必辨其利害，可得而言之。

夫《春秋》者，系日月而为次，列时岁以相续，中国外夷，同年共世，莫不备载其事，形于目前。理尽一言，语无重出。此其所以为长也。至于贤士贞女，高才俊德，事当冲要者，必盱衡而备言；迹在沈冥者，不枉道而详说。如绛县之老，杞梁之妻，或以酬晋卿而获记，或以对齐君而见录。其有贤如柳惠，仁若颜回，终不得彰其名氏，显其言行。故论其细也，则纤芥无遗；语其粗也，则丘山是弃。此其所以为短也。

《史记》者，纪以包举大端，传以委曲细事，表以谱列年爵，志以总括遗漏，逮于天文、地理、国典、朝章，显隐必该，洪纤靡失。此其所以为长也。若乃同为一事，分在数篇，断续相离，前后屡出，于《高纪》则云语在《项传》，于《项传》则云事具《高纪》。又编次同类，不求年月，后生而擢居首帙，先辈而抑归末章，遂使汉之贾谊将楚屈原同列，鲁之曹沫与燕荆轲并编。此其所以为短也。

考兹胜负，互有得失。而晋世干宝著书，乃盛誉丘明而深抑子长，其义云：能以三十卷之约，括囊二百四十年之事，靡有遗也。寻其此说，可谓劲挺之词乎？案春秋时事，入于左氏所书者，盖三分得其一耳。丘明自知其略也，故为《国语》以广之。然《国语》之外，尚多亡逸，安得言其括囊靡遗者哉？向使丘明世为史官，皆仿《左传》也，至于前汉之严君平、郑子真，后汉之郭林宗、黄叔度，晁错、董生之对策，刘向、谷永之上书，斯并德冠人伦，名驰海内，识洞幽显，言穷军国。或以身隐位卑，不预朝政；或以文烦事博，难为次序。皆略而不书，斯则可也。必情有所吝，不加刊削，则汉氏之志传百卷，并列于十二纪中，将恐碎琐多芜，阒单失力者矣。故班固知其若此，设纪传以区分，使其历然可观，纲纪有别。荀悦厌其迂阔，又依左氏成书，剪截班史，篇才三十，历代褒之，有逾本传。

然则班、荀二体，角力争先，欲废其一，固亦难矣。后来作者，不出二途。故晋史有王、虞，而副以干《纪》；《宋书》有徐、沈，而分为裴《略》。各有其美，并行于世。异夫令升之言，唯守一家而已。

（录自刘知几撰，浦起龙释：《史通通释》，上海古籍出版社1978年版）

鉴识第二十六

夫人识有通塞，神有晦明，毁誉以之不同，爱憎由其各异。盖三王之受谤也，值鲁连而获申；五霸之擅名也，逢孔宣而见诋。斯则物有恒准，而鉴无定识，欲求铨核得中，其唯千载一遇乎！况史传为文，渊浩广博，学者苟不能探赜索隐，致远钩深，乌足以辩其利害，明其善恶。

观《左氏》之书，为传之最，而时经汉、魏，竟不列于学官，儒者皆折此一家，而盛推二传。夫以丘明躬为鲁史，受经仲尼，语世则并生，论才则同耻。彼二家者，师孔氏之弟子，预达者之门人，才识本殊，年代又隔，安得持彼传说，比兹亲受者乎！加以二传理有乖僻，言多鄙野，方诸《左氏》，不可同年。故知《膏肓》《墨守》，乃腐儒之妄述；卖饼、太官，诚智士之明鉴也。

逮《史》《汉》继作，踵武相承。王充著书，既甲班而乙焉；张辅持论，又劣固而优迁。然此二书，虽互有修短，递闻得失，而大抵同风，可为连类。张晏云：迁殁后，亡《龟策》《日者传》，褚先生补其所缺，言词鄙陋，非迁本意。案迁所撰《五帝本纪》、七十列传，称虞舜见厄，遂匿空而出；宣尼既殂，门人推奉有若。其言之鄙，又甚于兹，安得独罪褚生，而全宗马氏也？刘轨思商榷汉史，雅重班才，惟讥其本纪不列少帝，而辄编高后。案弘非刘氏，而窃养汉宫。时天下无主，吕宗称制，故借其岁月，寄以编年。而野鸡行事，自具《外戚》。譬夫成为孺子，史刊摄政之年；历亡流彘，历纪共和之日。而周、召二公，各世家有传。班氏式遵襄例，殊合事宜，岂谓虽浚发于巧心，反受嗤于拙目也。

刘祥撰《宋书序录》，历说诸家晋史，其略云："法盛《中兴》，荒庄少气，王隐、徐广，沦溺罕华。"夫史之叙事也，当辩而不华，质而不俚，其文直，其事核，若斯而已可也。必令同文举之含异，等公之有逸，如子云之含章，类长卿之飞藻,此乃绮扬绣合,雕章缛彩,欲称实录,其可得乎？以此诋诃,知其妄施弹射矣。

夫人废兴,时也,穷达,命也。而书之为用,亦复如是。盖《尚书》古文,《六经》之冠冕也,《春秋左氏》,《三传》之雄霸也。而自秦至晋,年逾五百,其书隐没,不行于世。既而梅氏写献,杜侯训释,然后见重一时,擅名千古。若乃《老经》撰于周日,《庄子》成于楚年,遭文、景而始传,值嵇、阮而方贵。若斯流者,可胜纪哉！故曰"废兴,时也,穷达,命也"。适使时无识宝,世缺知音,若《论衡》之未遇伯喈,《太玄》之不逢平子,逝将烟烬火灭,泥沈雨绝,安有殁而不朽,扬名于后世者乎！

（录自刘知几撰,浦起龙释:《史通通释》,上海古籍出版社1978年版）

核才第三十一

夫史才之难,其难甚矣。《晋令》云:"国史之任,委之著作,每著作郎初至,必撰名臣传一人。"斯盖察其所由,苟非其才,则不可叨居史任。历观古之作者,若蔡邕、刘峻、徐陵、刘炫之徒,各自谓长于著书,达于史体,然观侏儒一节,而他事可知。案伯喈于朔方上书,谓宜广班氏《天文志》。夫《天文》之于《汉史》,实附赘之尤甚者也。必欲申以掎摭,但当锄而去之,安可仍其过失,而益其芜累？亦奚异观河倾之患,而不遏以堤防,方欲疏而导之,用速怀襄之害。述史如此,将非练达者欤？孝标持论谈理,诚为绝伦。而《自叙》一篇,过为烦碎;《山栖》一志,直论文章。谅难以偶迹迁、固,比肩陈、范者也。孝穆在齐,有志梁史,及还江左,书竟不成。

嗟乎！以徐公文体,而施诸史传,亦犹灞上儿戏,异乎真将军,幸而量力不为,可谓自卜者审矣。光伯以洪儒硕学,而迍遭不遇。观其锐情自叙,欲以垂示将来,而言皆浅俗,理无要害。岂所谓"诵《诗》三百,虽多,亦奚以为"者乎！

昔尼父有言:"文胜质则史。"盖史者当时之文也。然朴散淳销,时移世异,文之与史,较然异辙。故以张衡之文,而不闲于史;以陈寿之史,而不习于文。其有赋述《两都》,诗裁《八咏》,而能编次汉册,勒成宋典。若斯人者,其流几何？

是以略观近代,有齿迹文章而兼修史传。其为式也,罗含、谢客宛为歌颂之文,萧绎、江淹直成铭赞之序,温子升尤工复语,卢思道雅好丽词,江总猖獗以沉迷,庾信轻薄而流宕。此其大较也。然向之数子所撰者,盖不过偏记杂说,小卷短书而已,犹且乖滥踳驳,一至于斯。而况责之以刊勒一家,弥纶一代,使其始末圆备,表里无咎,盖亦难矣。

但自世重文藻,词宗丽淫,于是沮诵失路,灵均当轴。每西省虚职,东观仁才,凡所拜授,必推文士。遂使握管怀铅,多无铨综之识;连章累牍,罕逢微婉之言。而举俗共以为能,当时莫之敢侮。假令其间有术同彪、峤,才若班、荀,怀独见之明,负不刊之业,而皆取窘于流俗,见嗤于朋党。遂乃哺糟歠醨,俯同妄作,披褐怀玉,无由自陈。此管仲所谓"用君子而以小人参之,害霸之道"者也。

昔傅玄有云:"观孟坚《汉书》,实命代奇作。及与陈宗、尹敏、杜抚、马严撰中兴纪传,其文曾不足观。岂拘于时乎?不然,何不类之甚者也?是后刘珍、朱穆、卢植、杨彪之徒,又继而成之。岂亦各拘于时,而不得自尽乎?何其益陋也?"嗟乎!拘时之患,其来尚矣。斯则自古所叹,岂独当今者哉!

(录自刘知几撰,浦起龙释:《史通通释》,上海古籍出版社 1978 年版)

自叙第三十六

予幼奉庭训,早游文学。年在执绮,便受《古文尚书》。每苦其辞艰琐,难为讽读。虽屡逢捶挞,而其业不成。尝闻家君为诸兄讲《春秋左氏传》,每废《书》而听。逮讲毕,即为诸兄说之。因窃叹曰:"若使书皆如此,吾不复怠矣。"先君奇其意,于是始授以《左氏》,期年而讲诵都毕。于时年甫十有二矣。所讲虽未能深解,而大义略举。父兄欲令博观义疏岔,精此一经。辞以获麟已后,未见其事,乞且观余部,以广异闻。次又读《史》《汉》《三国志》。既欲知古今沿革,历数相承,于是触类而观,不假师训。自汉中兴已降,迄乎皇家实录,年十有七,而窥览略周。其所读书,多因假赁,虽部峡残缺,篇第有遗,至于叙事之纪纲,立言之梗概,亦粗知之矣。

但于时将求仕进,兼习揣摩,至于专心诸史,我则未暇。泊年登弱冠,射策登朝,于是思有余闲,获遂本愿。旅游京洛,颇积岁年,公私借书,恣情披阅。至如一代之史,分为数家,其间杂记小书,又竞为异说,莫不钻研穿凿，尽其利害。加以自小观书，喜谈名理，其所悟者，皆得之襟腑，非由染习。故始在总角，读班、谢两《汉》，便怪《前书》不应有《古今人表》，《后书》宜为更始立纪。当时闻者，共责以为童子何知，而敢轻议前哲。于是赧然自失，无辞以对。其后见《张衡》《范晔集》，果以二史为非。其有暗合于古人者，盖不可胜纪。始知流俗之士，难与之言。凡有异同，蓄诸方寸。

及年以过立，言悟日多，常恨时无同好，可与言者。维东海徐坚，晚与之遇，相得甚欢，虽古者伯牙之识钟期，管仲之知鲍叔，不是过也。复有永城朱敬则、沛国刘允济、义兴薛谦光、河南元行冲、陈留吴兢、寿春裴怀古，亦以言议见许，道术相知。所有榷扬，得尽怀抱。每云："德不孤，必有邻，四海之内，知我者不过数子而已矣。"

昔仲尼以睿圣明哲，天纵多能，睹史籍之繁文，惧览者之不一，删《诗》为三百篇，约史记以修《春秋》，赞《易》道以黜八索，述《职方》以除九丘，讨论坟、典，断自唐、虞，以迄于周。其文不刊，为后王法。自兹厥后，史籍逾多，苟非命世大才，孰能刊正其失？磋予小子，敢当此任！其于史传也，尝欲自班、马已降，迄于姚、李、令狐、颜、孔诸书，莫不因其旧义，普加厘革。但以无夫子之名，而辄行夫子之事，将恐致惊末俗，取咎时人，徒有其劳，而莫之见赏。所以每握管叹息，迟回者久之。非欲之而不能，实能之而不敢也。

既朝廷有知意者，遂以载笔见推。由是三为史臣，再入东观。每惟皇家受命，多历年所，史官所编，粗惟纪录。至于纪传及志，则皆未有其书。长安中，会奉诏预修唐史。及今上即位，又敕撰《则天大圣皇后实录》。凡所著述，尝欲行其旧议。而当时同作诸士及监修贵臣，每与其凿柄相违，龃龉难入。故其所载削，皆与俗浮沈。虽自谓依违苟从，然犹大为史官所嫉。磋乎！虽任当其职，而吾道不行；见用于时，而美志不遂。郁怏孤愤，无以寄怀。必寝而不言，嘿而无述，又恐没世之后，谁知予者。故退而私撰《史通》，以见其志。

昔汉世刘安著书，号曰《淮南子》。其书牢笼天地，博极古今，上自太公，下至商鞅。其错综经纬，自谓兼于数家，无遗力矣。然自《淮南》已后，作者无绝。必商榷而言，则其流又众。盖仲尼既殁，微言不行；史公著书，是非多谬。由是百家诸子，诡说异辞，务为小辩，破彼大道，故扬雄《法言》生焉。儒者之书，博而寡要，得其糟粕，失其菁华。而流俗鄙夫，贵远贱近，传兹抵牾，自相欺惑，故王充《论衡》生焉。民者，冥也，冥然周知，率彼愚蒙，墙面而视。或讹音鄙句，莫究本源，或守株胶柱，动多拘忌，故应劭《风俗通》生焉。五常异禀，百行殊执，能有兼偏，知有长短。苟随才而任使，则片善不遗，必求备而后用，则举世莫可，故刘劭《人物志》生焉。夫开国承家，立身立事，一文一武，或出或处，虽贤愚壤隔，善恶区分，苟时无品藻，则理难锉综，故陆景《典语》生焉。词人属文，其体非一，譬甘辛殊味，丹素异彩，后来祖述，识昧圆通，家有诋诃，人相掎摭，故刘勰《文心》生焉。

若《史通》之为书也，盖伤当时载笔之士，其义不纯。思欲辨其指归，殚其体统。夫其书虽以史为主，而余波所及，上穷王道，下掞人伦，总括万殊，包吞千有。自《法言》已降，迄于《文心》而往，固以纳诸胸中，曾不蒂芥者矣。夫其为义也，有与夺焉，有褒贬焉，有鉴诫焉，有讽刺焉。其为贯穿者深矣，其为网罗者密矣，其所商略者远矣，其所发明者多矣。盖谈经者恶闻服、杜之嗤，论史者憎言班、马之失。而此书多讥往哲，喜述前非。获罪于时，固其宜矣。犹冀知音君子，时有观焉。尼父有云："罪我者《春秋》，知我者《春秋》。"抑斯之谓也。

昔梁征士刘孝标作《叙传》，其自比于冯敬通者有三。而予辄不自揆，亦窃比于扬子云者有四焉。何者？扬雄尝好雕虫小技，老而悔其少作。余幼喜诗赋，而壮都不为，耻以文士得名，期以述者自命。其似一也。扬雄草《玄》，累年不就，当时闻者，莫不哂其徒劳。余撰《史通》，亦屡移寒暑。悠悠尘俗，共以为愚。其似二也。扬雄撰《法言》，时人竞尤其妄，故作《解嘲》以训之。余著《史通》，见者亦互言其短，故作《释蒙》以拒之。其似三也。扬雄少为范逡、刘歆所重，及闻其撰《太玄经》，则嘲以恐盖酱瓿。然刘、范之重雄者，盖贵其文彩若《长杨》《羽猎》之流耳。如《太玄》深奥，理难探赜。既绝窥逾，故加讥诮。余初好文笔，颇获誉于当时。晚谈史传，遂减价于知己。其似四也。夫才唯下劣，而迹类先贤。是用铭之于心，持以自慰。

抑犹有遗恨，惧不似扬雄者有一焉。何者？雄之《玄经》始成，虽为当时所贱，而桓谭以为数百年外，其书必传。其后张衡、陆绩果以为绝伦参圣。夫以《史通》方诸《太玄》，今之君山，即徐、朱等数君是也。后来张、陆，则未之知耳。嗟乎！傥使平子不出，公纪不生，将恐此书与粪土同捐，烟烬俱灭。后之识者，无得而观。此予所以抚卷涟洏，泪尽而继之以血也。

（录自刘知几撰，浦起龙释：《史通通释》，上海古籍出版社 1978 年版）

惑经第四

昔孔宣父以大圣之德，应运而生，生人已来，未之有也。故使三千弟子、七十门人，钻仰不及，请益无倦。然则尺有所短，寸有所长，其间切磋酬对，颇亦互闻得失。何者？睹仲由之不悦，则矢天厌以自明；答言偃之弦歌，则称戏言以释难。斯则圣人之设教，其理含弘，或援誓以表心，或称非以受屈。岂与夫庸儒末学，文过饰非，使夫问者缄辞杜口，怀疑不展，若斯而已哉？嗟夫！古今世殊，师授路隔，恨不得亲膺洒扫，陪五尺之童；躬奉德音，抚四科之友。而徒以研寻蠹简，穿凿遗文，菁华久谢，糟粕为偶。遂使理有未达，无由质疑。是用握卷踌躇，挥毫悱愤。傥梁木斯坏，魂而有灵，敢效接舆之歌，辄同林放之问。但孔氏之立言行事，删《诗》赞《易》，其义既广，难以具论。今惟摭其史文，评之于后。

何者？赵孟以无辞伐国，贬号为人；杞伯以夷礼来朝，降爵称子。虞班晋上，恶贪贿而先书；楚长晋盟，讥无信而后列。此则人伦臧否，在我笔端，直道而行，夫何所让？奚为齐、郑及楚，国有弑君，各以疾赴，遂皆书卒？夫臣弑其君，子弑其父，凡在含识，皆知耻惧。苟欺而可免，则谁不愿然？且官为正卿，反不讨贼；地居冢嫡，药不亲尝。遂皆被以恶名，播诸来叶。必以彼三逆，方兹二弑，躬为枭獍，则漏网遗名；迹涉瓜李，乃凝脂显录。嫉恶之情，岂其若是？其所未谕一也。

又案齐乞野幕之戮，事起阳生；楚比乾溪之缢，祸由观从。而《春秋》捐其首谋，舍其亲弑，亦何异鲁酒薄而邯郸围，城门火而池鱼及。必如是，则邾之阍者私憾射姑，以其君卞急而好洁，可行欺以激怒，遂倾瓶水以沃庭，俾废坊而烂卒。斯亦罪之大者，奚不书弑乎？其所未谕二也。

盖明镜之照物也，妍媸必露，不以毛嫱之面或有疵瑕，而寝其鉴也；虚空之传响也，清浊必闻，不以绵驹之歌时有误曲，而辍其应也。夫史官执简，宜类于斯。苟爱而知其丑，憎而知其善，善恶必书，斯为实录。观夫子修《春秋》也，多为贤者讳。狄实灭卫，因桓耻而不书；河阳召王，成文美而

91

称狩。斯则情兼向背，志怀彼我。苟书法其如是也，岂不使为人君者，靡惮宪章，虽玷白圭，无惭良史也乎？其所未谕三也。

哀八年及十三年，公再与吴盟，而皆不书。桓二年，公及戎盟则书之。戎实豺狼，非我族类。夫非所讳而仍讳，谓当耻而无耻，求之折衷，未见其宜。其所未谕四也。

诸国臣子，非卿不书，必以地来奔，则虽贱亦志。斯岂非国之大事，不可限以常流者耶？如阳虎盗入于讙，拥阳关而外叛，《传》具其事，《经》独无闻，何哉？且弓玉云亡，犹获显记；城邑失守，反不沾书。略大存小，理乖惩劝。其所未谕五也。

案诸侯世嫡，嗣业居丧，既未成君，不避其讳。此《春秋》之例也。何为般、野之殁，皆以名书，而恶、视之殂，直云"子卒"。其所未谕六也。

凡在人伦不得其死者，邦君已上皆谓之弑，卿士以上通谓之杀。此《春秋》之例也。案桓二年，书曰："宋督弑其君与夷及其大夫孔父。"僖十年，又曰："晋里克弑其君卓及大夫荀息。"夫臣当为杀，而称及，与君弑同科。苟弑、杀不分，则君臣靡别者矣。其所未谕七也。

夫臣子所书，君父是党，虽事乖正直，而理合名教。如鲁之隐、桓戕弑，昭、哀放逐，姜氏淫奔，子般夭酷。斯则邦之孔丑，讳之可也。如公送晋葬，公与吴盟，为齐所止，为邾所败，盟而不至，会而后期，并讳而不书，岂非烦碎之甚？且案汲冢竹书《晋春秋》及《纪年》之载事也，如重耳出奔，惠公见获，书其本国，皆无所隐。唯《鲁春秋》之记其国也，则不然。何者？国家事无大小，苟涉嫌疑，动称耻讳，厚诬来世，奚独多乎！其所未谕八也。

案昭十二年，齐纳北燕伯于阳。"伯于阳"者何？公子阳生也。子曰："我乃知之矣。"在侧者曰："子苟知之，何以不革？"曰："如尔所不知何？"夫如是，夫子之修《春秋》，皆遵彼乖僻，习其讹谬，凡所编次，不加刊改者矣。何为其间则一褒一贬，时有弛张；或沿或革，曾无定体。其所未谕九也。

又书事之法，其理宜明。使读者求一家之废兴，则前后相会；讨一人之出入，则始末可寻。如定六年，书"郑灭许，以许男斯归"。而哀元年，书"许男与楚围蔡"。夫许既灭矣，君执家亡，能重列诸侯，举兵围国者何哉？盖其间行事，必当有说。《经》既不书，《传》又阙载，缺略如此，寻绎难知，其所未谕十也。

案晋自鲁闵公已前,未通于上国。至僖二年,灭下阳已降,渐见于《春秋》。盖始命行人自达于鲁也,而《琐语·春秋》载鲁国闵公时事,言之甚详。斯则闻事必书,无假相赴者也。盖当时国史,它皆仿此。至于夫子所修也则不然。凡书异国,皆取来告。苟有所告,虽小必书;如无其告,虽大亦阙。故宋飞六鹢,小事也,以有告而书之;晋灭三邦,大事也,以无告而阙之。用使巨细不均,繁省失中,比夫诸国史记,奚事独为疏阔?寻兹例之作也,盖因周礼旧法,鲁策成文。夫子既撰不刊之书,为后王之则,岂可仍其过失,而不中规矩者乎?其所未谕十一也。

盖君子以博闻多识为工,良史以实录直书为贵。而《春秋》记它国之事,必凭来者之辞;而来者所言,多非其实。或兵败而不以败告,君弑而不以弑称,或宜以名而不以名,或应以氏而不以氏,或春崩而以夏闻,或秋葬而以冬赴。皆承其所说而书,遂使真伪莫分,是非相乱。其所未谕十二也。

凡所未谕,其类尤多,静言思之,莫究所以。岂"夫子之墙数仞,不得其门"者欤?将"某也幸,苟有过,人必知之"者欤?如其与夺,诸谢不敏。

又世人以夫子固天攸纵,将圣多能,便谓所著《春秋》,善无不备。而审形者少,随声者多,相与雷同,莫之指实。榷而为论,其虚美者有五焉。

案古者国有史官,具列时事,观汲冢出所记,皆与鲁史符同。至如周之东迁,其说稍备;隐、桓已上,难得而详。此之烦省,皆与《春秋》不别。又"获君曰止","诛臣曰刺","杀其大夫曰杀","执我行人","郑弃其师","陨石于宋五"。诸如此句,多是古史全文。则知夫子之所修者,但因其成事,就加雕饰,仍旧而已,有何力哉?加以史策有阙文,时月有失次,皆存而不正,无所用心,斯又不可得而弹说矣。而太史公云:夫子"为《春秋》,笔则笔,削则削,游夏之徒,不能赞一辞"。其虚美一也。

又案宋襄公执滕子而诬之以得罪,楚灵王弑郏敖而赴之以疾亡,《春秋》皆承告而书,曾无变革。是则无辜者反加以罪,有罪者得隐其辜,求诸劝戒,其义安在?而左丘明论《春秋》之义云:"或求名而不得,或欲盖而名彰","善人劝焉,淫人惧焉"。其虚美二也。

又案《春秋》之所书,本以褒贬为主。故《国语》晋司马侯对其君悼公曰:"以其善行,以其恶戒,可谓德义矣。"公曰:"孰能?"对曰:"羊舌肸习于《春秋》。"至于董狐书法而不隐,南史执简而累进,又宁殖出君,而卒自犹名在策书。故知当时史臣各怀直笔,斯则有犯必死,书法无舍者矣。自夫子之修《春秋》也,盖他邦之篡贼其君者有三,本国之弑逐其君者有七,莫不缺而靡录,使其有逃名者。而孟子云:"孔子成《春秋》,乱臣贼子惧。"无乃乌有之谈欤?其虚美三也。

又案《春秋》之文,虽有成例,或事同书异,理殊画一。故太史公曰:"孔氏著《春秋》,隐、桓之间则彰,至定、哀之际则微,为其切当世之文,而罔褒讳之辞也。"斯则危行言逊,吐刚茹柔,推避以求全,依违以免祸。而孟子云:"孔子曰:'知我者其惟《春秋》乎,罪我者其惟《春秋》乎。'"其虚美四也。

又案赵穿杀君而称宣子之弑,江乙亡布而称令尹所盗,此则春秋之世,有识之士莫不微婉其辞,隐晦其说。斯盖当时之恒事,习俗所常行。而班固云:"仲尼殁而微言绝。"观微言之作,岂独宣父者邪?其虚美五矣。

考兹众美,征其本源,良由达者相承,儒教传授,既欲神其事,故谈过其实。语曰:"众善之,必察焉。"孟子曰:"尧、舜不胜其美,桀、纣不胜其恶。"寻世之言《春秋》者,得非睹众善而不察,同尧、舜之多美者乎?

昔王充设论,有《问孔》之篇。虽《论语》群言,多见指摘,而《春秋》杂义,曾未发明。是用广彼旧疑,增其新觉,将来学者,幸为详之。

(录自刘知几撰,浦起龙释:《史通通释》,上海古籍出版社1978年版)

张说学案

张说(667—730),字道济,一字说之,河南洛阳人。擅长文学,为文俊丽精壮,思维缜密,尤长于碑文、墓志,掌文学之任凡三十年。张说亦有出众的政治才华,平定祸乱,知人善任,一生三次拜相,可谓文武兼备,才冠一代。

武则天时期,张说以弱冠之年应诏举,得对策第一,拜太子校书,又任右补阙。长安初年,张说与徐坚等人编修《三教珠英》,书修成后,迁右史、内供奉,兼知考功贡举事,官至凤阁舍人。又因揭露张易之与其弟昌宗构陷御史大夫魏元忠之事,而被流放钦州。中宗即位,张说拜兵部员外郎,累转工部侍郎。景龙中,因其母丧而离职。服终,复为工部侍郎,俄拜兵部侍郎,加弘文馆学士。睿宗即位,张说又迁中书侍郎,兼雍州长史,后同中书门下平章事,监修国史。玄宗即位,深嘉其不党附太平公主,故征拜他为中书令,封燕国公。后为姚崇所构,先后被贬为相州、岳州刺史。又因张说战功卓越,被召拜为兵部尚书。开元七年(719),张说检校并州大都督府长史,兼天兵军大使,摄御史大夫,兼修国史。十三年,受诏与右散骑常侍徐坚、太常少卿韦縚等撰东封仪注。玄宗下制改丽正书院为集贤殿书院,授张说集贤院学士,知院事,又授右丞相兼中书令。张说又撰《封禅坛颂》以纪圣德,后被弹劾而停兼中书令。十七年,复拜尚书左丞相、集贤院学士,不久又代源乾曜为尚书左丞相。张说于开元十八年十二月逝世,时年六十四,追赠太师,谥号"文贞"。

张说学识丰富,一生著述很多,主持或参与编修了若干大型典籍,诸如《三教珠英》《开元五礼仪注》《大唐六典》等。后人收集其诗词、文赋、表奏、碑文、墓志等,总成文集三十卷,名为《张燕公文集》,另有《今上实录》二十卷(与唐颍合撰)、《洪崖先生传》一卷。

史学家赞张说:"喜延纳后进,善用己长,引文儒之士,佐佑王化,当承平岁久,志在粉饰盛时。其封泰山,祠雎上,谒五陵,开集贤,修太宗之政,皆说为倡首。而又敦气义,重然诺,于君臣朋友之际,大义甚笃。"①唐玄宗赞其:"道合忠孝,文成典礼,当朝师表,一代词宗。"②

张说的儒学思想表现为:第一,多引进文儒之士,重视文治教化。"喜延纳后进,善用己长,引文儒之士,佐佑王化,当承平岁久,志在粉饰盛时。"③"伏愿崇太学,简明师,重道尊儒,以养天下之士。"④张说的思想,尤其是政见,引起了很多人的不满,例如姚崇就是张说在政治上的对峙者,姚主张吏治,精于军国庶务,明于吏道,认为:"庸儒执文,不识通变。凡事有违经而合道者,亦有反道而适权者。"⑤姚崇所重在务实,反对恪守僵硬的经义,认为不懂权变则会迂腐且事不成。第二,倡导文章复古,好古无怠。"是知气有壹郁,非巧辞莫之通;形有万变,非工文莫之写:先王以是经天地,究人神,阐寂寞,鉴幽昧,文之辞义大矣哉!"⑥第三,封禅泰山,佐佑王化,粉泽典章。儒家重礼乐。封禅泰山,既是一项祭祀大典,更是君王和国家承天命而行的彰显,并"告天下于平,报群神之功"。故而,张说等人屡次上疏请奏,终于玄宗颁布了《允行封禅诏》:"可以开元十三年十一月十日,式遵故实,有事泰山。所司与公卿诸儒详择典礼,预为备具,勿广劳人,务存节约,以称朕意。"⑦张说受诏与诸儒撰写了泰山封禅仪注,为玄宗封禅泰山解决了礼仪上的诸多问题。

圣德颂

太古厥初,遗文阙矣。书祖二典,聿陈五教,唐虞之训,历代宗焉。孰同理而不休,奚同乱而克痓? 皇唐之兴也,道积四圣,(时)将百年,泽浸生人,自根流叶。孝和晏驾,嗣子幼冲,凶臣嬖女,蹙弱王室,人甚崩角之危,朝深缀旒之叹。赖天奖忠勇,大戮鲸鲵,尊文庙而安神,清帝宫而待圣。

---

① 《旧唐书》卷九十七《张说传》,第 3057 页。
② 《全唐文》卷二二《玄宗皇帝·命张说兼中书令制》,第 259 页。
③ 《旧唐书》卷九十七《张说传》,第 3057 页。
④ 《全唐文》卷二二四《张说·上东宫请讲学启》,第 2265 页。
⑤ 《旧唐书》卷九十六《姚崇传》,第 3024 页。
⑥ 《全唐文》卷二二五《张说·唐昭容上官氏文集序》,第 2575 页。
⑦ 《唐会要》卷八《郊议》,第 108 页。

少主奉天命以至禅,皇上拒天命以固违。群公卿士胥进曰:陛下孝弟之至,历数在躬,处储闱有让元子之德,居藩邸有辞太弟之高,六合欣戴,三灵允协,为天下君,其谁与让！皇帝义不得已,曰:吁！所忧之长也。乃被帝服,陟元后,延群臣,见兆人。是日也,景云至;兹岁也,戎狄来。其尤祥极瑞,杂沓异类,盖玩狎而不记矣。上方谨庶务,览众则,履乾乾,怀翼翼,游道德之灵囿,从鸾鹭之珍群,视天下之所不见,听天下之所不闻。帝典皇纲,于斯备矣。宜定郊报之礼,革封禅之则,答神贶,扬玄德。不然者,则二宗无类帝之坛,五岳无省方之馆矣。若夫汤颂传于考父,文什著于周公,臣子之志,不可阙也。敢作颂曰:

天祚圣唐,启我明主,大哉皇帝,与天同矩。天乎盖之,地乎载之,阳和化育,怀生赖之。孝乎惟孝,告成乎天,灵坛神岳,思皇睱焉。皇哉皇哉,胡可舍旃。大君受命,景云来翔;流天泛日,烂漫成章。稽诸瑞典,昔祚轩皇;而今表圣,土德以昌。西戎远国,畏君之灵。古称即叙,今乃来庭。帝女是降,其从如星,天人偃革,以迄大宁。北胡狙犷,狙于征伐,帝初历试,护彼穷发。怀我好音,稽颡天阙,遐哉大同,天子之功。

(录自张说著,熊飞校注:《张说集校注》,中华书局 2013 年版)

大唐祀封禅颂

皇唐六叶,开元神武皇帝再受命,致太平,乃封岱宗,禅社首,凿石纪号,天文焕发,儒臣志美,立碣祠坛。曰:

厥初生人,俶有君臣。其道茫昧,其风朴略。因时而歘起,与运而纷落,泯泯没没,无闻焉尔。后代圣人,取法象,立名位,衣裳以等之,甲兵以怛之,于是礼乐出而书记存矣。反其源,致敬乎天地;报其本,致美乎鬼神。则封禅者,帝王受天命、告成功之为也。阅曩圣之奥训,考列辟之通术,畴若天而不成,曷背道而靡失？由此推之,封禅之义有三,帝王之略有七。七者何,传不云,道德仁义礼智信乎？顺之称圣哲,逆之号狂悖。三者,一位当五行图箓之序;二时会四海升平之运,三德具钦明文思之美,是谓与天合符,名不死矣。有一不足,而去封禅,人且未许,其如天何！言旧史者,君莫道于陶唐虞舜,臣莫德于皋陶稷契。三臣降德,皆有天下。仲尼叙帝王之书,系鲁秦之誓,明鲁祀周公用王礼,秦承伯益接周统。孔圣微旨，不其效与！然秦定天下之功高，享天禄之日浅，天而未忘庭坚之德也，故大命复集于皇家。天之赞唐，不惟旧矣，其兴之也。玄灵启迪，黄祇顾怀，应归运之义举，抚来苏以利见，汤也无放夏之惭，武也无伐殷之战。高祖创业，四宗重光，德有格天漏泉，蒸云濡露，菌蠢滋育，氤氲涵煦，若天地之覆载，日月之照临。溥有形而归景，馨无外而宅心。百有八年于兹矣。皇帝攘内难而启新命，戴睿宗而缵旧服，宇宙更辟，朝廷始位。盖义轩氏之造皇图也。九族敦叙，百姓昭明，万邦咸和，黎人于变，立土圭以步历，革铜浑以正天，盖唐虞氏之张帝道也。天地四时，六官著礼，井田三壤，五圻成赋，广九庙以尊祖，定六律以和神，盖三代之设王制也。武纬之，文经之，圣谟之，神化之。然犹战战兢兢，日慎一日，纳规诲以进德，遂忠良以代工，讲习乎无为之书，讨论乎集贤之殿。宠勇爵，贵经门，翼乎鸦鸾之列在庭，毅乎貔貅之师居鄙。人和旁感，神宝沓至，乾符坤珍，千品万类，超图溢牒，未始闻记。我后以人瑞为心，不以物瑞为异。王公卿士，俨然进曰：休哉陛下，孝至于天，政合乎道。前年祈后土，人获大穰；闲岁祀圆丘，日不奄朔。感祥以祈圣，因事以观天，天人交合，其则不远。意者乔岳扫路，望华翠之来；上帝储恩，俟苍璧之礼久矣，焉可专让而废旧勋？群臣固言，勤帝知罪，至于再，至于三，帝乃揖之曰：钦崇天道，俯率嘉话，恐德不称，敢惮于勤！其撰巡狩之仪，求封禅之故，既而礼官不戒而备，军政不谋而辑，天老练日，雨师洒道，六甲按队，八阵警跸。孟冬仲旬，乘舆乃出，千旗云引，万戟林行，霍濩燐烂，飞焰扬精，原野为之震动，草木为之风生。历郡县，省谣俗，问耆年，举百祀，兴坠典，葺阙政。攸徂之人，室家相应，万方纵观，千里如堵，城邑连欢，丘陵聚舞。其中垂白之老，乐过以泣，不图蒿里之魂，复见乾封之事。尧云往，舜日还，神华灵郁，烂漫乎穹壤之间。是月来至于岱宗，祇祓斋宫，涤濯静室，凝神元览，将款太一，议夫太山者。圣帝受天官之宫，天孙总人灵之府，自昔立国，莫知万数，克升中而建号，惟七十而有五。我高宗六之，而今七矣，非夫尊位盛时，明德旷代，辽阔难并之甚哉！先时将臻夫大封也，累封疆于高冈，筑泰坛于阳趾。夫其天坛三袭，辰陛十二，咸秩众灵，列坐有次。崇牙树羽，管磬镛鼓，宫悬于重壝之内；干戚钺绂，钩戟敹戳，周位于四门之外。伐国重器，传代绝瑞，旅之于中庭；玉辇金毂，翠冒黄屋，夹之于端路。庶官百僚，羌夷蛮貊，褒成之后，让王之客，序立于礼神之场；旄头弩牙，铁马金镞，介胄如云，旗帜如火，远匝于清禁之野。于是乎以天正上元，法驾徐进，屯千乘于平路，留群臣于谷口。皇帝御六龙，陟万仞，独与一二元老执事之人，出天门，临日观，次沉滢，宿巉岩，赤霄可接，白云在下。庚寅，祀高祖于上封，以配上帝；命众官于下位，以享众神。皇帝冕裘登坛，奠献俯偻，叶金奏，佾羽舞，撞黄钟，歌大吕，开阊阖，与天语。清将信公，奉斗布度，懋建皇极，勤恤苍生。招罦乎未兆，禳灾乎未萌。上下传节，而礼成乐遍；福寿同归，而帝赐神策。乃检玉牒于中顶，扬柴燎于高天，庶忠诚之上达，若凭焰而驾烟。日晷方旋，神心余眷，五色云起，拂马以随人；万岁山呼，从天而至地。越翌日，尊睿宗，侑地祇，而礼社首，遂张大乐，觐东后。国风惟旧，无黜幽削爵之诛；王泽惟新，有眚灾大赉之庆。不浃日，至化洽于人心；不崇朝，景福遍于天下。然后藏金匮于祏室，回玉鸾于上都，煌煌乎真圣朝之能事，而高代之盛节者也。于斯之时，华戎殊俗，异音同叹曰：兵合多雨，山峻多云灵，岂有大举百万之师，克期千里之外，及行事之日，则天无点翳，地无纤尘，严冬变为韶景，寒谷郁为和气，非至德，其孰能动天如此其顺者乎！昔人云，自西自东自南自北，无思不服，今信知圣人作而万物睹，其心服之之谓矣。或曰：祭泰折，主先后，非礼与？曰：是礼也，非宜也。王者父事天，母事地，侑神崇孝，无嫌可也。且夫柴瘗外事，帝王主之；丞尝内事，后妃助之。是开元正人伦，革弊礼，起百王之法也。故令千载俄末光，聆绝韵，咀甘实，漱芳润，烁元妙之至精，流不已之淑声。臣说作颂，告于神明，四皇坟而六帝典，虽吉甫亦莫能名，徒采彼舆人之诗曰："大矣哉！维天为大，惟皇作则。"率我万邦，受天之祺，子孙百代，人神共保绥之云尔而已矣。

（录自张说著，熊飞校注：《张说集校注》，中华书局2013年版）

与郑驸马书

晚寻庄周书，以天地为国，道德为身。老室之户牖，孔门之桁桌，足可反复孝慈，胎育仁义。而晋朝众贤，乃祖尚浮虚，驰废礼乐，其所遗失，将诣真宗，不愈远也。老称归根曰静，复命知常，不近于以无有知见，空其所有知见耶？斯故反照尔。孔云：穷神知化，德之盛者。神不可穷而穷之，是神合于我；化不可知而知之，是化为我用。惟此二义，系庄生亦未始尽言焉。非荥阳之深于道者，孰为轻导兹意也？

（录自张说著，熊飞校注：《张说集校注》，中华书局2013年版）

（上东宫）劝学启并答令

臣某等启：臣闻安国家，定社稷者，武功也；经天地，纬礼俗者，文教也。社稷定矣，固宁辑于人和；礼俗兴焉，在刊正于儒范。顺考古道，率由旧章，故周文王之为世子也，崇礼不倦；魏文帝之在春宫也，好古无怠。博览史籍，激扬令闻，取高前代，垂名不朽。伏惟皇太子殿下，英睿天纵，圣敬日跻，神算密发，雄威立断，廓清氛祲，用宁家国。兆人由是归法，六合所以推功。主鬯青宫，固本也；分务紫极，观政也。副群生之望，作累圣之储。殿下之于天下，可谓不轻矣；监国理人，可谓至重矣。莫不拭目而视，清耳而听，冀闻异政，以裨圣道。臣愚，伏愿崇太学，简明师，重道尊儒，以养天下之士。今《礼经》残缺，学校陵迟，历代经史，率多纰缪。实殿下阐扬之日，刊定之秋，伏愿博采文士，旌求硕学，表正九经，刊考三史。则圣贤遗范，粲然可观。况殿下至性神聪，留情国体，幸以问安之暇，应务之余，引进文儒，详观古典，商略前载，讨论得失。降温言，闻谠议，则政途理体，日以增益，继业承祧，永垂德美。臣等行业素轻，艺能寡薄，顾惭端士，叨侍宫闱，日夜祗惧，无以匡辅，区区微诚，愿效尘露。轻进刍鄙，庶垂采择，临启如失，伏用兢惶。谨启。

（录自张说著，熊飞校注：《张说集校注》，中华书局2013年版）

吴兢学案

吴兢（670—749），汴州浚仪（今河南开封）人。唐朝著名史学家、儒学家。

吴兢少即励志勤学，遂得以博通经史。经魏元忠、朱敬则二人推荐，被诏入史馆修国史，迁右拾遗内供奉。中宗神龙中，改右补阙，每遇事，敢于犯颜直谏，曾就安国相王与太子"通谋"之事端而上疏中宗，指出此"通谋"之论是贼臣邪佞阴谋，应顾念同气之亲，手足之情。若因此剪伐宗支，委任异姓，则国甚危。吴兢之论情理俱切，终使相王免于此难。吴兢后又与韦承庆、崔融、刘子玄撰《则天实录》，书成，转起居郎，俄迁水部郎中。玄宗即位初期，"收还权纲，锐于决事，群臣畏伏"①。吴兢虑及玄宗"果而不及精"，于是不避身危之祸，上疏谏言。兢引经据典，直陈历史事实，阐述"帝王之德，莫盛于纳谏"②，终使玄宗开言纳谏。开元三年（715）服阕，乃拜谏议大夫，依前修史，俄兼修文馆学士，历卫少卿、右庶子。开元八年，张嘉贞、源乾曜命其撰录《贞观政要》。开元十三年，直谏玄宗于东封泰山之道中，言不应以驰射为乐，玄宗纳之。开元十四年六月，因大风之事上疏玄宗革旧弊，远离邪佞小人，明选举，慎刑罚等。后玄宗诏其于集贤院修书。时值张说罢宰相，亦在家修史。因有大臣上奏，认为国史不容在外，遂诏兢、说二人同在史馆撰录。不久，吴兢因坐书事不当，被贬荆州司马，以史稿自随。后萧嵩领国史，奏遣使者就兢取书，得六十余篇。天宝八年（749），卒于家，时年八十。

吴兢修撰史书，叙事简核，号良史。吴兢撰有的史学著作主要有《齐史》十卷、《梁史》十卷、《陈史》五卷、《周史》十卷、《隋史》二十卷、《唐书》一

---

① 《新唐书》卷一百三十二《吴兢传》，第4526页。
② 《新唐书》卷一百三十二《吴兢传》，第4526页。

百卷(又一百三十卷,吴兢、韦述、柳芳、令狐峘、于休烈等撰)、《国史》一百六卷(又一百一十三卷)、《唐春秋》三十卷、《中宗实录》二十卷、《睿宗实录》五卷、《贞观政要》十卷、《唐代名臣奏》十卷等;目录学著作有《吴氏西斋书目》一卷;音乐著作有《乐府古题要解》一卷;兵书《兵家正史》九卷;医书《五藏论应象》一卷。

吴兢是一位公正客观的良史,不仅倾其毕生精力于修史事业,而且具有秉笔直书的史学修养,被称赞有"董狐"作风。他所编撰的《贞观政要》是一部政论性史书,全书共十卷,具体分列为论君道、论政体、论任贤、论求谏、论纳谏、论君臣鉴戒、论择官、论封建、论太子诸王定分、论尊敬师傅等篇目共四十篇。《贞观政要》编撰于唐玄宗开元年间,主要记录了唐太宗在位的贞观年间的政事纲要,包括唐太宗与魏徵、王珪、房玄龄、杜如晦等大臣所讨论的治政问题和具体言论,皇帝的诏书、政令,大臣们的政论、劝谏、奏疏等治国思想,以及一些政治、经济、军事上的重大举措。虽然涉及广泛,但主要着重于讨论君臣之道、君民关系、任贤纳谏、仁义忠孝、崇儒重礼、俭约节用、固本宽刑、慎始慎终等。吴兢编撰这部书的初衷在书序中有交代,他认为:"太宗时政化,良足可观,振古而来,未之有也。至于垂世立教之美,典谟谏奏之词,可以弘阐大猷,增崇至道者,爰命不才,备加甄录,体制大略,咸发成规。于是缀集所闻,参详旧史,撮其指要,举其宏纲,词兼质文,义在惩劝,人伦之纪备矣,军国之政存焉。"①由此而观,吴兢是怀着深深的立教阐道的责任感来写作这部书的,缘于当时社会危机已初露端倪,政治已有衰颓之势,吴兢遂在歌颂唐太宗时期"贞观之治"的基调上,秉笔直书,评论其政治得失,总结唐太宗的治国施政经验,期望唐玄宗能够从中借鉴,以使国家保持昌明盛世,人民生活安定富足。"庶乎有国有家者克遵前轨,择善而从,则可久之业益彰矣,可大之功尤著矣,岂必祖述尧、舜,宪章文、武而已哉!"②

《贞观政要》集中体现了吴兢在治理国家问题上的治道思想,这部书不仅为唐玄宗所取法,也为后代的帝王、大臣提供了宝贵的经验。可以说,吴兢以其修书实践实现了传统儒家为"帝王师"的理想。

---

① 《贞观政要·序》,第1页。
② 《贞观政要·序》,第1页。

君道第一

贞观初,太宗谓侍臣曰:"为君之道,必须先存百姓,若损百姓以奉其身,犹割股以啖腹,腹饱而身毙。若安天下,必须先正其身,未有身正而影曲,上治而下乱者。朕每思伤其身者不在外物,皆由嗜欲以成其祸。若耽嗜滋味,玩悦声色,所欲既多,所损亦大,既妨政事,又扰生民。且复出一非理之言,万姓为之解体,怨讟既作,离叛亦兴。朕每思此,不敢纵逸。"谏议大夫魏徵对曰:"古者圣哲之主,皆亦近取诸身,故能远体诸物。昔楚聘詹何,问其治国之要。詹何对以修身之术。楚王又问治国何如?詹何曰:'未闻身治而国乱者。'陛下所明,实同古义。"

贞观二年,太宗问魏徵曰:"何谓为明君暗君?"徵曰:"君之所以明者,兼听也;其所以暗者,偏信也。《诗》云:'先民有言,询于刍荛。'昔唐、虞之理,辟四门,明四目,达四聪。是以圣无不照,故共、鲧之徒,不能塞也;靖言庸回,不能惑也。秦二世则隐藏其身,捐隔疏贱而偏信赵高,及天下溃叛,不得闻也。梁武帝偏信朱异,而侯景举兵向阙,竟不得知也。隋炀帝偏信虞世基,而诸贼攻城剽邑,亦不得知也。是故人君兼听纳下,则贵臣不得壅蔽,而下情必得上通也。"太宗甚善其言。

贞观十年,太宗谓侍臣曰:"帝王之业,草创与守成孰难?"尚书左仆射房玄龄对曰:"天地草昧,群雄竞起,攻破乃降,战胜乃克。由此言之,草创为难。"魏徵对曰:"帝王之起,必承衰乱。覆彼昏狡,百姓乐推,四海归命,天授人与,乃不为难。然既得之后,志趣骄逸,百姓欲静而徭役不休,百姓凋残而侈务不息,国之衰弊,恒由此起。以斯而言,守成则难。"太宗曰:"玄龄昔从我定天下,备尝艰苦,出万死而遇一生,所以见草创之难也。魏徵与我安天下,虑生骄逸之端,必践危亡之地,所以见守成之难也。今草创之难,既已往矣,守成之难者,当思与公等慎之。"

贞观十一年,特进魏徵上疏曰:

臣观自古受图膺运,继体守文,控御英雄,南面临下,皆欲配厚德于天地,齐高明于日月,本支百世,传祚无穷。然而克终者鲜,败亡相继,其故何哉?所以求之,失其道也。殷鉴不远,可得而言。

昔在有隋,统一寰宇,甲兵强锐,三十余年,风行万里,威动殊俗。一且举而弃之,尽为他人之有。彼炀帝岂恶天下之治安,不欲社稷之长久,故行桀虐,以就灭亡哉!恃其富强,不虞后患。驱天下以从欲,罄万物而自奉,采域中之子女,求远方之奇异。宫苑是饰,台榭是崇,徭役无时,干戈不戢。外示严重,内多险忌,谗邪者必受其福,忠正者莫保其生。上下相蒙,君臣道隔,民不堪命,率土分崩。遂以四海之尊,殒于匹夫之手,子孙殄绝,为天下笑,可不痛哉!

圣哲乘机,拯其危溺,八柱倾而复正,四维弛而更张。远肃迩安,不逾于期月;胜残去杀,无待于百年。今宫观台榭,尽居之矣;奇珍异物,尽收之矣;姬姜淑媛,尽侍于侧矣。四海九州岛,尽为臣妾矣。若能鉴彼之所以失,念我之所以得,日慎一日,虽休勿休,焚鹿台之宝衣,毁阿房之广殿,惧危亡于峻宇,思安处于卑宫,则神化潜通,无为而治,德之上也。若成功不毁,即仍其旧,除其不急,损之又损。杂茅茨于桂栋,参玉砌以土阶,悦以使人,不竭其力,常念居之者逸,作之者劳,亿兆悦以子来,群生仰而遂性,德之次也。若惟圣罔念,不慎厥终,忘缔构之艰难,谓天命之可恃,忽采椽之恭俭,追雕墙之靡丽,因其基以广之,增其旧而饰之,触类而长,不知止足,人不见德,而劳役是闻,斯为下矣。譬之负薪救火,扬汤止沸,以暴易乱,与乱同道,莫可测也,后嗣何观!夫事无可观则人怨,人怨则神怨,神怨则灾害必生,灾害既生,则祸乱必作,祸乱既作,而能以身名全者鲜矣。顺天革命之后,将隆七百之祚,贻厥子孙,传之万叶,难得易失,可不念哉!

是月,徵又上疏曰:

臣闻求木之长者,必固其根本;欲流之远者,必浚其泉源;思国之安者,必积其德义。源不深而望流之远,根不固而求木之长,德不厚而思国之理,臣虽下愚,知其不可,而况于明哲乎!人君当神器之重,居域中之大,将崇极天之峻,永保无疆之休。不念居安思危,戒奢以俭,德不处其厚,情不胜其欲,斯亦伐根以求木茂,塞源而欲流长者也。

凡百元首,承天景命,莫不殷忧而道著,功成而德衰。有善始者实繁,能克终者盖寡,岂取之易而守之难乎?昔取之而有余,今守之而不足,何也?夫在殷忧,必竭诚以待下;既得志,则纵情以傲物。竭诚则胡越为一体,傲物则骨肉为行路。虽董之以严刑,震之以威怒,终苟免而不怀仁,貌恭而不心服。怨不在大,可畏惟人,载舟覆舟,所宜深慎,奔车朽索,其可忽乎！

君人者，诚能见可欲则思知足以自戒，将有作则思知止以安人，念高危则思谦冲而自牧，惧满溢则思江海下百川，乐盘游则思三驱以为度，忧懈怠则思慎始而敬终，虑壅蔽则思虚心以纳下，想谗邪则思正身以黜恶，恩所加则思无因喜以谬赏，罚所及则思无因怒而滥刑。总此十思，弘兹九德，简能而任之，择善而从之。则智者尽其谋，勇者竭其力，仁者播其惠，信者效其忠。文武争驰，君臣无事，可以尽豫游之乐，可以养松、乔之寿，鸣琴垂拱，不言而化。何必劳神苦思，代下司职，役聪明之耳目，亏无为之大道哉！

太宗手诏答曰：

省频抗表，诚极忠款，言穷切至。披览忘倦，每达宵分。非公体国情深，启沃义重，岂能示以良图，匡其不及。朕闻晋武帝自平吴已后，务在骄奢，不复留心治政。何曾退朝谓其子劭曰："吾每见主上不论经国远图，但说平生常语，此非贻厥子孙者，尔身犹可以免。"指诸孙曰："此等必遇乱死。"及孙绥，果为淫刑所戮。前史美之，以为明于先见。朕意不然，谓曾之不忠其罪大矣。夫为人臣，当进思尽忠，退思补过，将顺其美，匡救其恶，所以共为治也。曾位极台司，名器崇重，当直辞正谏，论道佐时。今乃退有后言，进无廷诤，以为明智，不亦谬乎！危而不持，焉用彼相？公之所陈，朕闻过矣。当置之几案，事等弦、韦。必望收彼桑榆，期之岁暮，不使康哉良哉，独美于往日，若鱼若水，遂爽于当今。迟复嘉谋，犯而无隐。朕将虚襟静志，敬伫德音。

贞观十五年，太宗谓侍臣曰："守天下难易？"侍中魏徵对曰："甚难。"太宗曰："任贤能，受谏诤，即可。何谓为难？"徵曰："观自古帝王，在于忧危之间，则任贤受谏。及至安乐，必怀宽怠，言事者惟令兢惧，日陵月替，以至危亡。圣人所以居安思危，正为此也。安而能惧，岂不为难？"

（录自吴兢编著：《贞观政要》，上海古籍出版社1978年版）

仁义第十三

贞观元年，太宗曰："朕看古来帝王以仁义为治者，国祚延长，任法御人者，虽救弊于一时，败亡亦促。既见前王成事，足是元龟，今欲专以仁义诚信为治，望革近代之浇薄也。"黄门侍郎王珪对曰："天下凋丧日久，陛下承其余弊，弘道移风，万代之福。但非贤不理，惟在得人。"太宗曰："朕思贤之情，岂舍梦寐！"给事中杜正伦进曰："世必有才，随时听用，岂待梦傅说，逢吕尚，然后为治乎？"太宗深纳其言。

贞观二年，太宗谓侍臣曰："朕谓乱离之后，风俗难移，比观百姓渐知廉耻，官民奉法，盗贼日稀，故知人无常俗，但政有治乱耳。是以为国之道，必须抚之以仁义，示之以威信，因人之心，去其苛刻，不作异端，自然安静。公等宜共行斯事也！"

贞观四年，房玄龄奏言："今阅武库甲仗，胜隋日远矣。"

太宗曰："饬兵备寇虽是要事，然朕唯欲卿等存心理道，务尽忠贞，使百姓安乐，便是朕之甲仗。隋炀帝岂为甲仗不足，以至灭亡，正由仁义不修，而群下怨叛故也。宜识此心。"

贞观十三年，太宗谓侍臣曰："林深则鸟栖，水广则鱼游，仁义积则物自归之。人皆知畏避灾害，不知行仁义则灾害不生。夫仁义之道，当思之在心，常令相继，若斯须懈怠，去之已远。犹如饮食资身，恒令腹饱，乃可存其性命。"王珪顿首曰："陛下能知此言，天下幸甚！"

（录自吴兢编著：《贞观政要》，上海古籍出版社 1978 年版）

忠义第十四

冯立，武德中为东宫率，甚被隐太子亲遇。太子之死也，左右多逃散，立叹曰："岂有生受其恩，而死逃其难！"于是率兵犯玄武门，苦战，杀屯营将军敬君弘。谓其徒曰："微以报太子矣。"遂解兵遁于野。俄而来请罪，太宗数之曰："汝昨者出兵来战，大杀伤吾兵，将何以逃死？"立饮泣而对曰："立出身事主，期之效命，当战之日，无所顾惮。"因歔欷悲不自胜，太宗慰勉之，授左屯卫中郎将。立谓所亲曰："逢莫大之恩幸而获免，终当以死奉答。"未几，突厥至便桥，率数百骑与虏战于咸阳，杀获甚众，所向皆披靡，太宗闻而嘉叹之。时有齐王元吉府左车骑谢叔方率府兵与立合军拒战，及杀敬君弘、中郎将吕衡，王师不振，秦府护军尉尉迟敬德乃持元吉首以示之，叔方下马号泣，拜辞而遁。明日出首，太宗曰："义士也。"命释之，授右翊卫郎将。

贞观元年，太宗尝从容言及隋亡之事，慨然叹曰："姚思廉不惧兵刃，以明大节，求诸古人，亦何以加也！"思廉时在洛阳，因寄物三百段，并遗其书曰："想卿忠节之风，故有斯赠。"初，大业末，思廉为隋代王侑侍读，及义旗克京城时，代王府僚多骇散，惟思廉侍王，不离其侧。兵士将升殿，思廉厉声谓曰："唐公举义兵，本匡王室，卿等不宜无礼于王！"众服其言，于是稍却，布列阶下。须臾，高祖至，闻而义之，许其扶代王侑至顺阳阁下，思廉泣拜而去。见者咸叹曰："忠烈之士，仁者有勇，此之谓乎！"

贞观二年，将葬故息隐王建成、海陵王元吉，尚书右丞魏徵与黄门侍郎王珪，请预陪送。上表曰："臣等昔受命太上，委质东宫，出入龙楼，垂将一纪。前宫结衅宗社，得罪人神，臣等不能死亡，甘从夷戮，负其罪戾，置录周行，徒竭生涯，将何上报？陛下德光四海，道冠前王，陟冈有感，追怀棠棣，明社稷之大义，申骨肉之深恩，卜葬二王，远期有日。臣等永惟畴昔，忝曰旧臣，丧君有君，虽展事君之礼；宿草将列，未申送往之哀。瞻望九原，义深凡百，望于葬日，送至墓所。"太宗义而许之，于是宫府旧僚吏，尽令送葬。

贞观五年，太宗谓侍臣曰："忠臣烈士，何代无之。公等知隋朝谁为忠贞？"王珪曰："臣闻太常丞元善达在京留守，见群贼纵横，遂转骑远诣江都，谏炀帝，令还京师。既不受其言，后更涕泣极谏，炀帝怒，乃远使追兵，身死瘴疠之地。有虎贲郎中独孤盛在江都宿卫，宇文化及起逆，盛惟一身，抗拒而死。"太宗曰："屈突通为隋将，共国家战于潼关，闻京城陷，乃引兵东走。义兵追及于桃林，朕遣其家人往招慰，遽杀其奴。又遣其子往，乃云：'我蒙隋家驱使，已事两帝，今者吾死节之秋，汝旧于我家为父子，今则于我家为仇雠。'因射之，其子避走，所领士卒多溃散。通惟一身，向东南恸哭尽哀，曰：'臣荷国恩，任当将帅，智力俱尽，致此败亡，非臣不竭诚于国。'言尽，追兵擒之。太上皇授其官，每托疾固辞。此之忠节，足可嘉尚。"因敕所司，采访大业中直谏被诛者子孙，闻奏。

贞观六年，授左光禄大夫陈叔达礼部尚书，因谓曰："武德中，公曾进直言于太上皇，明朕有克定大功，不可黜退云。朕本性刚烈，若有抑挫，恐不胜忧愤，以致疾毙之危。今赏公忠謇，有此迁授。"叔达对曰："臣以隋氏父子自相诛戮，以致灭亡，岂容目睹覆车，不改前辙？臣所以竭诚进谏。"太宗曰："朕知公非独为朕一人，实为社稷之计。"

贞观八年，先是桂州都督李弘节以清慎闻，及身殁后，其家卖珠。太宗闻之，乃宣于朝曰："此人生平，宰相皆言其清，今日既然，所举者岂得无罪？必当深理之，不可舍也。"侍中魏徵承间言曰："陛下生平言此人浊，未见受财之所，今闻其卖珠，将罪举者，臣不知所谓。自圣朝以来，为国尽忠，清贞慎守，终始不渝，屈突通、张道源而已。通子三人来选，有一匹羸马，道源儿子不能存立，未见一言及之。今弘节为国立功，前后大蒙赏赉，居官殁后，不言贪残，妻子卖珠，未为有罪。审其清者，无所存问，疑其浊者，旁责举人，虽云疾恶不疑，是亦好善不笃。臣窃思度，未见其可，恐有识闻之，必生横议。"太宗抚掌曰："造次不思，遂有此语，方知谈不容易。并勿问之。其屈突通、张道源儿子，宜各与一官。"

贞观八年，太宗将发诸道黜陟使，畿内道未有其人，太宗亲定，问于房玄龄等曰："此道事最重，谁可充使？"右仆射李靖曰："畿内事大，非魏徵莫可。"太宗作色曰："朕今欲向九成宫，亦非小，宁可遣魏徵出使？朕每行不欲与其相离者，适为其见朕是非得失。公等能正朕不？何因辄有所言，大非道理。"乃即令李靖充使。

贞观九年，萧瑀为尚书左仆射。尝因宴集，太宗谓房玄龄曰："武德六年已后，太上皇有废立之心，我当此日，不为兄弟所容，实有功高不赏之惧。萧瑀不可以厚利诱之，不可以刑戮惧之，真社稷臣也。"乃赐诗曰："疾风知劲草，板荡识诚臣。"瑀拜谢曰："臣特蒙诫训，许臣以忠谅，虽死之日，犹生之年。"

贞观十一年，太宗行至汉太尉杨震墓，伤其以忠非命，亲为文以祭之。房玄龄进曰："杨震虽当年夭枉，数百年后方遇圣明，停舆驻跸，亲降神作，可谓虽死犹生，没而不朽。不觉助伯起幸赖欣跃于九泉之下矣。伏读天文，且感且慰，凡百君子，焉敢不勖励名节，知为善之有效！"

贞观十一年，太宗谓侍臣曰："狄人杀卫懿公，尽食其肉，独留其肝。懿公之臣弘演呼天大哭，自出其肝，而内懿公之肝于其腹中。今觅此人，恐不可得。"特进魏徵对曰："昔豫让为智伯报仇，欲刺赵襄子，襄子执而获之，谓之曰：'子昔事范、中行氏乎？智伯尽灭之，子乃委质智伯，不为报仇；今即为智伯报仇，何也？'让答曰：'臣昔事范、中行，范、中行以众人遇我，我以众人报之。智伯以国士遇我，我以国士报之。'在君礼之而已。亦何谓无人焉？"

贞观十二年，太宗幸蒲州，因诏曰："隋故鹰击郎将尧君素，往在大业，受任河东，固守忠义，克终臣节。虽桀犬吠尧，有乖倒戈之志，疾风劲草，实表岁寒之心。爰践兹境，追怀往事，宜锡宠命，以申劝奖。可追赠蒲州刺史，仍访其子孙以闻。"

贞观十二年，太宗谓中书侍郎岑文本曰："梁、陈名臣，有谁可称？复有子弟堪招引否？"文本奏言："隋师入陈，百司奔散，莫有留者，惟尚书仆射袁宪独在其主之傍。王世充将受隋禅，群僚表请劝进，宪子国子司业承家，托疾独不署名。此之父子，足称忠烈。承家弟承序，今为建昌令。清贞雅操，实继先风。"由是召拜晋王友，兼令侍读，寻授弘文馆学士。

贞观十五年，诏曰："朕听朝之暇，观前史，每览前贤佐时，忠臣徇国，何尝不想见其人，废书钦叹！至于近代以来，年岁非远，然其胤绪，或当见存，纵未能显加旌表，无容弃之遐裔。其周、隋二代名臣及忠节子孙，有贞观已来犯罪配流者，宜令所司具录奏闻。"于是多从矜宥。

贞观十九年，太宗攻辽东安市城，高丽人众皆死战，诏令耨萨延寿、惠真等降，众止其城下以招之，城中坚守不动。每见帝幡旗，必乘城鼓噪。帝怒甚，诏江夏王道宗筑土山，以攻其城，竟不能克。太宗将旋师，嘉安市城主坚守臣节，赐绢三百匹，以劝励事君者。

（录自吴兢编著：《贞观政要》，上海古籍出版社 1978 年版）

崇儒学第二十七

太宗初践阼，即于正殿之左，置弘文馆，精选天下文儒，令以本官兼署学士，给以五品珍膳，更日宿直，以听朝之隙引入内殿，讨论坟典，商略政事，或至夜分乃罢。又诏勋贤三品以上子孙为弘文学生。

贞观二年，诏停周公为先圣，始立孔子庙堂于国学，稽式旧典，以仲尼为先圣，颜子为先师，两边俎豆干戚之容，始备于兹矣。是岁大收天下儒士，赐帛给传，令诣京师，擢以不次，布在廊庙者甚众。学生通一大经以上，咸得署吏。国学增筑学舍四百余间，国子、太学、四门、广文亦增置生员，其书、算各置博士、学生，以备众艺。太宗又数幸国学，令祭酒、司业、博士讲论，毕，各赐以束帛。四方儒生负书而至者，盖以千数。俄而吐蕃，及高昌、高丽、新罗等诸夷酋长，亦遣子弟请入于学。于是国学之内，鼓箧升讲筵者,几至万人,儒学之兴,古昔未有也。

贞观十四年诏曰:"梁皇侃、褚仲都,周熊安生、沈重,陈沈文阿、周弘正、张讥,隋何妥、刘炫,并前代名儒,经术可纪,加以所在学徒,多行其讲疏,宜加优赏,以劝后生,可访其子孙见在者,录姓名奏闻。"二十一年诏曰:"左丘明、卜子夏、公羊高、毂梁赤、伏胜、高堂生、戴圣、毛苌、孔安国、刘向、郑众、杜子春、马融、卢植、郑玄、服虔、何休、王肃、王弼、杜预、范宁等二十有一人,并用其书,垂于国胄,既行其道,理合褒崇,自今有事于太学,可并配享尼父庙堂。"其尊儒重道如此。

贞观二年,太宗谓侍臣曰:"为政之要,惟在得人,用非其才,必难致治。今所任用,必须以德行、学识为本。"谏议大夫王珪曰:"人臣若无学业,不能识前言往行,岂堪大任。汉昭帝时,有人诈称卫太子,聚观者数万人,众皆致惑。隽不疑断以蒯聩之事。昭帝曰:'公卿大臣,当用经术明于古义者,此则固非刀笔俗吏所可比拟。'"上曰:"信如卿言。"

贞观四年,太宗以经籍去圣久远,文字讹谬,诏前中书侍郎颜师古于秘书省考定五经。及功毕,复诏尚书左仆射房玄龄集诸儒重加详议。时诸儒传习师说,舛谬已久,皆共非之,异端蜂起。而师古辄引晋、宋已来古本,随方晓答,援据详明,皆出其意表,诸儒莫不叹服。太宗称善者久之,赐帛五百匹,加授通直散骑常侍,颁其所定书于天下,令学者习焉。太宗又以文学多门,章句繁杂,诏师古与国子祭酒孔颖达等诸儒,撰定五经疏义,凡一百八十卷,名曰《五经正义》,付国学施行。

太宗尝谓中书令岑文本曰:"夫人虽禀定性,必须博学以成其道,亦犹蜃性含水,待月光而水垂;木性怀火,待燧动而焰发;人性含灵,待学成而为美。是以苏秦刺股,董生垂帷。不勤道艺,则其名不立。"文本对曰:"夫人性相近,情则迁移,必须以学饬情以成其性。《礼》云:'玉不琢不成器,人不学不知道。'所以古人勤于学问,谓之懿德。"

(录自吴兢编著:《贞观政要》,上海古籍出版社 1978 年版)

礼乐第二十九

太宗初即位,谓侍臣曰:"准《礼》,名,终将讳之,前古帝王,亦不生讳其名,故周文王名昌,《周诗》云:'克昌厥后。'春秋时鲁庄公名同,十六年

《经》书：'齐侯、宋公同盟于幽。'唯近代诸帝，妄为节制，特令生避其讳，理非通允，宜有改张。"因诏曰："依《礼》，二名义不偏讳，尼父达圣，非无前指。近世以来，曲为节制，两字兼避，废阙已多，率意而行，有违经语。今宜依据礼典，务从简约，仰效先哲，垂法将来。其官号人名，及公私文籍，有'世'及'民'两字不连读，并不须避。"

贞观二年，中书舍人高季辅上疏曰："窃见密王元晓等俱是懿亲，陛下友爱之怀，义高古昔，分以车服，委以藩维，须依礼仪，以副瞻望。比见帝子拜诸叔，诸叔亦即答拜，王爵既同，家人有礼，岂合如此颠倒昭穆？伏愿一垂训诫，永循彝则。"太宗乃诏元晓等，不得答吴王恪、魏王泰兄弟拜。

贞观四年，太宗谓侍臣曰："比闻京城士庶居父母丧者，乃有信巫书之言，辰日不哭，以此辞于吊问，拘忌辍哀，败俗伤风，极乖人理。宜令州县教导，齐之以礼典。"

贞观五年，太宗谓侍臣曰："佛道设教，本行善事，岂遣僧尼道士等妄自尊崇，坐受父母之拜，损害风俗，悖乱礼经，宜即禁断，仍令致拜于父母。"

贞观六年，太宗谓尚书左仆射房玄龄曰："比有山东崔、卢、李、郑四姓，虽累叶陵迟，犹恃其旧地，好自矜大，称为士大夫。每嫁女他族，必广索聘财，以多为贵，论数定约，同于市贾，甚损风俗，有紊礼经，既轻重失宜，理须改革。"乃诏吏部尚书高士廉、御史大夫韦挺、中书侍郎岑文本、礼部侍郎令狐德棻等，刊正姓氏，普责天下谱牒，兼据凭史、传，剪其浮华，定其真伪，忠贤者褒进，悖逆者贬黜，撰为《氏族志》。士廉等及进定氏族等第，遂以崔干为第一等。太宗谓曰："我与山东崔、卢、李、郑，旧既无嫌，为其世代衰微，全无官宦，犹自云士大夫。婚姻之际，则多索财物。或才识庸下，而偃仰自高，贩鬻松槚，依托富贵，我不解人间何为重之？且士大夫有能立功，爵位崇重，善事君父，忠孝可称；或道义清素，学艺通博，此亦足为门户，可谓天下士大夫。今崔、卢之属，唯矜远叶衣冠，宁比当朝之贵？公卿已下，何暇多输钱物，兼与他气势，向声背实，以得为荣。我今定氏族者，诚欲崇树今朝冠冕，何因崔干犹为第一等，只看卿等不贵我官爵耶！不论数代已前，只取今日官品、人才作等级，宜一量定，用为永则。"遂以崔干为第三等。至十二年书成，凡百卷，颁天下。又诏曰："氏族之美，实系于冠冕，婚姻之道，莫先于仁义。自有魏失御，齐氏云亡，市朝既迁，风俗

陵替,燕、赵古姓,多失衣冠之绪,齐、韩旧族,或乖礼义之风。名不著于州
闾,身未免于贫贱,自号高门之胄,不敦匹嫡之仪,问名惟在于窃赀,结褵
必归于富室。乃有新官之辈,丰财之家,慕其祖宗,竞结婚姻,多纳货贿,
有如贩鬻。或自贬家门,受辱于姻娅;或矜其旧望,行无礼于舅姑。积习
成俗,迄今未已,既紊人伦,实亏名教。朕夙夜兢惕,忧勤政道,往代蠹害,
咸已惩革,唯此弊风,未能尽变。自今以后,明加告示,使识嫁娶之序,务
合礼典,称朕意焉。"

礼部尚书王珪子敬直,尚太宗女南平公主。珪曰:"《礼》有妇见舅姑
之仪,自近代风俗弊薄,公主出降,此礼皆废。主上钦明,动循法制,吾受
公主谒见,岂为身荣,所以成国家之美耳。"遂与其妻就位而坐,令公主亲
执巾,行盥馈之道,礼成而退。太宗闻而称善。是后公主下降有舅姑者,
皆遣备行此礼。

贞观十二年,太宗谓侍臣曰:"古者诸侯入朝,有汤沐之邑,刍禾百车,
待以客礼。昼坐正殿,夜设庭燎,思与相见,问其劳苦。又汉家京城亦为
诸郡立邸舍。顷闻考使至京者,皆赁房以坐,与商人杂居,才得容身而已。
既待礼之不足,必是人多怨叹,岂肯竭情于共理哉。"乃令就京城闲坊,为
诸州考使各造邸第。及成,太宗亲幸观焉。

贞观十三年,礼部尚书王珪奏言:"准令三品以上,遇亲王于路,不合
下马,今皆违法申敬,有乖朝典。"太宗曰:"卿辈欲自崇贵,卑我儿子耶!"
魏徵对曰:"汉、魏已来,亲王班皆次三公下。今三品并天子六尚书九卿,
为王下马,王所不宜当也。求诸故事,则无可凭,行之于今,又乖国宪,理
诚不可。"帝曰:"国家立太子者,拟以为君。人之修短,不在老幼。设无太
子,则母弟次立。以此而言,安得轻我子耶!"徵又曰:"殷人尚质,有兄终
弟及之义。自周已降,立嫡必长,所以绝庶孽之窥窬,塞祸乱之源本。为
国家者,所宜深慎。"太宗遂可王珪之奏。

贞观十四年,太宗谓礼官曰:"同爨尚有缌麻之恩,而嫂叔无服;又舅
之与姨,亲疏相似,而服之有殊,未为得礼,宜集学者详议。余有亲重而服
轻者,亦附奏闻。"是月尚书八座与礼官定议曰:

臣窃闻之,礼所以决嫌疑,定犹豫,别同异,明是非者也。非从天下,
非从地出,人情而已矣。人道所先,在乎敦睦九族,九族敦睦,由乎亲亲,
以近及远。亲属有等差,故丧纪有隆杀,随恩之薄厚,皆称情以立文。原

夫舅之与姨，虽为同气，推之于母，轻重相悬。何则？舅为母之本宗，姨乃外戚他姓，求之母族，姨不与焉，考之经史，舅诚为重。故周王念齐，是称舅甥之国；秦伯怀晋，实切《渭阳》之诗。今在舅服止一时之情，为姨居丧五月，徇名丧实，逐末弃本，此古人之情或有未达，所宜损益，实在兹乎。

《礼记》曰："兄弟之子犹子也，盖引而进之也。嫂叔之无服，盖推而远之也。"礼，继父同居则为之期，未尝同居则不为服。从母之夫，舅之妻，二人相为服。或曰"同爨缌麻"。然则继父且非骨肉，服重由乎同爨，恩轻在乎异居。固知制服虽系于名文，盖亦缘恩之厚薄者也。或有长年之嫂，遇孩童之叔，劬劳鞠养，情若所生，分饥共寒，契阔偕老，譬同居之继父，方他人之同爨，情义之深浅，宁可同日而言哉！在其生也，乃爱同骨肉，于其死也，则推而远之，求之本源，深所未喻。若推而远之为是，则不可生而共居；生而共居为是，则不可死同行路。重其生而轻其死，厚其始而薄其终，称情立文，其义安在？且事嫂见称，载籍非一，郑仲虞则恩礼甚笃，颜弘都则竭诚致感，马援则见之必冠，孔伋则哭之为位，此盖并躬践教义，仁深孝友，察其所行之旨，岂非先觉者欤？但于时上无哲王，礼非下之所议，遂使深情郁于千载，至理藏于万古，其来久矣，岂不惜哉！

今陛下以为尊卑之叙，虽焕乎已备，丧纪之制，或情理未安，爰命秩宗，详议损益。臣等奉遵明旨，触类傍求，采摭群经，讨论传记，或抑或引，兼名兼实，损其有余，益其不足，使无文之礼咸秩，敦睦之情毕举，变薄俗于既往，垂笃义于将来，信六籍所不能谈，超百王而独得者也。

谨按曾祖父母，旧服齐衰三月，请加为齐衰五月；嫡子妇，旧服大功，请加为期；众子妇，旧服小功，今请与兄弟子妇同为大功九月；嫂叔，旧无服，今请服小功五月。其弟妻及夫兄亦小功五月。舅，旧服缌麻，请加与从母同服小功五月。诏从其议。此并魏徵之词也。

贞观十七年，十二月癸丑，太宗谓侍臣曰："今日是朕生日。俗间以生日可为喜乐，在朕情，翻成感思。君临天下，富有四海，而追求侍养，永不可得。仲由怀负米之恨，良有以也。况《诗》云：'哀哀父母，生我劬劳。'奈何以劬劳之辰，遂为宴乐之事！甚是乖于礼度。"因而泣下久之。

太常少卿祖孝孙奏所定新乐。太宗曰："礼乐之作，是圣人缘物设教，以为撙节，治政善恶，岂此之由？"御史大夫杜淹对曰："前代兴亡，实由于乐。陈将亡也为《玉树后庭花》，齐将亡也而为《伴侣曲》，行路闻之，莫不悲泣，所谓亡国之音。以是观之，实由于乐。"太宗曰："不然，夫音声岂能感人？欢者闻之则悦，哀者听之则悲，悲悦在于人心，非由乐也。将亡之政，其人心苦，然苦心相感，故闻之则悲耳。何乐声哀怨，能使悦者悲乎？今《玉树》《伴侣》之曲，其声具存，朕能为公奏之，知公必不悲耳。"尚书右丞魏徵进曰："古人称，礼云，礼云，玉帛云乎哉！乐云，乐云，钟鼓云乎哉！乐在人和，不由音调。"太宗然之。

贞观七年，太常卿萧瑀奏言："今《破陈乐舞》，天下之所共传，然美盛德之形容，尚有所未尽。前后之所破刘武周、薛举、窦建德、王世充等，臣愿图其形状，以写战胜攻取之容。"太宗曰："朕当四方未定，因为天下救焚拯溺，故不获已，乃行战伐之事，所以人间遂有此舞，国家因兹亦制其曲。然雅乐之容，止得陈其梗概，若委曲写之，则其状易识。朕以见在将相，多有曾经受彼驱使者，既经为一日君臣，今若重见其被擒获之势，必当有所不忍，我为此等，所以不为也。"萧瑀谢曰："此事非臣思虑所及。"

（录自吴兢编著：《贞观政要》，上海古籍出版社1978年版）

颜真卿学案

颜真卿（709—784），字清臣，琅玡临沂人，是大儒颜师古的五世从孙。唐代名臣、书法家。颜真卿少孤，由母亲训导。少勤学业，有词藻，通经史，尤精《礼》学，在书法上造诣颇深。

开元年间，颜真卿举进士，登甲科。开元二十四年（736），经吏部诠选，任校书郎。开元二十六年，颜真卿因母亲病逝，赴洛阳丁忧三年。天宝元年（742），颜真卿回长安，中博学文词秀逸科，并于当年十月被任命为醴泉县尉。天宝五载迁长安县尉。后又任监察御史，奉命巡查河东、陇州。天宝八载，颜真卿升任殿中侍御史，因受宰相杨国忠厌恶，被外调为东都采访判官。次年，再任殿中侍御史。天宝十一载，转任武部员外郎，因杨国忠的排挤，于第二年被调离京师，出任平原太守。

在平原任上时，逢安禄山逆节颇著，颜真卿遂以霖雨为托，修城浚池，招募壮丁，储备粮草。但他表面上仍与文士泛舟、饮酒赋诗，希望能麻痹安禄山。安禄山密侦之后，亦以为书生不足虑也。不久，禄山果反，河朔尽陷，独平原城守具备。此后，颜真卿又受推举而为盟主，与其堂兄颜杲卿一起截断燕赵间的交通联络。唐朝政府遂任命颜真卿为户部侍郎，辅佐河东节度使李光弼讨伐叛军。肃宗幸灵武，授颜真卿为工部尚书，兼御史大夫，复任河北招讨使。代宗嗣位，卢杞专权，忌惮颜真卿，上奏使颜真卿前往劝谕李希烈。颜真卿虽依仗其人格魅力一度摧折李希烈及其逆党的不礼之举，但终究无力回天，兴元元年（784）为李希烈所杀，真卿时年七十七。

颜真卿曾主编《韵海镜源》三百六十卷，撰有《礼乐集》十卷、《历古创置仪》五卷、《颜氏家谱》一卷等，诗文有《庐陵集》十卷、《临川集》十卷、《吴兴集》十卷，均佚。北宋吴兴沈氏及宋敏求先后采掇遗佚，搜之金石，辑而编集，各为十五卷，后亦缺佚。南宋留元刚得宋敏求残本十二卷，复益以年谱、行状、碑铭,仍为十五卷。明人又重为编次,以奏议第一,表次之,碑铭次之,书序与记之类又次之,而以诗终焉,凡文十四卷,诗一卷,仍十五卷,收诗凡二十五首,文六十九篇,补遗二十三篇。另有补遗、年谱、附录各一卷。又有清黄本骥编三十卷本,前十二卷颜为真卿诗文,其他卷收传记材料、文集序跋、著作考及关于颜真卿碑帖评述等。

颜真卿以其光辉的一生践行了儒家忠君爱民的理想,他历仕四朝,屡遭贬谪,又被屡屡启用。这些官宦生涯的起伏与颜真卿坚守自身,不与元载、卢杞等奸臣合作,始终以正道直行有关。颜真卿还是唐代的礼学大家,唐肃宗曾赞扬他"名儒深达礼体"。颜真卿为御使大夫期间,曾执掌朝廷礼仪,以严格执行的精神魄力恢复了肃宗朝的朝仪。颜真卿后来还任礼仪使,任内撰写的文字编为《礼乐集》十卷。颜真卿还撰有《元陵仪注》,填补了《大唐开元礼》缺乏国恤礼的空白。

颜真卿不仅是唐代中期杰出的政治家,还是著名的书法家。他创立了"颜体"楷书,与赵孟頫、柳公权、欧阳询并称"楷书四大家",和柳公权并称"颜筋柳骨"。

颜真卿主张要在文以载道的基础上重视文采,使之能更好地发挥言志抒情的功能。其存世之文多于诗作,艺术水平也较高。颜真卿虽是儒家知识分子,但他并不排斥佛老,相反对之非常热衷。颜真卿不仅有服食道家外丹药物的经历,还常于任上拜谒道观,并为道教所崇信的仙人撰写如《抚州南城县麻姑山仙坛记》等文章。除道教之外,他也与他的家族一样,对佛教比较接受。他与诗僧皎然有诗文来往,也曾为佛徒撰写《抚州宝应寺翻经台记》等文章,展现了他对佛教义理的熟稔。颜真卿的佛道经历无疑展现了那个时代儒家知识分子出入三教,择善而从的特点。

论百官论事疏

御史中丞李进等传宰相语,称奉进止,缘诸司官奏事颇多,朕不惮省览,但所奏多挟私谗毁,自今论事者,诸司官皆须先白长官,长官白宰相,宰相定可否,然后奏闻者。臣自闻此语已来,朝野嚣然,人心亦多衰退。何则?诸司长官,皆达官也,言皆专达于天子也。郎官、御史,陛下腹心耳目之臣也,故其出使天下,事无巨细得失,皆令访察,回日奏闻,所以明四目、达四聪也。今陛下欲自屏耳目，使不聪明，则天下何述焉？《诗》云："营营青蝇，止于棘。谗言罔极，交乱四国。"以其能变白为黑、变黑为白也。诗人深恶之，故曰："取彼谗人，投畀豺虎；豺虎不食，投畀有北。"则夏之伯明，楚之无极，汉之江充，皆谗人也，孰不恶之？陛下恶之，深得君人之体矣，陛下何不深回听察？其言虚诬者，则谗人也，因诛殛之；其言不虚者，则正人也，因奖励之。陛下舍此不为，使众人皆谓陛下不能明察，而倦于听览，以此为辞，拒其谏诤。臣窃为陛下痛惜之。

臣闻太宗勤于听览，庶政以理，故著《司门式》云："其有无门籍人有急奏者，皆令监门司与仗家引对，不许关碍。"所以防壅蔽也。并置立仗马二匹，须有乘骑便往，所以平治天下，正用此道也。天宝已后，李林甫威权日盛，群臣不先咨宰相辄奏事者，仍托以他故中伤之。不敢明约百官，令先白宰相。又阉官袁思艺日宣诏至中书，元宗动静，必告林甫。林甫得以先意奏请，元宗惊喜若神，以此权柄恩宠日甚，道路以目。上意不下宣，下情不上达，所以渐致潼关之祸。皆权臣误主，不遵太宗之法故也。凌夷至于今日，天下之弊，尽萃于圣躬。岂陛下招致之乎？盖其所从来者渐矣。自艰难之初，百姓尚未凋弊，太平之理，立可便致。属李辅国当权，宰相专政，递相姑息，莫肯直言，大开三司，不安反侧。逆贼散落将士，北走党项，合集土贼，至今为患。伪将更相惊恐，因思明危惧，扇动却反。又今相州败散，东都陷没。先帝由此忧勤，至于损寿，臣每思之，痛切心骨。今天下兵戈未戢，疮痏未平，陛下岂得不博闻谠言，以广视听，而欲顿隔忠谠之路乎？

臣窃闻陛下在陕州时，奏事者不限贵贱，务广闻见，乃尧舜之事也。凡百臣庶，以为太宗之理，可翘足而待也。臣又闻君子难进易退，由此言之。朝廷开不讳之路，犹恐不言。况怀厌怠，令宰相宣进止，使御史台作条目，不令直进。从此人人不敢奏事，则陛下闻见，只在三数人耳。天下之士，方钳口结舌。陛下后见无人奏事，必谓朝廷无事可论，岂知惧不敢进，即林甫、国忠复起矣！凡百臣庶，以为危殆之期，又翘足而至也。如今日之事，旷古未有，虽李林甫杨国忠，犹不敢公然如此。今陛下不早觉悟，渐成孤立，后纵悔之，无及矣。臣实知忤大臣者，罪在不测。不忍孤负陛下，无任恳迫之至。

（录自颜真卿：《颜鲁公集》，上海古籍出版社 1992 年版）

请复七圣谥号状

谨按《礼记》曰：“先王谥以尊名，节以一惠。”故行出于己，而名生于人，使夫善者劝而恶者惧也，而虞夏之质、殷周之文至矣。而禹汤文武之君，咸以一字为谥，言文则不称武，言武则不称文，岂圣德所不优乎？盖群臣称其至者。是以子不得议父，臣不得议君。天子崩，则臣下制谥于南郊，明受之于天也。诸侯薨，则太子赴告于天子，明受之于君也。至于周室卑，大朴散，谥始以两字为重，人或以虚美为荣。汉承战国余烈，参而用之，君臣易名，事归至当，少不以为贬，多不以为褒，虽美众所归，可一言而尽矣。魏晋以降，盖不足征。

圣唐钦明，宪章周汉，爰初创业，顺考古道。高祖谥大武，用汉制；太宗谥曰文，行周道也。名正理顺，垂之无穷。上元中，政在宫壶，乱名改作，始建神尧文武大圣之号，盖非高宗之所获已。暨元宗之末，奸臣窃柄，析言而乱旧法，轻议以改鸿名。遂广累圣之谥，有加至十一字者。皇帝则悉有大圣之号，皇后则皆有顺圣之名，使言之者惑于今，行之者异于古，非旧制也。其后剑门下罪己之诏，叙高祖以下累圣悉用旧谥，则元宗悔既往之失，亦已明矣。宝应中，二圣山陵，有司请谥，事不师古，变而行权。去古质而尚浮华，舍旧名而广新谥，谓一名不足以节惠，乃十倍于古焉。而累圣谥名，悉以字多者为定，是废高祖、太宗之令，岂曰爱君？今制谥非古，人皆知之，有司因循其事，而无敢言者。假使当今守之而不敢，后人议之以为非，然所失岂不大哉？何者？臣子之于君父，莫不欲广其美称。先王制礼，不敢过也，故至敬无文，至文尚质。质之数极于一，尧舜之美，足以彰矣；文之数极于二，孝文、孝景之德，亦已明矣。质则近古，文则近今，此高祖、太宗所以更用其法，后王所宜守之法也。非天下之至圣，其孰能定之？此天皇所以兴圣主而正鸿名，太宗所以待孝孙而修废典，微臣所以守经义而崇圣朝。陛下宜奉天心，继先太宗之志，使子孙蒙其法，而万代守之，此天下之能事也。臣愚以为高祖以下累圣谥号，悉宜取初谥为定。谨按旧制，宜上高祖为武皇帝，太宗为文皇帝，高宗为天皇大帝，中宗为孝和皇帝，睿宗为圣真皇帝。其二圣谥名，字数太广，有逾古制，臣愚请择其美称而正之。谨按谥法，秉德不回曰孝，照临四方曰明，宜上元宗为孝明皇帝。又按谥法,圣善周闻曰宣,宜上肃宗为孝宣皇帝。仍准汉魏及国朝故事,于尚书省议定奏御。夫文敝则救之以质,至敬也;名惑而反之于正,至明也;祖作之而孙述之,至孝也。三者备矣,然后能立天下之大本,正天下之大名,建天下之大业,能事毕矣。伏惟皇帝陛下详择。

(录自颜真卿:《颜鲁公集》,上海古籍出版社 1992 年版)

朝会有故去乐议

《周礼·大司乐职》云:"诸侯薨,令去乐。大臣死,令弛悬。"郑注云:"去谓藏之,弛谓释下也。"是知哀轻者则释,哀重者则藏。又按庾蔚之《礼论》云:"晋元后秋崩,武帝咸宁元年享万国,不设乐。永嘉元年冬,惠帝三年丧制未终,司徒左长史江统议:'二年正会不宜作乐。'又章皇后哀限未终,后主已入庙,博士徐干议曰:'周景王有后嫡子之丧,既葬除服,叔向犹议其宴,今不宜悬。'"《宋书·礼志》云:"晋武帝已来,国有大丧,废乐三年。"又按江都《集礼说》:"晋博士孔恢,朝廷遏密,悬而不作。恢以为宜都去悬。设乐为作,不作则不宜悬,孟献子禫,悬而不乐,自是应作耳。故夫子曰:'献子加于人一等矣。'非谓不应作而犹悬也。国丧尚近,谓金石不可陈于庭。"又徐广《晋史》曰:"闻乐不怡,故申情于遏密。谅暗夺服,虑政事之荒废。是故秉权通以变常,量轻重以降差。"臣以《周礼》去乐之文,《宋志》终丧之证,徐广之论宁戚,孔恢之说禫悬,理既可凭,事又故实。伏请三年未毕,都不设悬。如有齐衰丧,及遇大臣薨殁,则量轻重,悬而不作。

(录自颜真卿:《颜鲁公集》,上海古籍出版社 1992 年版)

庙享议

议者或云:献祖、懿祖,亲远庙迁,不当祫享,宜永于西夹室。又议者云:二祖宜同祫享,与太祖并列昭穆,而空太祖东向之位。又议者云:二祖若同祫享,即太祖之位永不得正,宜奉迁二祖神主祔藏于德明皇帝庙。臣伏以三议俱未为允。且礼经残缺,既无明据,儒者能比方义类,斟酌取中,则可举而行之,盖叶于正也。伏惟太祖景皇帝以受命始封之君,处百代不迁之庙,配天崇享,是极尊严。且至禘祫之时,暂居昭穆之位,屈己伸孝,敬奉祖宗,缘齿族之礼,广尊先之道。此实太祖明神焘焘之本意,亦所以化被天下、率循孝悌也。请依晋葵谟等议,至五年十月祫享之日,奉献祖神主居东向之位,懿祖、太祖众诸祖宗,遵左昭右穆之列。此有以彰国家重本尚顺之明义,足为万代不易之令典也。又议者请奉迁二祖神主于德明皇帝庙,行祫祭之礼。夫祫,合也。故《公羊传》曰:"大事者何?祫也。"若祫祭不陈于太庙,而享于德明庙,是乃分食也,岂谓合食乎?名实相乖,深失礼意,固不可行。

(录自颜真卿:《颜鲁公集》,上海古籍出版社 1992 年版)

祭侄季明文

维乾元元年,岁戊戌,九月,庚午朔,三日壬申,第十三叔,银青光禄(大)夫,使持节,蒲州诸军事,蒲州刺史,上轻车都尉,丹阳县开国侯真卿,以清酌庶羞祭于亡侄赠赞善大夫季明之灵曰:惟尔挺生,夙标幼德,宗庙瑚琏,阶庭玉兰,每慰人心。方期戬谷,何图逆贼间衅,称兵犯顺。尔父竭诚,常山作郡,余时受命,亦在平原。仁兄爱我,俾尔传言,尔既归止,爰开土门。土门既开,凶威大蹙,贼臣不救,孤城围逼,父陷子死,巢倾卵覆。天不悔祸,谁为荼毒?念尔遘残,百身何赎?呜呼哀哉!吾承天泽,移牧河关,泉明比者,再陷常山。携尔首衬,及兹同还,抚念摧切,震悼心颜。方俟远日,卜尔幽宅,魂而有知,无嗟久客。呜呼哀哉!尚飨。

(录自颜真卿:《颜鲁公集》,上海古籍出版社 1992 年版)

杜佑学案

杜佑（735—812），字君卿，京兆万年（今陕西西安）人。唐朝政治家、史学家、儒学家。

杜佑出身于京兆杜氏，是一个累世为官的士族之家。其父历鸿胪卿、恒州刺史、西河太守，赠右仆射。故杜佑以门荫入仕，不用通过科举，其本人亦不喜科举之途。杜佑初为济南参军、剡县县丞，后为润州刺史韦元甫的幕僚。韦元甫乃其父之旧友，又因本人有出众的学识和能力，故深得韦元甫的信任，累官至检校主客员外郎。韦元甫病逝后，杜佑入朝为工部郎中，充江西青苗使，转抚州刺史。德宗即位后，再入朝历工部、金部二郎中，并充水陆朝运使，改度支郎中，兼私粜等使。当时适逢国家用兵，遂馈运之务皆委于杜佑。杜佑迁户部侍郎、判度支，后因受权贵排挤，出为苏州刺史，改任饶州刺史。德宗逃往兴元，杜佑又兼御史大夫，充岭南节度使。贞元三年（787），杜佑回朝任尚书左丞，又出为陕州观察使，迁检校礼部尚书、扬州大都督府长史，充淮南节度使。后又特诏起复，累转刑部尚书、检校右仆射。

贞元十六年，杜佑受诏任淮南节制检校左仆射、同平章事，兼徐泗节度使，被委以讨伐张愔。十九年入朝，拜检校司空、同平章事，为真宰相。宪宗元和元年（806），册拜司徒，同平章事，封岐国公。二年，请致仕，诏不许，每入奏事，宪宗优礼之。七年，有疾，表四上请求致仕，情理切至，宪宗许之，其年十一月卒，年七十八岁。宪宗废朝三日，册赠太傅，谥曰"安简"。

史书载杜佑："性敦厚强力，尤精吏职，虽外示宽和，而持身有术。为政弘易，不尚瞰察，掌计治民，物便而济……性嗜学，该涉古今，以富国安人之术为己任。"①"性勤而无倦,虽位极将相,手不释卷;质明视事,接对宾客,夜则灯下读书,孜孜不怠。"②唐玄宗开元末年,刘秩曾"采经史百家之言,取《周礼》六官所职",撰《政典》三十五卷。杜佑读之,认为条目未尽,因广其阙,参益新礼,遂"加以《开元礼》《乐》",撰成历史著作《通典》二百卷,献于朝廷。

杜佑所撰写的《通典》,是我国历史上第一部体例完备的记录历代典章制度的政书,专叙中国历代典章制度的源流、沿革、变迁。自远古时代论起,一直至唐天宝末年,偶有关涉到肃宗、代宗、德宗三朝。这部书是杜佑站在儒家思想的立场上,对合理的国家政治及人民之教化的说明和论证。因此,杜佑在《通典》中用了很大篇幅来论述礼制。这反应了杜佑希望在政治法制方面匡救时弊,力图提供一部能够为现实政治所借鉴的儒家式典制的理想。

除了著书立说,杜佑为官也是政绩卓著。他有着精明的政治思想。德宗建中初期,河朔地区战乱纷争,农业遭到破坏,百姓困顿,无法满足赋税的征收。杜佑上疏,提出要省官以省用,从而以达到拯救时弊的作用。杜佑由古及今,有理有据地论述了改革弊制、简省官职的意义以及可行性,其曰:

> 汉光武建武中废县四百,吏率十署一;魏太和时分遣使者省吏员,正始时并郡县;晋太元省官七百;隋开皇废郡五百;贞观初省内官六百员。设官之本,以治众庶,故古者计人置吏,不肯虚设。自汉至唐,因征战艰难以省吏员,诚救弊之切也。……神龙中,官纪荡然,有司大集选者,既无阙员,则置员外官二千人,自是以为常。当开元、天宝中,四方无虞,编户九百余万,帑藏丰溢,虽有浮费,不足为忧。今黎苗凋瘵,天下户百三十万,陛下诏使者按比,才得三百万,比天宝三分之一,就中浮寄又五之二,出赋者已耗,而食之者如旧,安可不革?③

杜佑的这一意见虽然未被朝廷采纳,却不失为高明的建议,从中可以

---

① 《旧唐书》卷一百四十七《杜佑传》,第3982页。
② 《旧唐书》卷一百四十七《杜佑传》,第3983页。
③ 《新唐书》卷一百六十六《杜佑传》,第5086—5087页。

洞见其为政之才。杜佑身为一个奉儒做官的人，不因循守旧，能从国家大局和百姓的生活为出发点，有雄大胸怀，正义凛然，不怕得罪权贵；他有着一颗体恤百姓的仁心，为政期间，适时革除苛捐杂税，遭逢旱灾，积极赈灾救民。这些业绩都说明杜佑是一位杰出的儒家士人。

选举典·选举序

自昔羲后，因以物命官，事简人淳，唯以道化，上无求欲于下，下无干进于上，百姓自足，海内乂安，不是贤而非愚，不沽名而尚行，推择之典，无所闻焉。爰洎唐、虞之官人也，俾乂水土，缉熙帝载，敷五教，正五刑，播百谷，典三礼，咨于四岳，明扬侧陋，询事考言，故举无失德。然犹三载考绩，三考黜陟幽明，流四凶族，不仁者远，斯则选贤任能之大略也。三王之代，朴散俗浇，难以道驭，务勤其教，立庠塾于乡间，建黉学于都邑，训公卿大夫之子弟，设俊、造之目而勖勉成之。自幼年入学，至四十方仕，然后行备业全，事理绩茂。秦汉以降，乃异于斯。其行教也不深，其取材也务速，欲人浸渍于五常之道，皆登仁寿之域，何可及已。夫上材盖寡，中材则多，有可移之性，敦其教方善。若不敦其教，欲求多贤，亦不可及已。非今人多不肖，古人多材能，在施政立本，使之然也。而况以言取士，既已失之，考言唯华，失之愈远。若变兹道，材何远乎？

（录自杜佑撰，王文锦、王永兴、刘俊文等点校：《通典》，中华书局1988年版）

礼典·礼序

夫礼必本于太一，分而为天地，转而为阴阳，变而为四时，列而为鬼神。其降曰令，其居人曰义。孔子曰："夫礼，先王以承天之道，以理人情，失之者死，得之者生。故圣人以礼示之，天下国家可得而正也。"伏羲以俪皮为礼，作琴瑟以为乐，可为嘉礼；神农播种，始诸饮食，致敬鬼神，襫为田祭，可为吉礼；黄帝与蚩尤战于涿鹿，可为军礼；九牧倡教，可为宾礼；《易》称古者葬于中野，可为凶礼。又，"修赟类帝"则吉礼也，"厘降嫔虞"则嘉礼也，"群后四朝"则宾礼也，"征于有苗"则军礼也，"遏密八音"则凶礼也。

故自伏羲以来，五礼始彰。尧舜之时，五礼咸备，而直云"典朕三礼"者，据事天事地与人为三耳。其实天地唯吉礼也，其余四礼并人事兼之。夏商二代，散亡多阙。洎周武王既没，成王幼弱，周公摄政，六年致太平，述文武之德，制《周官》及《仪礼》，以为后王法。《礼序》云："礼也者，体也，履也。统之于心曰体，践而行之曰履。"然则《周礼》为体，《仪礼》为履。周衰，诸侯僭忒，自孔子时已不能具。秦平天下，收其仪礼，归之咸阳，但采其尊君抑臣，以为时用。汉兴，天下草创，未遑制立，群臣饮醉争功，高帝患之。叔孙通草绵蕝之仪，救击柱之弊，帝说，叹曰："吾于今日知为天子之贵也。"以通为奉常，遂定仪法，未尽备而通终。高堂生传《礼》十七篇，而徐生善为颂。孝文帝时，徐生以颂礼官至大夫。而萧奋亦以颂礼至淮阳太守。孝武始开献书之路，时有李氏得《周官》五篇，阙《冬官》一篇，河间献王千金购之，不能得，遂取《考工记》以补其阙，奏之。至王莽时，刘歆始置博士，行于代。杜子春受业于歆，能通其读，后汉永平初，郑众、贾达皆往受业。其后马融作《周官传》，郑玄为注。初，献王又得仲尼弟子及后学所记四百十一篇，至刘向考校经籍，才获百三十篇，向因第而叙之。而又得《明堂阴阳记》二十二篇，《孔子三朝记》七篇，《王史氏记》二十篇，《乐记》二十三篇，总二百二篇。戴德删其烦，重合而记之，为八十五篇，谓之《大戴记》；而戴圣又删大戴之书，为四十七篇，谓之《小戴记》。马融亦传小戴之学，又定《月令》《明堂位》，合四十九篇。郑玄受业于融，复为之注。今《周官》六篇，《古经》十七篇，《小戴记》四十九篇，凡三种，唯郑玄注立于学官，余并散落。魏以王粲、卫凯集创朝仪，而鱼豢、王沈、陈寿、孙盛虽缀时礼，不足相变。吴则丁孚拾遗汉事，蜀则孟光、许慈草建时制。晋初以荀颉、郑冲典礼，参考今古，更其节文，羊祜、任恺、庾峻、应贞并加删集，成百六十五篇。后挚虞、傅咸缵续未成，属中原覆没，今虞之《决疑注》，是其遗文也。江左刁协、荀崧补缉旧文，蔡谟又踵修缀。宋初因循前史，并不重述。齐武帝永明二年，诏尚书令王俭制定《五礼》，至梁武帝，命群儒又裁成焉。吉礼则明山宾，凶礼则严植之，军礼则陆琏，宾礼则贺玚，嘉礼则司马褧。又命沈约、周舍、徐勉、何佟之等参会其事。陈武帝受禅，多准梁旧式，因行事随时笔削。后魏道武帝举其大体，事多阙遗；考文帝率由旧章，择其令典，朝仪国范，焕乎复振。北齐则阳休之、元循伯、熊安生，后周则苏绰、卢辩、宇文弼，并习于《仪礼》，以通时用。隋文帝命牛弘、辛彦之等采梁及北齐仪注,以为五礼。国初草昧,未暇详定。及太宗践祚,诏礼官学士修改旧仪,著吉礼六十一篇,宾礼四篇,军礼十二篇,嘉礼四十二篇,凶礼六篇,国恤五篇,总百三十篇,为百卷。贞观七年,始令颁示。高宗初,以《贞观礼》节文未尽,重加修撰,勒合成百三十卷,至显庆三年奏上,高宗自为之序。时许敬宗、李义府用事,其所取舍,多依违希旨,学者不便,异议纷然。上元三年下诏,命依贞观年礼为定。仪凤二年,诏并依周礼行事。自是礼司益无凭准,每有大事,辄别制一仪,援古附今,临时专定,贞观、显庆二礼,亦皆施行。武太后时,以礼官不甚详明,特诏国子司业韦叔夏、率更令祝钦明每加刊定。叔夏卒后,给事中唐绍专知礼仪,绍博学,详练旧事,议者以为称职。开元十四年,通事舍人王岩上疏,请改撰《礼记》,削去旧文,编以今事。集贤院学士张说奏曰:"《礼记》,汉朝所编,遂为历代不刊之典,去圣久远,恐难改易。但今之五礼仪注,已两度增修,颇有不同,或未折衷。请学士等更讨论古今,删改行用。"制从之。于是令徐坚、李锐、施敬本等检撰,历年其功不就。锐卒后,萧嵩代为集贤院学士,始奏起居舍人王仲丘修之。二十年九月,新礼成,凡百五十卷,是为《大唐开元礼》。于戏!百代之损益,三变而著明,酌乎文质,悬诸日月,可为盛矣。《通典》之所纂集,或泛存沿革,或博采异同,将以振端末、备顾问者也,乌礼意之能建乎!但前古以来,凡执礼者,必以吉凶军宾嘉为次;今则以嘉宾次吉,军凶后宾,庶乎义类相从,终始无黫云尔。

（录自杜佑撰,王文锦、王永兴、刘俊文等点校:《通典》,中华书局1988年版）

兵典·兵序

三皇无为,天下以治。五帝行教,兵由是兴,所谓"大刑用甲兵,而陈诸原野",于是有补遂之战,阪泉之师。若制得其宜则治安,失其宜则乱危。

商周以前,封建五等,兵遍海内,强弱相并。秦氏削平,罢侯置守,历代因袭,委政郡县。缅寻制度可采,唯有汉氏足征:重兵悉在京师,四边但设亭障;又移天下豪族,辇居三辅陵邑,以为强干弱枝之势也。或有四夷侵轶,则从中命将,发五营骑士,六郡良家。贰师、楼船、伏波、下濑,咸因事立称,毕事则省。虽卫、霍之勋高绩重,身奉朝请,兵皆散归。斯诚得其宜也。其后若王纲解纽,主权外分,藩翰既崇,众力自盛,问鼎轻重,无代无之,如东汉之董卓、袁绍,晋之王敦、桓玄,宋谢晦、刘义宣,齐陈达、王敬则,梁侯景,陈华皎,后魏尔朱荣、高欢之类是矣。斯诚失其宜也。

国朝李靖平突厥,李勣灭高丽,侯君集覆高昌,苏定方夷百济,李敬玄、王孝杰、娄师德、刘审礼皆是卿相,率兵御戎,戎平师还,并无久镇。其在边境,唯明烽燧,审斥候,立障塞,备不虞而已。实安边之良算,为国家之永图。玄宗御极,承平岁久,天下乂安,财殷力盛。开元二十年以后,邀功之将,务恢封略,以甘上心,将欲荡灭奚、契丹,翦除蛮、吐蕃,丧师者失万而言一,胜敌者获一而言万,宠锡云极,骄矜遂增。哥舒翰统西方二师,安禄山统东北三师,践更之卒,俱授官名;郡县之积,罄为禄秩。于是骁将锐士、善马精金,空于京师,萃于二统。边陲势强既如此,朝庭势弱又如彼,奸人乘便,乐祸觊欲,胁之以害,诱之以利。禄山称兵内侮,未必素蓄凶谋,是故地逼则势疑,力侔则乱起,事理不得不然也。

昔汉祖分裂土地,封建王侯,吴芮独卑弱而忠,韩、彭皆强大而悖。贾谊睹七国之盛,献书云:"治天下者,令海内之势,如身之使臂,臂之使指,莫不制从。若惮而不能改作,末大本小,终为祸乱。"文景因循莫革,遂致诛错之名。向使制置得其适宜,诸侯孰不信顺?奸谋邪计,销于胸怀,岂复有干纪作乱之事乎!语曰"朝为伊、周,夕成桀、跖",形势驱之而至此矣。又兵法曰:"将者,人之司命,国家安危之主。"固当先之以中和,后之以材器。或未驯其性,苟求其用,授以铦刃,委之专宰,利权一去,物情随之,噬脐之喻,不其然矣。

夫戎事,有国之大者。自昔智能之士,皆立言作训。其胜也,或验之风鸟七曜,或参以阴阳日辰;其教阵也,或目以天地五行,或变为龙蛇鸟兽。人之聪颖,方列轩冕,知吉凶冠婚之礼,习庆吊俯仰之容,稍或非精,则乖常度。故仲尼入庙,每事皆问,是必不免有所失也。矧其万千介夫,出自闾井,若使心存进退之令,耳听金鼓之声,手俟击刺之宜,足趋鹅鹳之势,随地形而变阵,驰电发之疾,因我便而乘敌,胜负顷刻之闲,事繁目多,应机循古,得不令众心系名数而无暇,安能奋勇锐而争利哉!以愚管窥,徒有其说,只恐虽教亦难必成。然其训士也,但使闻鼓而进,闻金而止,坐作举措,左旋右抽,识旗帜指麾,习器械利便,斯可矣。其抚众也,有吮痈之恩,投醪之均,挟纩之感,行令之必,斯可矣。此乃用无弱卒,战无坚敌,而况以直伐曲、以顺讨逆者乎！若以风鸟可征,则谢艾枭鸣牙旗而克麻秋,宋武麾折沈水而破卢循;若以日辰可凭,则邓禹因癸亥克捷,后魏乘甲子胜敌:略举一二,不其证欤? 似昔贤难其道,神其事,令众心之莫测,俾指顾之皆从。

语有之曰:"天时不如地利,地利不如人和。"诚谓得兵术之要也。以为孙武所著十三篇,旨极斯道,故知往昔行师制胜,诚当皆精其理。今辄捃摭与孙武书之义相协,并颇相类者纂之,庶披卷足见成败在斯矣。

(录自杜佑撰,王文锦、王永兴、刘俊文等点校:《通典》,中华书局1988年版)

陆淳学案

陆淳(？—806)，字伯冲，后改名质(避宪宗讳)。吴郡(今江苏吴县)人，南梁名儒陆澄的七世孙，唐经学家。陆淳曾任左拾遗，转太常博士，迁左司郎中，后又改为国子博士，历任信、台两州的刺史，征为给事中、皇太子侍读。陆淳与啖助、赵匡一起是中唐新"春秋学"的创立者。啖助、赵匡、陆淳三人之间，赵匡是陆淳之友，而陆淳师事啖助。啖助和赵匡的著作已佚，陆淳的著作今仍存三种：《春秋集传纂例》十卷、《春秋集传辩疑》十卷、《春秋集传微旨》三卷。另尚有《类礼》二十卷，《君臣图翼》二十五卷，均已佚。

陆淳的儒学思想主要集中于他的《春秋》学中，陆淳的《春秋》学是对啖助、赵匡二人的总结。在《春秋集传纂例》目录中，陆淳提到《纂例》的写作缘由："啖子所撰《统例》三卷，皆分别条流，通会其义。赵子损益，多所发挥，今故纂而合之。有辞义难解者，亦随加以注释，兼备载经文于本条之内，使学者以类求义，昭然易知。"[1]也就是说，《春秋集传纂例》是对啖、赵二人思想的编纂和注释发挥，所以该书一定程度上可以看作是这一学派的学术结晶。

陆淳认为，孔子作《春秋》并不是为了"遵周公之遗制"或"明黜陟，著劝戒"[2]，而是一种对尧舜之道的宣扬。陆淳认为："宣尼之心，尧舜之心也。宣尼之道，三王之道也。"尧舜之道并不仅仅是形式化的周礼，而根本上是圣心。所以，对于《春秋》中违背周礼的地方，陆淳认为只能依照"圣心"，唯"表之圣心，酌乎皇极"。由此，陆淳认为，《春秋》乃"生人已来未有臻斯理，岂但拨乱反正，使乱臣贼子知惧而已乎？"天子乃"司牧"生民之

---

① 陆淳：《春秋集传纂例》目录，《钦定四库全书》。
② 《春秋集传纂例》卷一《春秋宗指议第一》，《钦定四库全书》。

人,而"生人为重,社稷次之"①。天子的合法性完全在于对孔子之道的遵循,对以民为本思想的践行。陆淳认为,如果人们能理解《春秋》之至理,"使其道贯于灵府,理浃于事物",即可"比屋可封,重译而至",天下大治。陆淳对圣心的无限拔高必然导致在具体的解经实践上破除了"注不驳经,疏不驳注"的惯例,而是要求体会圣心,自意解经。

可以说,以陆淳为代表的新《春秋》学派在关于《春秋》学的许多问题上都与传统看法不同,这也说明为何他们三人被世人看作是"异儒"。若联系章句之学向义理之学转变的思想脉络,那么陆淳等人的这种做法可谓是对儒家经世精神的重申,表达了向儒学经典原旨复归的历史性要求,这些无疑都是后世宋明理学的学术先导。

春秋宗指议第一

此经所以称《春秋》者,先儒说云鲁史记之名也。记事者以事系日,以日系月,以月系时,以时系年,所以记远近、别同异也。故史之记必表年以首事,年有四时,故错举以为所记之名也。

啖子曰:夫子所以修《春秋》之意,三《传》无文。说《左氏》者以为《春秋》者周公之志也。暨乎周德衰、典礼丧,诸所记注多违旧,章宣父因鲁史成文,考其行事而正其典礼,上以遵周公之遗制,下以明将来之法。杜元凯《左传》序及释例云然。言《公羊》者则曰:夫子之作《春秋》,将以黜周王鲁,变周之文,从先代之质。何休《公羊传》注中云然。解《穀梁》者则曰:平王东迁,周室微弱,天下板荡,王道尽矣。夫子伤之乃作《春秋》,所以明黜陟,著劝戒,成天下之事业,定天下之邪正,使夫善人劝焉,淫人惧焉。范宁《穀梁传》序云然。吾观三家之说,诚未达乎《春秋》大宗,安可议其深指?可谓宏纲既失,万目从而大去者也。予以为《春秋》者,救时之弊,革礼之薄,何以明之?前志曰:夏政忠,忠之弊野。殷人承之以敬,敬之弊鬼,周人承之以文,文之弊僿,救僿莫若以忠,复当从夏政。夫文者,忠之末也,设教于本,其弊犹末,设教于末,弊将若何,武王周公承殷之弊不得已而用之。周公既没,莫知改作,故其颓弊甚于二代,以至东周王纲废绝,人伦大坏。夫子

---
① 《全唐文》卷六三一《吕温·祭陆给事文》,第6370页。

伤之曰：虞夏之道，寡怨于民，殷周之道，不胜其弊。又曰：后代虽有作者，虞帝不可及已。盖言唐虞淳化难行于季末，夏之忠道当变而致焉。是故《春秋》以权辅正，天王狩于河阳之类是也。以诚断礼，褒高子仲孙之类是也。正以忠道，原情为本，不拘浮名，不罪栾书之类是也。不尚狷介，不褒泄台之类是也。从宜救乱，因时黜陟，或贵非礼勿动，诸非礼悉讥之是也。或贵贞而不谅，即合权道是也。进退抑扬，去华居实，故曰：救周之弊，革礼之薄也。古人曰：殷变夏，周变殷，《春秋》变周。出《淮南子》。又言三王之道如循环，太史公亦言。闻诸董生曰：《春秋》上明三王之道。《公羊》亦言乐道尧舜之道以俟后圣，是知《春秋》参用二帝三王之法，以夏为本，不全守周典理，必然矣。据杜氏所论褒贬之指，唯据周礼，若然，则周德虽衰，礼经未泯，化人足矣，何必复作《春秋》乎？且游夏之徒，皆造堂室，其于典礼，固当洽闻，述作之际，何其不能赞一辞也？又云周公之志，仲尼从而明之，则夫子曷云知我者亦《春秋》，罪我者亦《春秋》乎？斯则杜氏之言陋于是矣。何氏所云变周之文从先代之质，虽得其言，用非其所不用之于性情，性情即前章所谓用忠道原情。而用之于名位，谓黜周王鲁也。失指浅末，不得其门者也。周德虽衰，天命未改，所言变从夏政，唯在立忠为教，原情为本，非谓改革爵列，损益礼乐者也。故夫子伤主威不行，下同列国，首王正以大一统。先王人以黜诸侯，不言战以示莫敌，称天王以表无二尊，唯王为大，邈矣崇高，反云黜周王鲁，以为《春秋》宗指。隐元年盟于眛传，何休注然。两汉专门，传之于今，悖礼诬圣，反经毁传，训人以逆，罪莫大焉。范氏之说，粗陈梗概，殊无深指，且历代史书皆是惩劝，《春秋》之作岂独尔乎？是知虽因旧史，酌以圣心，拨乱反正，归诸王道。三家之说俱不得其门也。或问《春秋》始于隐公，何也？答曰：夫子之志，冀行道以拯生灵也，故历国应聘希遇贤王，及麟见出，伤知为哲人其萎之象。悲大道不行，将托文以见意，虽有其德而无其位，不作礼乐乃修《春秋》，为后王法。始于隐公者，以为幽厉虽衰，雅未为风。平王之初，人习余化，苟有过恶，当以王法正之。此时但见周家旧典自可理也。及代变风移，陵迟久矣，若格以太平之政，则比屋可诛，无复善恶，故断自平王之末而以隐公为始，所以拯薄俗，勉善行，救周之弊，革礼之失也。言此时周礼既坏，故作《春秋》以救之。

（录自陆淳撰：《春秋集传纂例》，《钦定四库全书》）

三传得失议第二

啖子曰:古之解说,悉是口传。自汉以来,乃为章句。如《本草》皆后汉时郡国而题以神农,《山海经》广说殷时而云,夏禹所记。自余书籍比比甚多。是知三《传》之义本皆口传,后之学者乃著竹帛而以祖师之目题之。予观《左氏传》自周、晋、齐、宋、楚、郑等国之事最详,晋则每一出师,具列将佐,宋则每因兴废,备举六卿,故知史策之文,每国各异。左氏得此数国之史以授门人,义则口传,未形竹帛。后代学者乃演而通之,总而合之,编次年月以为传记,又广采当时文籍,故兼与子产、晏子及诸国卿佐家传并卜书及杂占书、纵横家、小说、讽谏等杂在其中,故叙事虽多,释意殊少,是非交错,混然难证。其大略皆是《左氏》旧意,故比余传其功最高,博采诸家,叙事尤备,能令百代之下,颇见本末,因以求意,经文可知。又况论大义得其本源,解三数条大义,天王狩于河阳之类。亦以原情为说,欲令后人推此以及余事。而作传之人不达此意,妄有附益,故多迂诞。又《左氏》本末释者抑为之说,遂令邪正纷揉,学者迷宗也。《公羊》《穀梁》初亦口授,后人据其大义,散配经文,《传》中犹称穀梁子曰是其证也。故多乖谬,失其纲统。然其大指亦是子夏所传,故二《传》传经密于《左氏》。《穀梁》意深,《公羊》辞辨,随文解释往往钩深,但以守文坚滞,泥难不通,比附日月,曲生条例,义有不合亦复强通,踳驳不伦或至矛盾,不近圣人夷旷之体也。夫《春秋》之文,一字以为褒贬,诚则然矣。其中亦有文异而义不异者,详内以略外、因旧史之文类是也。二《传》穿凿,悉以褒贬言之,是故繁碎甚于《左氏》。《公羊》《穀梁》又不知有不告则不书之义,凡不书者皆以义说之,且列国至多,若盟会、征伐、丧纪,不告亦书,则一年之中可盈数卷,况他国之事,不凭告命从何得书?但书所告之事,定其善恶,以文褒贬耳。《左氏》言褒贬者又不过十数条,其余事同文异者,亦无他解,旧解皆言从告及旧史之文。若如此论乃是夫子写鲁史尔,何名修《春秋》乎?故谓二者之说俱不得中。

(录自陆淳撰:《春秋集传纂例》,《钦定四库全书》)

啖氏集传注义第三

啖子曰:惜乎微言久绝,通儒不作。遗文所存,三《传》而已。《传》已互失经指,注又不尽《传》意,《春秋》之义几乎泯灭。唯圣作则譬如泉源,苟涉其流无不善,利在人贤者得其深者,其次得其浅者。若文义隐密,是虚设大训,谁能通之。故《春秋》之文,简易如天地焉,其理著明如日月焉,但先儒各守一传,不肯相通,互相弹射,仇雠不若,诡辞迁说,附会本学,鳞杂米聚,难见易滞,益令后人不识宗本,因注迷经,因疏迷注,党于所习,其俗若此。老氏曰:大道甚夷,而人好径信矣。故知三《传》分流,其源则同,择善而从。且过半矣,归乎允当,亦何常师。今《公羊》《穀梁》二传殆绝,习《左氏》者皆遗经存传,谈其事迹,玩其文彩,如览史籍,不复知有《春秋》微旨。呜呼!买椟还珠,岂足怪哉!予辄考核三《传》,舍短取长,又集前贤注释,亦以愚意裨补阙漏,商榷得失,研精宣畅,期于浃洽,尼父之志,庶几可见。疑殆则阙,以俟君子,谓之《春秋集传》。集注又撮其纲目,撰为统例三卷,以辅集传,通经意焉。所以剪除荆棘,平易道路,令趣孔门之士,方轨康衢,免涉于险难也。

(录自陆淳撰:《春秋集传纂例》,《钦定四库全书》)

李鼎祚学案

李鼎祚,新、旧《唐书》无传,其生平不详,著有《周易集解》。在其《周易集解序》中也仅提及:"秘书省著作郎臣李鼎祚序。"①《四库全书总目》载:"鼎祚,《唐书》无传,始末未详。惟据《序》末结衔,知其官为秘书省著作郎。据袁桷《清容居士集》载'资州有鼎祚读书台',知为资州人耳。朱睦㮮《序》称为秘阁学士,不知何据也。其时代亦不可考。《旧唐书·经籍志》称录'开元盛时四部诸书',而不载是编,知为天宝以后人矣。"②

清刘毓崧撰《通义堂文集》,其中有此书《跋》。毓崧在《跋》中,依据《周易集》自序及《元和志》《寰宇记》《通志》《能改斋漫录》等书对李鼎祚生平作了考辨。从考证中可知,李鼎祚是资州盘石人,约出生在天宝元年之前,生活在唐中后期,经历唐玄宗、肃宗、代宗三代。李氏兄弟曾读书于资州东四明山。鼎祚勤于读书,通儒典,以经学称于时,尤通象数易学。在代宗时,他将撰成的《周易集解》十七卷献于朝。他还撰成《连珠明镜式经》十卷,由此可知他通于象数易学及术数理论。李鼎祚于当时德望素隆,为乡邦推重,身殁以后,资州人士为他立四贤堂,绘其像以祀之。

李鼎祚在《周易集解》的序中说:"臣少慕玄风,游心坟籍,历观炎汉,迄今巨唐。采群贤之遗言,议三圣之幽赜,集虞翻、荀爽三十余家,刊辅嗣之野文,补康成之逸象。"③《中兴书目》曾就《周易集解》所集汉唐诸家作过说明:"祚集子夏、孟喜、京房、马融、荀爽、郑康成、刘表、何晏、宋衷、虞翻、陆绩、干宝、王肃、王辅嗣、姚信、王廙、张璠、向秀、王凯冲、侯果、蜀才、翟元、韩康伯、刘瓛、何妥、崔憬、沈骥士、卢氏、崔觐、孔颖达等凡三十余家,附以《九家易》,《乾凿度》凡十七篇。"明朱睦㮮考之,又增焦赣、伏曼容

---

① 《全唐文》卷二○二《李鼎祚·周易集解序》,第2042页。
② 永瑢等撰:《四库全书总目》卷一《易类一》,中华书局1965年版,第3页。
③ 《全唐文》卷二○二《李鼎祚·周易集解序》,第2042页。

二家。清朱彝尊又考,增姚规、朱仰之、蔡景君三家。《集解》对著名的易注皆收入,兼收并存,所涉及的易学名家,有主象数的,也有主玄理的。李鼎祚在其《序》中说:"郑则多参天象,王乃全释人事,且《易》之为道,岂偏滞于天人者哉?致使后学之徒,纷然淆乱,各修局见,莫辨源流。天象远而难寻,人事近而易习,则折杨黄华,嗑然而笑。"①郑玄解《易》多用天文象数,王弼解《易》多用人事,而崇尚名理,但《易》道既广且大,而二者各有一偏。但在《周易集解》中,鼎祚有明显的崇郑抑王的倾向性,关于这一点他自己也并不讳言:"刊辅嗣之野文,补康成之逸象。"②一刊一补,即一削一增,其崇郑的倾向则显而易见。李鼎祚之所以如此,是因为他看到自孔颖达《五经正义》出,唐朝已定王弼之《易》为一尊,实际上已将易学置于一偏。鼎祚的目的在于保存已将失传的象数易学,"恐真失坠",以救《五经正义》之失,并调和象数与义理之间的隔阂。

李鼎祚的《周易集解》在易学史上具有重要的学术价值。一方面,它广集了唐之前丰富的易学文献资料,尤其使两汉象数易学得到了最大保存,成为后代学者研究汉代易学不可忽略的典籍,具有重要的文献学价值;另一方面,它重新正视象数易学,打破了官方以王学为主的局面,以己意解经,开启了中唐以后"自名其学"的新学风。《周易集解》是一部足以与《周易正义》相媲美的著作,故四库馆臣评曰:"盖王学既盛,汉易遂亡,千百年后学者,得考见画卦之本旨者,惟赖此书之存矣。是真可宝之古笈也。"③李鼎祚对于易学的继承和发展具有不可替代的作用。

周易集解序

叙曰:元气絪缊,三才成象。神功浃洽,八索成形。在天则日月运行,润之以风雨。在地则山泽通气,鼓之以雷霆。至若近取诸身,四支百体合其度。远取诸物,森罗万象备其工。阴阳不测之谓神,一阴一阳之谓道。范围天地而不过,曲成万物而不遗。仁者见之以为仁,知者见之以为知,百姓日用而不知,君子之道鲜矣。斯乃显诸仁而藏诸用,神无方而易无

---

① 《全唐文》卷二〇二《李鼎祚·周易集解序》,第2042页。
② 《全唐文》卷二〇二《李鼎祚·周易集解序》,第2042页。
③ 《四库全书总目》卷一,第4页。

体。巍巍荡荡，难可名焉。逮乎天尊地卑，君臣位列。五运相继，父子道彰。震、巽索而男女分，咸、恒设而夫妇睦。人伦之义既阐，家国之教郁兴。

故《系辞》云："古者庖牺氏王天下也，始画八卦，以通神明之德，以类万物之情。作结绳而为网罟，以佃以渔，盖取诸离。庖牺氏没，神农氏作。斫木为耜，揉木为耒。耒耨之利，以教天下，盖取诸益。日中为市，致天下之人，聚天下之货，交易而退，盖取诸噬嗑。神农氏没，黄帝、尧、舜氏作。通其变，使人不倦。神其化，使人宜之。刳木为舟，剡木为楫。舟楫之利，以济不通，盖取诸涣。服牛乘马，引重致远，盖取诸随。古者穴居而野处，后代圣人易之以宫室，盖取诸大壮。弦木为弧，剡木为矢。弧矢之利，以威天下，盖取诸睽。上古结绳为政，后代易之书契。百官以理，万人以察，盖取诸夬。"故圣人见天下之赜，而拟诸形容，象其物宜，而观其会通，以行其典礼。触类而长之。六十四卦，三百八十四爻，天下之能事毕矣。其旨远，其辞文，其言曲而中，其事肆而隐。若夫杂物撰德，辨是与非。终日乾乾，夕惕若厉。无有师保，如临父母，自天佑之，吉无不利者也。至于损以远害，说以先之。定其交而后求，安其身而后动。履和而至，谦尊而光。能说诸心，能研诸虑。是故君子居则观其象而玩其辞，动则观其变而玩其占。蓍之德圆而神，卦之德方以智。探赜索隐，钩深致远，定天下之吉凶，成天下之亹亹，莫善乎蓍龟。神以知来，智以藏往。将有为也，问之以言。其受命也，应之如响。无有远近幽深，遂知来物。故能穷理尽性，利用安身。圣人以此洗心，退藏于密。自然虚室生白，吉祥至止。坐忘遗照，精义入神。口僻焉不能言，心困焉不能知。微妙玄通，深不可识。《易》有圣人之道四焉，斯之谓矣。原夫权舆三教，钤键九流。实开国承家修身之正术也。自卜商入室，亲授微言。传注百家，绵历千古，虽竞有穿凿，犹未测渊深。唯王、郑相沿，颇行于代。郑则多参天象，王乃全释人事。且《易》之为道，岂偏滞于天人者哉？致使后学之徒，纷然淆乱，各修局见，莫辨源流。天象远而难寻，人事近而易习，则折杨黄华，嗑然而笑。方以类聚。其在兹乎。臣少慕玄风，游心坟籍，历观炎汉，迄今巨唐。采群贤之遗言，议三圣之幽赜，集虞翻、荀爽三十余家，刊辅嗣之野文，补康成之逸象。各列名义，共契玄宗。先儒有所未详，然后辄加添削。每至章句，金例发挥。俾童蒙之流一览而悟，达观之士得意忘言。当仁既不让于师，论道岂惭于前哲。至于卦爻象象理涉重玄，经注文言书之不尽，别撰《索隐》。错综根萌，音义两存，详之明矣。其王氏《略例》，得失相参，采荇采菲，无以下体，乃附经末，式广未闻。凡成一十八卷，以贻同好。冀将来君子，无所疑焉。

秘书省著作郎臣李鼎祚序。

（录自董诰等编：《全唐文》，中华书局 1983 年版）

刘晏学案

　　刘晏（715—780），字士安，曹州南华（今山东菏泽市东明县）人，唐代政治家、经济家。刘晏年七岁，举神童，名震一时，授秘书省正字。八岁时，于玄宗封禅泰山的行在献《颂》，张说面试之并评价他为"国瑞也"，玄宗授他太子正字。

　　天宝中，累授夏县县令，后历殿中侍御史、迁度支郎中，彭原太守，杭、陇、华三州刺史，寻迁河南尹。入为京兆尹，不久，加户部侍郎、兼御史中丞、度支铸钱盐铁等，后为酷吏敬羽所构，贬通州刺史。又复入为京兆尹、户部侍郎，判度支，加国子祭酒。代宗立，复为京兆尹、户部侍郎，领度支、盐铁、转运、铸钱、租庸使。后刘晏以户部让颜真卿，改国子祭酒。宝应二年（763），迁吏部尚书、同中书门下平章事，领度支盐铁转运租庸使，后罢为太子宾客，俄进御史大夫。广德初，刘晏整顿漕运，解决关中地区缺粮问题。迁吏部尚书，兼益湖南、荆南、山南东道转运、常平、铸钱使，与第五琦分领天下金谷。至德初，令第五琦于诸道榷盐以助军用，累迁吏部尚书。大历四年（769）六月，与右仆射裴遵庆同赴本曹视事。八年，知三铨选事。十二年三月，诛宰臣元载，晏奉诏讯鞫。十三年十二月，为尚书左仆射。唐德宗即位后，刘晏总管全国财赋，后因杨炎构陷，罢晏转运等使，寻贬为忠州刺史。建中元年（780）七月，德宗诏中人赐晏死，年六十五，天下冤之。贞元五年（789），上悟，录晏子执经，授太常博士，又赠郑州刺史，加赠司徒。

　　作为财政官员的刘晏，非常重视人民的安定生产与经济之间的密切关系，"故其理财以养民为先"①。他认为，财政的富足，必须建立在人民

---

① 司马光编，胡三省音注：《资治通鉴》卷二百二十六《唐纪四十二》，中华书局1955年版，第7285页。

安居乐业、生产稳定发展的基础上。另外，刘晏深深地明白人才对于国家的重要性，所以他十分重视对人才的选拔和使用。他认为："办集众务，在于得人，故必择通敏、精悍、廉勤之士而用之；至于句检簿书，出纳钱谷，必委之士类；吏惟书符牒，不得轻出一言。"①又常言："士陷赃贿，则沦弃于时，名重于利，故士多清修；吏虽洁廉，终无显荣，利重于名，故吏多贪污。"②刘晏为官清廉，被构陷抄家时，"唯杂书两乘，米麦数斛"，而观其一生，历唐玄宗、肃宗、代宗、德宗四朝，常常临危受命，主持朝廷财政二十年。八年的安史之乱，使得唐王朝民生凋敝，经济急剧衰退，陷入严重的财政危机，国家各个方面千疮百孔，刘晏尽其才能，致力于恢复国家经济，采取了一系列的改革措施，畅通漕运，改革盐政税制，对恢复被战争所破坏的国家财政做出了极大的贡献，可谓有功于国也。

《资治通鉴》说："晏有精力，多机智，变通有无，曲尽其妙。"③"晏治天下，无甚贵甚贱之物，泛言治国者，其可及乎！举真卿才，忠也，减王缙罪，正也，忠正之道，复出于人。呜呼！木秀于林，风必摧之，常衮见忌于前，杨炎致冤于后，可为长叹息矣。"④"生人之本，食与货而已。知所以取，人不怨；知所以予，人不乏。"⑤王夫之在《读通鉴论》中评价刘晏："晏之理财于兵兴之日，非宇文融、王鉷、元载之额外苛求以困农也，察诸道之丰凶，丰则贵籴，凶则贱粜，使自有余息以供国，而又以蠲免救助济民之馁瘠，其所取盈者，奸商豪民之居赢，与墨吏之妄滥而已。仁民也，非以殃民也。榷盐之利，得之奸商，非得之食盐之民也；漕运之羡，得之徒劳之费，非得之输挽之民也。上不在官，下不在民，晏乃居中而使租、庸不加，军食以足。晏死两午，而括富商、增税钱、减陌钱、税闲架，重剥余民之政兴，晏为小人，则彼且为君子乎？"⑥

刘晏一生表现出来强烈的经世致用追求，并且在实践上对国家和社会做出了重要贡献，这些方面都体现出了一位中国传统儒者的"治世"精神和情怀。

---

① 《资治通鉴》卷二百二十六《唐纪四十二》，第 7285 页。
② 《资治通鉴》卷二百二十六《唐纪四十二》，第 7285 页。
③ 《资治通鉴》卷二百二十六《唐纪四十二》，第 7285 页。
④ 《旧唐书》卷一百二十三《刘晏传》，第 3523 页。
⑤ 《新唐书》卷一百四十九《刘晏传论》，第 4806 页。
⑥ 王夫之著：《读通鉴论》卷二十四《德宗》，中华书局 1975 年版，第 829 页。

奏禁隔断练湖状

东都河南江淮等道转运使检校户部尚书兼御史大夫刘晏状：得刺史韦损丹阳耆寿等状，上件湖，案《图经》，周回四十里。比被丹徒百姓筑堤横截一十四里，开渎口泄水，取湖下地作田。其湖未被隔断已前，每正春夏，雨水涨满，侧近百姓，引溉田苗。官河水干浅，又得湖水灌注，租庸转运，及商旅往来，免用牛牵。若霖雨泛溢，即开渎泄水，通流入江。自被筑堤已来，湖中地窄，无处贮水，横堤壅碍，不得北流。秋夏雨多，即向南奔注，丹阳、延陵、金坛等县，良田八九千顷，常被淹没。稍遇亢阳，近湖田苗，无水溉灌。所利一百一十五顷田，损三县百姓之地。今已依旧涨水为湖，官河又得通流，邑人免忧旱淹。奏闻中书门下，牒浙西观察使与韦损，勿使更令修筑，致有妨夺。永泰二年四月十九日。

（录自董诰等编：《全唐文》，中华书局1983年版）

遗元载书

浮于淮泗，达于汴，入于河，西循底柱、碛石、少华，楚帆越客，直抵建章、长乐，此安社稷之奇策也。晏宾于东朝，犹有官谤，相公终始故旧，不信流言。贾谊复召宣室，宏羊重兴功利，敢不悉力，以答所知。驱马陕郊，见三门渠津遗迹。到河阴、巩、洛，见宇文恺置梁公堰，分黄河水入通济渠。大夫李杰新堤故事，饰象河庙，凛然如生。涉荥郊浚泽，遥瞻淮甸，步步探讨，知昔人用心。则潭、衡、桂阳，必多积谷。关辅汲汲，只缘兵粮漕引。潇湘洞庭，万里几日，沦波挂席，西指长安。三秦之人，待此而饱；六军之众，待此而强。天子无侧席之忧，都人见泛舟之役；四方旅拒者可以破胆，三河流离者于兹请命。相公匡戴明主，为富人侯，此今之切务，不可失也。使仆湔洗瑕秽，率罄愚懦，当凭经义，请护河堤，冥勤在官，不辞水死。

然运之利病，各有四五焉。晏自尹京，入为计相，共五年矣。京师三辅百姓，唯苦税亩伤多。若使江湖米来，每年三二十万，即顿减徭赋，歌舞皇泽，其利一也。东都残毁，百无一存，若米运流通，则饥人皆附，村落邑廛，从此滋多。命之日引海陵之仓，以食巩、洛，是计之得者，其利二也。诸将有在边者，诸戎有侵败王略者，或闻三江五湖，贡输红粒，云帆桂楫，输纳帝乡，军志曰：先声后实，可以震耀夷夏。其利三也。自古帝王之盛，皆曰"书同文，车同轨，日月所照，莫不率俾"。今舟车既通，商贾往来，百货杂集，航海梯山，神圣辉光，渐近贞观、永徽之盛，其利四也。所可疑者，函、陕凋残，东周尤甚，过宜阳、熊耳，至武牢、成皋，五百里中，编户千余而已。居无尺椽，人无烟爨，萧条凄惨，兽游鬼哭。牛必羸角，舆必说輹，栈车挽漕，亦不易求。今于无人之境，兴此劳人之运，固难就矣，其病一也。河汴有初不修则毁淀，故每年正月，发近县丁男，塞长茭，决沮淤。清明桃花已后，远水自然安流，阳侯、宓妃，不复太息。顷因寇难，总不淘拓，泽灭水，岸石崩，役夫需于沙，津吏旋于泞，千里洄上，罔水舟行，其病二也。东垣底柱，渑池二陵，北河运处，五六百里，戍卒久绝。县吏空拳夺攘，奸宄窟穴囊橐，夹河为薮，豺狼猎猎，舟行所经，寇亦能往，其病三也。东自淮阴，西临蒲坂，亘三千里，屯戍相望，中军皆鼎司元侯，贱卒仪同青紫。每云食半菽，又云无挟纩，挽漕所至，船到便留，即非单车使折简书所能制矣，其病四也。惟小子毕其虑奔走之，惟中书详其利病裁成之。晏累年已来，事缺名毁，圣慈含育，特赐生全。月余家居，遽即临遣，恩荣感切，思殒百身。见一水不通，愿荷锸而先往；见一粒不运，愿负米而先趋。焦心苦形，斯报明主，丹诚未克，漕引多虞。屏营中流，掩泣献状。

（录自董诰等编：《全唐文》，中华书局 1983 年版）

陆贽学案

陆贽（754—805），字敬舆，苏州嘉兴（今浙江嘉兴）人，唐代政治家、军事家、儒学家、文学家。工诗文，尤善政论文，文笔流畅，论说精辟，讥陈时病，皆本仁义。史臣赞他："近代论陆宣公，比汉之贾谊，而高迈之行，刚正之节，经国成务之要，激切仗义之心，初蒙天子重知，末涂沦踬，皆相类也。"[①]其父官至礼部尚书，陆贽为其第九子。陆贽年少失父，而禀赋不凡，甚通儒学。

大历六年（771），陆贽十八岁，登进士第，中博学宏辞科，授华州郑县尉。又以书判写得出类拔萃，补渭南县主簿，迁监察御史。后被时为太子的德宗召为翰林学士，转祠部员外郎。德宗即位后，建中四年（783），朱泚叛乱，陆贽随德宗避乱奉天，挥翰起草诏书，其所草诏书莫不曲尽事情，令人挥涕感激。后转为考功郎中，又历谏议大夫、中书舍人等。贞元七年（791），罢学士，拜兵部侍郎，知贡举。贞元八年，迁为中书侍郎、门下同平章事，出任宰相。十年十二月，除太子宾客，罢知政事。十一年春，遭排挤被贬为忠州别驾。顺宗即位，召其还，诏未至，而卒于任所，年五十二，追赠兵部尚书，谥号"宣"。陆贽所著医学著作《陆氏集验方》五十卷，行于代，今有《陆宣公翰苑集》二十四卷行世，《全唐诗》存其诗三首。

陆贽的很多言论中表现出了强烈的民本思想，这是他政治思想的重要组成部分，他认为人民是一个国家的根本，"夫欲治天下，而不务得人心，则天下固不治矣"[②]。治国理乱在人心，尤其在一个乱世中，人心所归更是至为重要："夫理乱之本，系于人心，况乎当变故动摇之时，在危急向背之际，人之所归则植，人之所去则倾。"[③]陆贽作为一代名相，从国家大

---

① 《旧唐书》卷一三九《陆贽传》，第 3818 页。
② 《新唐书》卷一百五十七《陆贽传》，第 4918 页。
③ 《陆贽集》卷十二《奉天论奏当今所切务状》，第 367 页。

局出发，竭力劝说唐德宗开诚纳谏、广开言路，他说："其纳谏也，以补过为心，以求过为急；以能改其过为善，以得闻其过为明。故谏者多，表我之能好；谏者直，示我之能贤；谏者之狂诬，明我之能恕；谏者之漏泄，彰我之能从。有一于斯，皆为盛德。"①实际上，陆贽的民本思想非常明显的是承继了孟子的思想，他说："舟即君道，水即人情。舟顺水之道乃浮，违则没；君得人之情乃固，失则危。"②除却政治和经济上的作为，陆贽在军事方面也表现出了非一般的才能，而他把握兵法的关键却在"人情"："臣质性屡昧，不习兵机，但以人情揆之，时亦偶有所得。"③"是知兵法者无他，见其情而通其变，则得失可辩，成败可知。"④

苏轼十分推崇陆贽，他说："唐宰相陆贽，才本王佐，学为帝师。论深切于事情，言不离于道德。智如子房而文则过，辩如贾谊而术不疏。上以格君心之非，下以通天下之志。"⑤《唐鉴》评价陆贽："贤者之知国，如良医之知疾，察其形色，视其脉理，而识死生之变，不待其颠仆而后以为病也。陆贽论用兵之乱，如蓍龟之先见，何其智哉！"⑥

兴元论解姜公辅状

右钦溆奉宣圣旨：缘唐安公主丧亡，不可向此间迁厝，权令造一塔安置，待收复京城，即拟将归，以礼葬送。所造塔役功费用，亦甚微小，都不合是宰相所论之事。姜公辅忽有表奏，都无道理，但欲指朕过失，拟自取名。朕本拔擢，将为腹心，今却如此，岂不负朕至深！卿宜商量如何稳便者。

公辅顷在翰林，与臣久同职任。臣今据理辨直，则涉于私党之嫌；希旨顺承，则违于匡辅之义。涉嫌止贻于身患，违义实玷于君恩。徇身忘君，臣之耻也；别嫌奖义，主之明也。臣今不敢冒行所耻，亦赖陛下明圣而

---

① 《陆贽集》卷十三《奉天请数对群臣兼许令论事状》，第403页。

② 《资治通鉴》卷第二百二十九《唐纪四十五》，第7380页。

③ 《陆贽集》卷十六《兴元贺吐蕃尚结赞抽军回归状》，第481页。

④ 《陆贽集》卷十一《论两河及淮西利害状》，第318页。

⑤ 苏轼著，孔凡礼点校：《苏轼文集》卷三十六《乞校正陆贽奏议进御札子》，中华书局1986年版，第1012页。

⑥ 范祖禹撰：《唐鉴》，上海古籍出版社1984年版，第186页。

鉴焉。

古语有之："顺旨者爱所由来，逆意者恶所从至。故人臣皆争顺旨而避逆意，非忘家为国，捐身成君者，谁能犯颜色，触忌讳，建一言，开一说哉！"是以哲后兴王，知其若此，求谏如不及，纳善如转圜。谅直者嘉之，讦犯者义之，愚浅者恕之，狂诞者容之。仍虑骄汰之易滋，而忠实之不闻也，于是置敢谏之鼓，植告善之旌，悬戒慎之鼗，立司过之士。犹惧其未也，又设官制，以言为常。由是有史为书，瞽为诗，工诵箴谏，大夫规诲，士传言，庶人谤。尚恐其怠也，每岁孟春，遒人以木铎徇于路，而振譬之。官师相规，工执艺事以谏。其或不恭，邦有常刑。然非明智不能招直言，非圣德不能求过行，招直则其智弥大，求过则其德弥光。唯衰乱之朝，暗惑之主，则必讳其过行，忿其直言，以阿谀为纳忠，以谏争为扬恶。怨讟溢于下国，而耳不欲闻；腥德达于上天，而心不求瘳。迨乎颠覆，犹未知非，情之昏迷，乃至于是！故明者广纳以成德，暗者独用而败身。成败之途，千古相袭。与败同辙者罔不覆，与成同轨者罔不昌。以陛下日月之明，江海之量，自当矫夏癸、殷辛拒谏饰非之愆，协大禹、成汤拜言改过之诚。矧又时运方屯，物情犹郁，乃是陛下握发吐哺之日，宵衣旰食之辰。士无贤愚，咸宜录用，言无大小，皆务招延，固不可复有忤逆之嫌，甘辛之忌也。夫君人者，以众智为智，从众心为心。恒恐一夫不尽其情，一事不得其理，孜孜访纳，唯善是求，岂但从谏不咈而已哉！乃至求谤言，听舆诵。葑菲不以下体而不采，故英华靡遗；刍荛不以贱品而不询，故幽隐必达。今公辅官在谏议，任居宰衡，献替弥纶，乃其职分，比于刍荛葑菲，岂不优而且重哉！此理之常，奚足怪也！纵使引喻非当，不犹愈于舆诵乎？矫激过深，不犹愈于谤言乎？晋文听舆人之诵而霸业兴，虞舜设诽谤之木而帝德广，斯实圣贤之高躅，陛下何疾焉。

圣旨又以造塔役费微小，非宰臣所论之事，下臣愚戆，窃谓不然。当问理之是非，岂论事之大小。若造塔为是，役虽大而作之何伤；若造塔为非，费虽小而言者何罪。夫小者大之渐，微者著之萌。故君子慎初，圣人存戒。知几者所贵乎不远而复，制理者必在于未乱之前。本立辅臣，置之左右，朝夕纳诲，意在防微，微而弼之，乃其职也。涓涓不遏，终变桑田；焰焰靡除，卒燎原野。流煽已甚，祸灾已成，虽欲救之，固无及矣。《书》曰："不矜细行，终累大德。"《易》曰："小人以小善为无益而不为也，以小恶为无伤而不去也,故恶积而不可掩,罪大而不可解。"然则小之不可不慎也如此,陛下安得使之勿论乎?《虞书》载咎繇之言曰:"兢兢业业,一日二日万几。"兢兢,慎也;业业,危也;几者,动之微也。唐、虞之际,主圣臣贤,庶绩咸熙,万邦已协,而犹上下相戒,既慎且危,虑事之微,日至万数。然则微之不可不重也如此,陛下又安可忽而勿念乎?舜之为君,始作漆器,群臣固争,咸谓非宜。漆器之为用也甚坚,其为费也盖寡,然犹相继讽谏者,岂不欲杜其渐而慎其初欤?是知君臣之间,义同一体,事罔大小,相须而成。故舜命其臣曰:"作朕股肱耳目。"夫股肱之奉元首,不以烦细而阙于运行;耳目之助心灵,不以幺微而废于视听。是以臣子之于君父也,尽其敬而敬焉,尽其爱而爱焉。敬则愿及于尊荣,爱则惧陷于遏恶。万邦黎献,莫不皆然。而况位列朝廷,任当辅弼,主辱与辱,主安与安,此而不言,谁复言者?《礼》曰:"近而不谏,则尸利也。"若宰相者,可谓近矣,事或乖误,得无谏乎?武丁贤君也,傅说贤相也,而武丁引金作砺以命其相,说喻木从绳以戒其君。是则辅弼之任,匡救攸属,巨细之事,悉宜尽规。陛下所言役费微小,非宰相所论之事;又谓指朕过失,拟自取名。此诚异乎愚臣之所闻,是以愿披肺肠而不敢自默者也。

若以谏争为指过,则剖心之主,不宜见罪于哲王。若以谏争为取名,则匪躬之臣,不应垂训于圣典。献替列职,竟使奚为?左右有人,复将焉用?臣窃谓指过以示直,固不如改过以见称;进谏以取名,固不如纳谏之为美。假有意将指过,谏以取名,但能闻善而迁,见谏不逆,则所指者适足以彰陛下莫大之善,所取者适足以资陛下无疆之休。因而利焉,所获多矣。傥或怒其指过而不改,则陛下招恶直之讥;黜其取名而不容,则陛下被违谏之谤。是乃掩己过而过弥著,损彼名而名益彰。果而行之,所失大矣。一获一失,可不慎乎?伏愿嘉忏旨之忠,祛逆耳之吝,平积愤之气,弥逆诈之情。然后试以愚言,反复参校,庶臻至理,且亮微诚。谨奏。

(录自陆贽撰,王素点校:《陆贽集》,中华书局 2006 年版)

收河中后请罢兵状

昨日钦溆奉宣圣旨,示臣马燧、浑瑊等奏平怀光收河东状,兼令臣商量,须作何处置,令钦溆奏来者。

凶梗歼荡,关畿廓清,实圣谋广运之功,亦宗社无疆之祚。应须处置大略,已附钦溆口陈,展转传言,恐未尽意,谨复荐其固陋,愿陛下少留察焉。

臣闻祸或生福,福亦生祸。丧者得之理,得者丧之端。故晋胜鄢陵,范燮祈死;吴克劲越,夫差启殃。是知福不可以久徼幸,得不可以常觊觎。居福而虑祸,则其福可保;见得而忘丧,则其丧必臻。臣窃惧谄谀希旨之徒,险躁生事之辈,幸凶丑覆亡之会,揣英主削平之心,必将竞效甘言,诱开利欲,谓王师所向莫敌,谓余孽指顾可平,请回蒲坂之戈,复起淮、沂之役。斯议一启,必有乱阶。故微臣姑以生祸为忧,而未敢以获福为贺也。

何则?建中之难,其事可征。始以蓄憾而靳于含容,或以亟胜而轻于战伐。故文喜之讨,泾上之疮痛未平;崇义之征,汉南之芟夷继甚。阻命之帅,非不诛也;伐叛之师,非不克也;介马之断,非不坚也;赫斯之怒,非不逞也。然以人不见恤,惟戮是闻,有辜无辜,不敢自保。是以抱衅反侧者,惧铁钺之次加;畏祸危疑者,虑猜谮之旋及。遂乃蟊结以拒讨,狼顾以背恩,弥两河而亘淮夷,荡三辅而盗京邑,銮辂为之再驾,行宫至于合围。于时海内大摇,物情几去。天命莫保于寸晷,王威不出于一城,邦国之杌陧艰屯,绵绵联联,若苞桑缀旒,幸而不殊者屡矣。势之危窘,实足寒心。非有曩时熊罴翕习之师,雷霆奋发之势,武库剑戟之利,帑藏财赋之殷。其所以施令率人,取威定乱,比于建中之始,岂不至微至眇哉!然而陛下怀悔过之深诚,降非常之大号,知黩武穷兵之长乱,知急征重敛之剿财,知残人肆欲之取危,知违众率心之稔慝,知烝庶困极之兴怨,知上下郁堙之失情,德音涣然,与之更始。所在宣扬之际,闻者莫不涕流,虽或凶犷匪人,亦必为之歔欷。诚之动物,乃至于斯。怀枭鸱以好音,消穈溽为和气,由是奸回易虑,黎献归心。假王叛援之夫,削伪号以请罪;观衅首鼠之将,壹纯诚以效勤。流亡冻馁者,希保于室家;屯戍战争者,冀全其性命。德泽将竭而重濡,君臣已绝而更交,天下之情,翕然一变。曩讨之而愈叛,今释之而毕来;曩以百万之师而力殚,今以咫尺之诏而化洽。是则圣王之敷理道,服暴人,任德而不任兵明矣。群帅之悖臣礼,拒天诛,图活而不图亡,又明矣。

尚恐陛下以臣言之略而未喻也,请复循其本而申备之。往以河朔、青齐,同恶相扇,拥戎据土,易代不庭。陛下耻王化之未同,忿奸慝之靡格,于是发六军、神策、河阳、河东、泽潞、朔方之骑士，以徂征于北，命永平、汴宋、幽、陇、江、淮、闽、岭之将卒，以奋伐于南。罄国家廪帑以赡军，悉公私廐牧以张武，算敛周于万类，征徭被于八荒，劳已甚矣，威亦盛矣。既而旷日绵岁，老师费财，两河之寇患，有加无瘳，而邦本已始覆矣。洎泾卒倡乱，沘戎构灾，豺狼整居于禁闱，猰㺄择肉于驰道。河朔问罪之众，布路而归；宋郊仗顺之师，守垒不暇。于斯之乱，海内沸腾，傥有问鼎之雄图，滔天之巨猾，幸灾乘间，何所不为！既而悦、纳之俦，咸自敛缩，内无非望之议，外无轶境之侵。及闻天泽涤瑕，制书复爵，曾不蒂芥，望风款降，争驰表章，唯恐居后。迹其素志，于此可知。是皆假兵救死之流，恋主偷安之辈。

怀生畏死，蠢动之大情；虑危求安，品物之常性。有天下而子百姓者，以天下之欲为欲，以百姓之心为心。固当遂其所怀，去其所畏，给其所求，使家家自宁，人人自遂。家苟宁矣，国亦固焉；人苟遂矣，君亦泰焉。是则好生以及物者，乃自生之方；施安以及物者，乃自安之术。挤彼于死地，而求此之久生也，从古及今，未之有焉。措彼于危地，而求此之久安也，从古及今，亦未之有焉。是以昔之圣王，知生者人之所乐，而己亦乐之，故与人同其生，则上下之乐兼得矣。圣王知安者人之所利，而己亦利之，故与人共其安，则公私之利两全矣。其有反易常理，昏迷不恭，则当外察其倔强之由，内省于抚驭之失，修近以来远，检身而率人。故《书》曰："惟干戈省厥躬。"又曰："舞干羽于两阶，七旬有苗格。"孔子曰："远人不服，则修文德以来之。既来之，则安之。"此其证也。

如或昧于怀柔，务在攻取，不惩教化之未至，不疵诚感之未孚，惟峻威是临，惟忿心是肆。视人如禽兽，而曝之原野；轻人如草芥，而剿之铦锋。叛者不宾，则命致讨；讨者不克，则将议刑。是使负衅者惧必死之诛，奉辞者虑无功之责。编氓以困于杼轴而思变，士卒以惮于死丧而念归。万情相攻，乱岂有定！一夫不率，阖境罹殃；一境不宁，普天致扰。兵拏祸结，变起百端。故孔子曰："远人不服而不能来也，邦分崩离析而不能守也；而谋动干戈于邦内，吾恐季孙之忧不在颛臾，而在萧墙之内矣。"此盖必然之常理，至当之格言，足以为明鉴元龟，贯百王而不易者也。事乃反复，得无惧乎？夫理有必然，则殊途归于同辙；言有至当，则异代应如合符。顷以东北孽徒，职贡废阙，陛下忿其违命，大举甲兵，至令逆沘诱奸，乘衅而动。

所备之寇,犹远介于河山;不虞之戎,已窃发于都辇。萧墙之戒,不其信欤!

前典垂训既如彼,近事明验又如此。所以德音叙哀痛之情,悔征伐之事,引众慝以咎己,布明信以示人,既往之失毕惩,莫大之辜咸宥,约之以省赋,誓之以息兵。由是亿兆污人,四三叛帅,感陛下自新之旨,悦陛下盛德之言,革面易辞,具修臣礼。其于深言密议,固亦未尽坦然,必当聚党而谋,倾耳而听,观陛下所行之事,考陛下所誓之言。若言与事符,则迁善之心渐固;傥事与言背,则虑祸之态复兴。自京邑底宁,乘舆旋返,属怀光继乱,天讨又行,息兵之言,我则未复。山东群帅,所以未敢生辞者,盖为河中之地,密近王城,迫于朝夕之虞,不得不翦除之尔。今若改辕移斾,复指淮西,则淮公元凶,必将诳胁其同恶之徒,间说于新附之帅,谓之曰:"奉天息兵之旨,乃因窘急而言,朝廷稍安,必复诛伐;是以朱泚灭而怀光戮,怀光戮而希烈征,希烈傥平,祸将次及。"则彼之蓄素疑而怀宿负者,能不为之动心哉!心既动,则盈其丧身覆族之忧;忧既盈,则虑以唇亡齿寒之病。夫病同者,虽胡、越而相愍;忧同者,不邀结而自亲。河朔、青齐,固当响应,建中之祸,势必重兴。以国家再造之初,当群孽息肩之后,迭来鸣吠,或肆奔冲,讨之则我力未遑,纵之乃寇患斯甚。臣愚窃以为祸非细,未审陛下何方以待之?若有其方,悔之可也;如其未有,愿陛下勿轻易焉!

凡将图终,必在慎始,祸机一发,难可复追。臣请粗陈当今维驭之所宜,唯圣主省择万一。夫君之大柄,在惠与威,二者兼行,废一不可。惠而罔威则不畏,威而罔惠则不怀。苟知夫惠之可怀,而废其取威之具,则所敷之惠,适足以示弱也,其何怀之有焉?苟知夫威之可畏,而遗其施惠之德,则所作之威,适足以召敌也,其何畏之有焉?故善为国者,宣惠以养威,蓄威以尊惠。威而能养则不挫,惠而见尊则有恩。是以惠与威交相畜也,威与惠互相行也。人主之欲柔远人而服强暴,不明斯术之要,莫之得焉。今皇运中兴,天祸将悔,以逆泚之偷居上国,以怀光之窃保中畿,岁未再周,相次枭殄,实众慝惊心之日,群生改观之时。威则已行,惠犹未洽。诚宜上副天眷,下收物情,布恤人之惠以济威,乘灭贼之威以行惠。宥河中染污之党,悉无所问;赦淮右僭逆之罪,咸与惟新。蠲贷疲氓,休罢战士,符往岁息兵之令以彰信,丕大君含垢之德以布仁,俾万姓皆曰:"大哉王言!"又曰:"一哉王心!"如是则威不用而畏如神明,惠不费而怀如父母。

凡在危疑惧讨者，必将曰："淮右僭逆之罪且赦矣，吾属何患焉！"凡在胁从同恶者，必将曰："河中染污之党且宥矣，吾属何疚焉！"凡在倦苦思安者，必将曰："吾君有战胜之师，抑而不骋，信乎其罢征矣。"凡在凋残望理者，必将曰："吾君有嫉乱之愤，忍而不摅，信乎其恤隐矣。"天下之心若此，而祸乱不息，理道不行者无之。臣所未敢保其必从，唯希烈一人而已。揆其私心，非不愿从也；想其潜虑，非不追悔也。但以猖狂失计，已窃大名，虽荷陛下全宥之恩，然不能不自觑于天地之间耳。纵未顺命，斯为独夫，内则无辞以起兵，外则无类以求助，其计不过厚抚部曲，偷容岁时，心虽陆梁，势必不敢。陛下但敕诸镇，各守封疆，彼既气夺算穷，是乃狴牢之虏，不有人祸，则当鬼诛。朝廷务崇德以待之，臣固知其必不逃于所揣矣。古所谓不战而屈人之兵者，斯之谓欤？

今若不顾机宜，复兴戎役，渎威而蔑惠，舍易而即难，是弃明信而务忿心，假敌辞而资寇援。穷者不暇恤，劳者不得居，国之安危，或未可保。此乃成败理乱之所系，愿陛下难之慎之。区区上干，忧恤在此。傥蒙过纳狂瞽，不疑所行，谨当草具招谕之辞，详陈备御之画。伏俟宣许，方敢以闻。谨奏。

（录自陆贽撰，王素点校：《陆贽集》，中华书局2006年版）

请遣使臣宣抚诸道遭水州县状

右频得盐铁、转运及州县申报，霖雨为灾，弥月不止，或川渎泛涨，或溪谷奔流，淹没田苗，损坏庐舍，又有漂溺不救，转徙乏粮，丧亡流离，数亦非少。臣等任处台辅，职调阴阳，一物失宜，尸旷斯在，五行愆度，黜责何逃！陛下德迈禹、汤，恕人咎己，臣等每奉词旨，倍益惭惶，所以僶俛在公，不敢频烦请罪。前者面陈事体，须遣使抚绥，陛下尚谓询问来人，所损殊少，即议优恤，恐长奸欺。臣等旬日以来，更审借访，类会行旅所说，悉与申报符同。但恐所闻圣聪，或未尽陈事实。夫流俗之弊，多徇诡谀。揣所悦意者，则侈其言；度所恶闻者，则小其事。制备失所，恒病于斯。初闻诸道水灾，臣等屡访朝列，多云无害于物，以为不足致怀，退省其私，言则顿异。霖潦非可讳之事，搢绅皆有识之人，与臣比肩，尚且相媚，况乎事或暧昧，人或琐微。以利己之心，希至尊之旨，其于情实，固不易知，如斯之流，足误视听。所愿事皆覆验，则冀言无诈欺，大明照临，天下之幸也。

昔子夏问于孔子曰："何如斯可谓人之父母？"孔子对曰："四方有败，必先知之，斯可谓人之父母矣。"盖以君人之道，子育为心。虽深居九重，而虑周四表；虽恒处安乐，而忧及困穷。近取诸身，如一体之于四支，其疾病无不恤也。远取诸物，如两曜之于万类，其鉴照无不均也。故时有凶害，而人无流亡，恃天听之必闻，知上泽之必至。是以有母之爱，有父之尊。古之圣王，能以天下为一家，中国为一人，用此术也。

今水潦为败，绵数十州，奔告于朝，日月相继。若哀其疾苦，固宜降旨优矜；傥疑其诈欺，亦当遣使巡视。安可徇往来之浮说，忘惠恤之大猷！失人得财，是将焉用？况灾害已甚，申奏亦频，纵不蒙恩复除，自当准式蠲免。徒失事体，无资国储。恐须速降德音，深示忧悯，分道命使，明敕吊灾，宽息征徭，省察冤滥。应家有溺死，及漂没居产都尽，父子不存济者，各量赐粟帛，便委使臣与州府以当处官物给付。其损坏庐舍田苗者，亦委使臣与州府据所损作分数等第闻奏，量与蠲减租税。如此则殁者蒙瘗酹之惠，存者霑煦妪之恩，霈泽下施，孰不欣戴？所费者财用，所收者人心，若不失人，何忧乏用！臣等已约支计，所费亦不甚多，傥蒙圣恩允从，即具条件续进。

臣又闻圣人作则，皆以天地为本，阴阳为端。庆赏者顺阳之功，故行于春、夏，刑罚者法阴之气，故用之秋、冬。事或愆时，人必罹咎。是以《月令》所载：夏行秋令，则苦雨数来，邱隰水潦；夏行冬令，则后乃大水，败其城郭。典籍垂诚，言固不诬，天人同符，理当必应，既有系于舒惨，是能致于灾祥。顷自夏初，大臣得罪，亲党坐累，其徒实繁。邦宪已行，宸严未解，畏天之怒，中外竦然。若以《月令》推之，水潦或是其应。虽天所降沴，不在郊畿，然海内为家，无论遐迩。伏愿涤瑕以德，消沴以和，威惠之相济合宜，阴阳之运行自序，臣等不胜睹灾惭负之至！谨奉状陈请以闻。谨奏。

（录自陆贽撰，王素点校：《陆贽集》，中华书局 2006 年版）

请减京东水运收脚价于缘边州镇储蓄军粮事宜状

右臣伏见陛下，每垂睿心，经略边境。增筑城垒，加置戍兵，至于春秋衣装,岁时宴犒,先后迟速,悉由宸衷。其为忧勤,可谓至矣。其为资费,亦以多矣。盖以安人固国,不惮烦劳,此诚慎虑之深者也。然于储蓄大计,则未降意良图,但任有司,随月供应。近岁蕃戎小息,年谷屡登,所支军粮,犹有匮乏,边书告阙,相继于朝。傥遇水旱为灾,粟籴翔贵,凶丑匪茹,寇扰淹时,或负挽力殚,或馈饷路绝,则戍兵虽众不足恃,城垒虽固不克居。是使积年完聚之劳,适资一夕溃败之辱。此乃理有必至,而事无幸济者也。臣窃为陛下惜之。

军志曰:“虽有石城十仞,汤池百步,无粟不能守也。”故晁错论安边之策,要在积谷;充国建破羌之议,先务屯田。历代制御四夷,常为国之大事。勇者奋其力,智者贡其谋,攻守异宜,盛衰殊势。柔服而不劳师旅者,则常闻之矣。屯师而不务农食者,未尝有焉。今陛下广征甲兵,分守城镇,除所在营田税亩自供之外,仰给于度支者尚八九万人。千里馈粮,涉履艰险,运米一斛达于边军,远或费钱五六千,近者犹过其半。犯雪霜辗瘵之苦,冒豺狼剽掠之虞,四时之间,无日休息。倾财用而竭物力,犹苦日给之不充,其于储蓄以备非常,固亦绝意而不暇思也。夫屯兵守土,以备寇戎,至而无粮,守必不固矣。遇寇不守,则如勿屯。平居有残人耗国之烦,临难有启敌纳侮之祸,所养非所用,所失非所虞,以为制备之规,臣窃谓疏矣。

顷者吐蕃尚结赞率其丑类,越轶封疆,朔方、五原,相继沦陷。虽由将帅不武,亦因匮乏得辞。其事未遥,足为深戒,昧理而好诿者,必曰:“当结赞入寇之日,遇贼泚作乱之余,戍卒未多,边农尚寡。今则甲兵大备,稼穑屡丰,比于曩时,势不同等。”臣请复陈近效,以质浮词。今年夏初,寇犯灵武,御则寡力,守则乏粮,告急求哀,匪朝伊夕。有司为之请罪,陛下为之轸忧,遽择使臣,奔波督运,积财以资用,高价以招人。赖蕃戎自旋,粮道护济。封略不坏,固非成谋。然则盐、夏覆而灵武全,唯在幸与不幸之间耳。是皆无不拔之势,有可骇之危。其为规制之方,所谓同归于失矣。议者是当今而非既往,岂不曰昧理而好诿乎?

今戍卒之加于往时,臣固知之矣。今边农之广于往岁,臣亦知之矣。其所谓归于失者,在于措置乖当,蓄敛乖宜,利之所生,害亦随至故也。陛下忿蕃丑之暴掠,惩边镇之空虚,缮甲益兵,庇人保境,此诚雄武之英志,覆育之仁心。刷愤耻而扬威声,海内咸望有必攻之期矣。既而统师无律,制事失权,戍卒不隶于守臣,守臣不总于元帅。至有一城之将,一旅之兵,各降中使监临,皆承别诏委任。分镇亘千里之地,莫相率从;缘边列十万之师,不设谋主。每至犬羊犯境,方驰书奏取裁,行李往来,动逾旬日。比蒙征发救援,寇已获胜罢归。小则蹂藉麦禾,大则驱掠人畜。是乃益兵甲而费财用,竟何补侵轶之患哉!夫将贵专谋,军尚气势,训齐由乎纪律,制胜在于机权。是以兵法有分阃之词,有合拳之喻,有进退如一之令,有便宜从事之规。故能动作协变通,制备垂永久。出则同力,居则同心,患难相交,急疾相赴。兵之奉将,若四支之卫头目;将之守境,若一家之保室庐。然后可以捍寇雠,护氓庶,蕃畜牧,辟田畴。天子唯务择人而任之,则高枕无虞矣。吐蕃之比于中国,众寡不敌,工拙不侔,然而彼攻有余,我守不足。盖彼之号令由将,而我之节制在朝;彼之兵众合并,而我之部分离析。夫部分离析,则纪律不一,而气势不全;节制在朝,则谋议多端,而机权多失。臣故曰措置乖当,此之谓乎?

陛下顷以边兵众多,转馈劳费,设就军和籴之法以小运,制与人加倍之价以劝农。此令初行,人皆悦慕,争趋厚利,不惮作劳,耕稼日滋,粟麦岁贱。向使有司识重轻之术,宏久远之谋,守之有恒,施之有制,谨视丰耗,善计收积,菽麦必归于公廪,布帛悉入于农夫。其或有力而无资,愿居而靡措,贷其种食,假以犁牛。自然戍卒忘归,贫人乐徙,可以足食,可以实边。无屯田课责之劳,而储蓄自广;无征役践更之扰,而守德益严。果能用之,足谓长算。既而有司隘吝,不克将顺。忘国家制备之谋,行市道苟且之意。当稔而顾籴者,则务裁其价,不时敛藏;遇灾而艰食者,则莫揆乏粮,抑使收籴。遂使豪家、贪吏,反操利权,贱取于人,以俟公私之乏困,乘时所急,十倍其赢;又有势要、近亲、羁游之士,或托附边将,或依倚职司,委贱籴于军城,取高价于京邑,坐致厚利,实繁有徒。欲劝农而农不获饶,欲省费而费又愈甚。复以制事无法,示人不诚,每至和籴之时,多支缯纻芝充直。穷边寒沍,不任衣裘,绝野萧条,无所货鬻。且又虚张估价,不务准平,高下随喜怒之心,精粗在胥吏之手。既无信义率下,下亦以伪应之。度支物估转高,军郡谷价转贵。递行欺罔,不顾宪章,互相制持,莫可禁止。度支以苟售滞货为功利,而不察边食之盈虚;军司以所得加价为羡余,而不恤农人之勤苦。虽设巡院,使相监临,既失纲条,转成囊橐。至有空申簿帐,伪指囷仓,计其数则亿万有余,考其实则百十不足。巡院巧诬于会府,会府承诈以上闻。幸逢有年,复过无事,吞声补旧,引日偷安。若遇岁俭兵兴,则必立至危迫。灵武之事,足为明征。臣故曰蓄敛乖宜,此之谓也。边之大事,在食与兵。今食则无储,兵则乏帅,谓之有备,其可得乎?

近者缘边诸州,频岁大稔,谷籴丰贱,殊异往时。此乃天赞国家,永固封略之时也。而尚日不暇给,曾无远图。军府有歉食之词,稆人有悔耕之意。天赞而不受其利,农伤而不恤其穷。及凶灾流行,播殖堕废,虽复悔恨,事何可追!臣是以屡屡尘烦,所惜在此。顷请择人充使,委之平籴务农,陛下以理贵因循,未赐允许。又请乘时丰稔,边城加贮军粮。有司以经费无余,其事复寝。臣谬当任使,待罪枢衡,虽神武之谋,不资献纳,而职司之分,敢忘忧虞。夙夜疚心,尽如焚灼。辄复效其鄙薄,庶或裨补万分。不劳人,不变法,不加赋税,不费官钱,不废耳目之娱,不节浮冗之用,唯于漕运一事稍权轻重所宜,请为陛下致边军十万人一年之粮,以为艰急之备。陛下诚能听臣愚计,不受沮伤,百日之间,收贮总毕。转运常行之务,既无失于旧规,太仓岁入之储,亦不阙其恒数。图虑至熟,更无所妨。谨具扬攉上陈,惟陛下留意省察。

旧制以关中王者所都,万方辐辏,人殷地狭,不足相资;加以六师糇粮,百官禄廪,邦畿之税,给用不充,所以控引东方,岁运租米。冒淮、湖风浪之弊,沂河、渭湍险之艰,所费至多,所济盖寡。习闻见而不达时宜者,则曰:"国之大事,不计费损,故承前有用一斗钱运一斗米之言,虽知劳烦,不可废也。"习近利而不防远患者,则曰:"每至狄成之时,但令畿内和籴,既易集事,又足劝农,何必转输,徒耗财赋。"臣以两家之论,互有短长,各申偏执之怀,俱昧变通之术。其于事理,可得粗言。夫聚人以财,而人命在食。将制国用,须权重轻。食不足而财有余,则弛于积财而务实仓廪;食有余而财不足,则缓于积食而啬用货泉。若国家理安,钱谷俱富,烝黎蕃息,力役靡施,然后恒操羡财,益广漕运,虽有厚费,适资贫人。三者不失其时之所宜,则轻重中权,而国用有制矣。

开元、天宝之际,承平日久,财力阜殷,禄食所颁,给用亦广。所以不计靡耗,励赡军储。至使流欲过言,有用一斗钱运一斗米之说。然且散有余而备所乏,虽费何害焉。斯所谓操羡财以广漕运者也。贞元之始,巨盗初平,太仓无兼月之储,关辅遇连年之旱。而有司奏停水运,务省脚钱,至使郊畿之间，烟火殆绝，都市之内，馁殍相望。斯所谓睹近利而不防远患者也。近岁关辅之地，年谷屡登，数减百姓税钱，许其折纳粟麦。公储委积，足给数年，田农之有，犹困谷贱。今夏江、淮水潦，漂损田苗，比于常时，米贵加倍。珉庶匮乏，流庸颇多。关辅以谷贱伤农，宜加价籴谷，以劝稼穑；江、淮以谷贵人困，宜减价粜米，以救凶灾。今宜籴之处则无钱，宜粜之处则无米。而又运彼所乏，益此所余。斯所谓习见闻而不达时宜者也。今淮南诸州，米每斗当钱一百五十文，从淮南转运至东渭桥，每斗船脚又约用钱二百文。计运米一斗，总当钱三百五十文。其米既糙且陈，尤为京邑所贱，今据市司月估，每斗只粜得钱三十七文而已。耗其九而存其一，馁彼人而伤此农，制事若斯，可谓深失矣！

顷者每年从江西、湖南、浙东、浙西、淮南等道，都运米一百一十万石，送至河阴。其中减四十万石，留贮河阴仓；余七十万石，送至陕州；又减三十万石，留贮太原仓；唯余四十万石，送赴渭桥输纳。臣详问河阴、太原等仓留贮之意，盖因往年虫旱，关辅荐饥，当崔造作相之初，惩元琇罢运之失，遂请每年转漕米一百万石，以赡京师。比至中涂，力殚岁尽，所以节级停减，分贮诸仓。每至春水初通，江、淮所般未到，便取此米入运，免令停滞舟船。江、淮新米至仓，还复留纳填数。轮环贮运，颇亦协宜。不必每岁加般，以增不急之费。所司但遵旧例，曾不详究源由。迩来七年，积数滋广。臣近勘河阴、太原等仓，见米犹有三百二十余万石，河阴一县，所贮尤多。仓廪充盈，随便露积，旧者未尽，新者转加，岁月渐深，耗损增甚。纵绝江、淮转转，且运此米入关，七八年间，计犹未尽。况江、淮转输，般次不停，但恐过多，不虑有阙。今岁关中之地，百谷丰成，京尹及诸县令，频以此事为言，忧在京米粟太贱，请广和籴，以救农人。臣令计料所籴多少，皆云可至百余万石。又令量定所籴估价，通计诸县贵贱，并雇船车，般至太仓，谷价约四十有余，米价约七十以下。此则一年和籴之数，足当转运二年，一斗转运之资，足以和籴五斗，比较即时利害，运务且合悉停。

臣窃虑运务若停，则舟船无用，舟船无用，则坏烂莫修，傥遇凶灾，复须转漕，临时鸠集，理必淹迟。夫立法裁规，久必生弊，经略之念，始虑贵周。不以积习害机宜，不以近利隳永制，不贵功于当代，不流患于他时，虑远防微，是其均济。臣今所献，庶近于斯。减所运之数，以实边储；存转运之务，以备时要。其于详审，必免贻忧。旧例：从江、淮诸道运米一百一十万石至河阴,来年请停八十万石,运三十万石。旧例:从河阴运米七十万石至太原仓,来年请停五十万石,运二十万石。旧例:从太原仓运米四十万石至东渭桥,来年请停二十万石,运二十万石。其江、淮所停运米八十万石,请委转运使于遭水州县,每斗八十价出粜,计以糙米与细米分数相接之外,每斗犹减时价五十文,以救贫乏,计得钱六十四万贯文;节级所减运脚,计得六十九万贯,都合得钱一百三十三万贯。数内请支二十万贯付京兆府,令于京城内及东渭桥开场和籴米二十万石,每斗与钱一百文,计加时估价三十已上,用利农人。其米便送东渭桥及太原仓收贮,充填每年转漕四十万石之数。并足,余尚有钱一百一十三万贯文,以供边镇和籴。臣已令度支巡院勘问诸军州米粟时价,兼与当管长吏商量,令计见垦之田,约定所籴之数。得凤翔、泾陇、邠宁庆、鄜坊丹延、夏绥银、灵盐、振武等道,良原、长武、平凉等城报,除度支旋籴供军之外,别拟储备者,计可籴得粟一百三十五万石。其临边州县,各于当处时价之外,更加一倍,其次每十分加七分,又其次每十分加五分,通计一百三十五万石,当钱一百二万六千贯文,犹合剩钱十万四千贯,留充来年和籴。所于江、淮粜米及减运米脚钱,请并委转运使便折市绫、绢、𫄧、绵四色,即作船般送赴上都。边地早寒,敛藏向毕,若待此钱送到,即恐收籴过时。请且贷户部别库物充用,本色续到,便令折填。其所贷户部别库物,亦取绫、绢、𫄧、绵四色,并依平估价,务利农人。仍取度支官畜及车,均融船员般送。请各委当道节度,及当城兵马使,与监军中使,并度支、和籴、巡院官同受领。便计会和籴,各量人户垦田多少,先付价直,立限纳粟。不愿粜者,亦勿强征。其有纳米者,每米六升,折粟一斗。应所籴得米粟,亦委此三官同检覆,分于当管城堡之内,拣择高燥牢固仓窖等收纳封闭。仍以贮备军粮为名,非缘城守绝粮,及承别敕处分,并不得辄有支用。待收籴毕,具所籴数,并收贮处所闻奏,并报中书门下。总计贮备粟一百三十五万石,是十一万二千五百人一年之粮。来秋若遇顺成,又可更致百余万石。

边蓄既富,边备自修,以讨则有赍,以守则可久,以加兵则不忧所至乏食,以敛籴则不为贪将所邀。恢疆保境者得以遂其谋,蠹国跳军者,无所辞其罪。是乃立武之根柢,安边之本源,守土庇人,莫急于此。倾公藏而发私积,犹当悉力以务之,况今不扰一人,无废百事,但于常用之内,收其枉费之资,百万赢粮,坐实边鄙。又有劝农赈乏之利,存乎其间,此盖天锡陛下攘戎狄而安国家之时,不可失也。

陛下诚能过听愚计,先聚军储,慎择良图,更贞师律,蠢尔凶丑,自当畏威。纵迷款塞之心,必无猾夏之虑。伏惟少留睿思,详省而明断之。其所停减运脚,臣已与本司审细计料,并边镇分配和籴数,及米粟估价等数,各得别状,条件分析,谨同封进,听进止。

(录自陆贽撰,王素点校:《陆贽集》,中华书局 2006 年版)

均节赋税恤百姓六条·其一论两税之弊须有厘革

国朝著令,赋役之法有三:一曰租,二曰调,三曰庸。古者一井之地,九夫共之,公田在中,藉而不税。私田不善则非吏,公田不善则非民。事颇纤微,难于防检,春秋之际,已不能行。故国家袭其要而去其烦,丁男一人,授田百亩,但岁纳租税二石而已。言以公田假人,而收其租入,故谓之租。古者任土之宜,以奠赋法。国家就因往制,简而一之,每丁各随乡土所出,岁输若绢若绫若絁共二丈,绵三两;其无蚕桑之处,则输布二丈五尺,麻三斤。以其据丁户调而取之,故谓之调。古者用人之力,岁不过三日,后代多事,其增十之。国家斟酌物宜,立为中制,每丁一岁定役二旬,若不役则收其庸,日准三尺。以其出绢而当庸直,故谓之庸。此三道者,皆宗本前哲之规模,参考历代之利害。其取法也远,其立意也深,其敛财也均,其域人也固,其裁规也简,其备虑也周。有田则有租,有家则有调,有身则有庸。天下为家,法制均一,虽欲转徙,莫容其奸。故人无摇心,而事有定制。以之厚生,则不堤防而家业可久;以之成务,则不较阅而众寡可知;以之为理,则法不烦而教化行;以之成赋,则下不困而上用足。三代创制,百王是程。虽维御损益之术小殊,而其义一也。

天宝季岁,羯胡乱华,海内波摇,兆庶云扰,版图隳于避地,赋法坏于奉军。建中之初,再造百度。执事者知弊之宜革,而所作兼失其源;知简之可从,而所操不得其要。旧患虽减,新沴复滋,救跛成瘘,展转增剧。凡欲拯其积弊,须穷致弊之由,时弊则但理其时,法弊则全革其法。而又揆新校旧,虑远图难。规略未详悉,固不果行;利害非相悬,固不苟变;所为必当,基悔乃亡。若好革而不知原始要终,斯皆以弊易弊者也。至如赋役旧法,乃是圣祖典章,行之百年,人以为便。兵兴之后,供亿不恒,乘急诛求,渐隳经制,此所谓时之弊,非法弊也。时有弊而未理,法无弊而已更,扫庸调之成规,创两税之新制,立意且爽,弥纶又疏,竭耗编氓,日日滋甚。

夫作法裕于人,未有不得人者也。作法裕于财,未有不失人者也。陛下初膺宝位,思致理平,诞发德音,哀痛流弊。念征役之频重,悯烝黎之困穷,分命使臣,敷扬惠化。诚宜损上益下,嗇用节财,窒侈欲以荡其贪风,息冗费以纾其厚敛。而乃搜摘郡邑,劾验簿书,每州各取大历中一年科率钱谷数最多者,便为两税定额。此乃采非法之权令,以为经制;总无名之暴赋,以立恒规。是务取财,岂云恤隐。作法而不以裕人拯病为本,得非立意且爽者乎?

夫财之所生,必因人力。工而能勤则丰富,拙而兼惰则窭空。是以先王之制赋入也,必以丁夫为本,无求于力分之外,无贷于力分之内。故不以务稼增其税,不以辍稼减其租,则播种多;不以殖产厚其征,不以流寓免其调,则地著固;不以伤励重其役,不以窳怠蠲其庸,则功力勤。如是,然后能使人安其居,尽其力,相观而化,时靡遁心。虽有惰游不率之人,亦已惩矣。两税之立,则异于斯。唯以资产为宗,不以丁身为本,资产少者则其税少,资产多者则其税多,曾不悟资产之中,事情不一:有藏于襟怀、囊箧,物虽贵而人莫能窥;有积于场圃、囷仓,直虽轻而众以为富。有流通蓄息之货,数虽寡而计日收赢;有庐舍器用之资,价虽高而终岁无利。如此之比,其流实繁,一概计估算缗,宜其失平长伪。由是务轻费而乐转徙者,恒脱于徭税;敦本业而树居产者,每困于征求。此乃诱之为奸,驱之避役,力用不得不弛,风俗不得不讹,闾井不得不残,赋入不得不阙。复以创制之首,不务齐平,但令本道本州各依旧额征税。军兴已久,事例不常,供应有烦简之殊,牧守有能否之异,所在徭赋,轻重相悬。既成新规,须惩积弊,化之所在,足使无偏,减重分轻,是将均济。而乃急于聚敛,惧或蠲除,不量物力所堪,唯以旧额为准。旧重之处,流亡益多;旧轻之乡,归附益众。有流亡则已重者摊征转重;有归附则已轻者散出转轻,高下相倾,势何能止。又以谋始之际,不立科条,分遣使臣,凡十余辈,专行其意,各制一隅,遂使人殊见,道异法,低昂不类,缓急不伦。逮至复命于朝,竟无类会裁处,其于踳驳,胡可胜言。利害相形,事尤非便。作法而不以究微防患为虑,得非弥纶又疏者乎?

立意且爽,弥纶又疏,凡厥疲人,已婴其弊。就加保育,犹惧不支,况复亟缭棼丝，重伤宿痏，其为扰病，抑又甚焉！请为陛下举其尤者六七端，则人之困穷，固可知矣。大历中，纪纲废弛，百事从权，至于率税少多，皆在牧守裁制。邦赋既无定限，官私惧有阙供，每至征配之初，例必广张名数，以备不时之命。且为施惠之资，应用有余，则遂减放。增损既由郡邑，消息易协物宜，故法虽久刊，而人未甚瘁。及总杂征虚数，以为两税恒规，悉登地官，咸系经费。计奏一定，有加无除。此则人益困穷，其事一也。本惩赋敛繁重，所以变旧从新，新法既行，已重于旧。旋属征讨，国用不充，复以供军为名，每贯加征二百。当道或增戍旅，又许量事取资，诏敕皆谓权宜，悉令事毕停罢。息兵已久，加税如初。此则人益困穷，其事二也。定税之数，皆计缗钱；纳税之时，多配绫绢。往者纳绢一匹，当钱三千二三百文；今者纳绢一匹，当钱一千五六百文。往输其一者，今过于二矣。虽官非增赋，而私已倍输。此则人益困穷，其事三也。诸州税物，送至上都，度支颁给群司，例皆增长本价。而又缪称"折估"，抑使剥征。奸吏因缘，得行侵夺，所获殊寡，所扰殊多。此则人益困穷，其事四也。税法之重若是，既于已极之中，而复有"奉进"、"宣索"之繁，尚在其外。方岳颇拘于成例，莫敢阙供；朝典又束以彝章，不许别税。绮丽之饰，纨素之饶，非从地生，非自天降，若不出编户之筋力膏髓，将安所取哉？于是有巧避微文，曲承睿旨，变征役以"召雇"之目，换科配以"和市"之名，广其课而狭偿其庸，精其入而粗计其直。以"召雇"为目而捕之，不得不来；以"和市"为名而迫之，不得不出。其为妨抑，特甚常徭。此则人益困穷，其事五也。大历中，非法赋敛，急备供军，"折估"、"宣索"、"进奉"之类者，既并收入两税矣，今于两税之外，非法之事，复又并存。此则人益困穷，其事六也。建中定税之始，诸道已不均齐，其后或吏理失宜，或兵赋偏重，或疠疾钟害，或水旱荐灾，田里荒芜，户口减耗。

牧守苟避于殿责，罕尽申闻；所司姑务于取求，莫肯矜恤。遂于逃死阙乏税额，累加见在疲氓，一室已空，四邻继尽，渐行增广，何由自存。此则人益困穷，其事七也。

自至德迄于大历二十年余，兵乱相乘，海内罢弊。幸遇邻陛下绍膺宝运，忧济生灵，诞敷圣谟，痛矫前弊，垂爱人节用之旨，宣轻徭薄赋之名。率土烝黎，感涕相贺，延颈企踵，咸以为太平可期。既而制失其中，敛从其重，颇乖始望，已沮群心。因之以兵甲，而烦暴之取转加；继之以献求，而静约之风浸靡。臣所知者，才梗概耳，而人益困穷之事，已有七焉。臣所不知，何啻于此！陛下傥追思大历中所闻人间疾苦，而又有此七事重增于前，则人之无聊，不问可悉。

昔鲁哀公问于有若曰："年饥，用不足，如之何？"有若对曰："盍彻乎！"哀公曰："二，吾犹不足，如之何其彻也？"有若曰："百姓足，君孰与不足？百姓不足，君孰与足？"孔子曰："有国有家者，不患寡而患不均，不患贫而患不安。"盖均而无怨，节而无贫，和而无寡，安而无倾。汉文恤患救灾，则命郡国无来献。是以人为本，以财为末，人安则财赡，本固则邦宁。今百姓艰穷，非止不足，税额类例，非止不均，求取繁多，非止来献，诚可哀悯，亦可忧危。此而不图，何者为急？圣情重慎，每戒作为。伏知贵欲因循，不敢尽求厘革，且去其太甚，亦足小休。望令所司与宰臣参量，据每年支用色目中，有不急者，无益者，罢废之；有过制者，广费者，减节之。遂以罢减之资，回给要切之用。其百姓税钱，因军兴每贯加征二百者，下诏停之，用复其言，俾人知信。下之化上，不令而行，诸道权宜加征，亦当自请蠲放。如是，则困穷之中，十缓其二三矣。

供御之物，各有典司，任土之宜，各有常贡，过此以往，复何所须。假欲崇饰燕居，储备赐与，天子之贵，宁忧乏财？但敕有司，何求不给？岂必旁延进献，别徇营求。减德示私，伤风败法，因依纵扰，为害最深。陛下临御之初，已弘清净之化，下无曲献，上绝私求。近岁以来，稍渝前旨。今但涤除流误，振起圣猷，则淳风再兴，贿道中寝，虽有贪饕之辈，曷由复肆侵渔。州郡羡财，亦将焉往，若不上输王府，理须下纾疲人。如是，则困穷之中，十又缓其四五矣。

所定税物估价，合依当处月平。百姓输纳之时，累经州县简阅，事或涉于奸冒，过则不在户人，重重剥征，理甚无谓。望令所司，应诸州府送税物到京，但与色样相符，不得虚称"折估"。如滥恶尤甚，给用不充，唯罪元纳官司，亦勿更征百姓。根本既自端静，枝叶无因动摇。如是，则困穷之中，十又缓其二三矣。

然后据每年见供赋税之处，详谕诏旨，咸俾均平。每道各令知两税判官一人赴京，与度支类会参定。通计户数，以配税钱，轻重之间，大约可准。而又量土地之沃瘠，计物产之少多，伦比诸州，定为两等：州等下者，其每户配钱之数少；州等高者，其每户配钱之数多。多少已差，悉令折衷。

仍委观察使更于当管所配钱数之内,均融处置,务尽事宜。就于一管之中,轻重不得偏并,虽或未尽齐一,决当不甚低昂。既免扰人,且不变法,粗均劳逸,足救凋残,非但征赋易供,亦冀逋逃渐息。俟稍宁阜,更择所宜。

(录自陆贽撰,王素点校:《陆贽集》,中华书局2006年版)

均节赋税恤百姓六条·其二请两税以布帛为额不计钱数

夫国家之制赋税也,必先导以厚生之业,而后取其什一焉。其所取也,量人之力,任土之宜,非力之所出则不征,非土之所有则不贡,谓之通法,历代常行。大凡生于天地之间,而五材之用为急;五材者,金、木、水、火、土也。水、火不资于作为,金、木自产于山泽,唯土爰播植,非力不成,衣食之源,皆出于此。故可以勉人功而定赋入者,唯布、麻、缯、纩与百谷焉。先王惧物之贵贱失平,而人之交易难准,又立货泉之法,以节轻重之宜,敛散弛张,必由于是。盖御财之大柄,为国之利权,守之在官,不以任下。然则谷帛者,人之所为也;钱货者,官之所为也。人之所为者,故租税取焉;官之所为者,故赋敛舍焉。此又事理著明者也。是以国朝著令,稽古作程,所取于人,不逾其分。租出谷,庸出绢,调杂出缯、纩、布、麻,非此族也,不在赋法。列圣遗典,粲然可征,曷常有禁人铸钱,而以钱为赋者也!

今之两税,独异旧章。违任土之通方,效算缗之末法,不稽事理,不揆人功,但估资产为差,便以钱谷定税,临时折征杂物,每岁色目颇殊,唯计求得之利宜,靡论供办之难易。所征非所业,所业非所征。遂或增价以买其所无,减价以卖其所有,一增一减,耗损已多。且百姓所营,唯在耕织,人力之作为有限,物价之贵贱无恒,而乃定税计钱,折钱纳物,是将有限之产,以奉无恒之输。纳物贱则供税之所出渐多,多则人力不给;纳物贵则收税之所入渐少,少则国用不充。公私二途,常不兼济,以此为法,未之前闻。往者初定两税之时,百姓纳绢一匹,折钱三千二三百文,大率万钱,为绢三匹,价计稍贵,数则不多。及乎颁给军装,计数而不计价,此所谓税入少而国用不充者也。近者百姓纳绢一匹,折钱一千五六百文,大率万钱,为绢六匹,价既转贱,数则渐加。向之蚕织不殊,而所输尚欲过倍,此所谓供税多而人力不给者也。

今欲不甚改法，而粗救灾害者，在乎约循典制，而以时变损益之。臣谓宜令所司勘会诸州府初纳两税年绢、布定估，比类当今时价，加贱减贵，酌取其中，总计合税之钱，折为布帛之数，仍依庸、调旧制，各随乡土所宜。某州某年定出税布若干端，某州某年定出税绢若干匹，其有絁、绵、杂货，亦随所出定名，勿更计钱，以为税数。如此则土有常制，人有常输，众皆知上令之不迁，于是一其心而专其业。应出布麻者，则务于纺绩；供绵绢者，则事于蚕桑。日作月营，自然便习，各修家技，皆足供官。无求人假手之劳，无贱鬻贵买之费，无暴征急办之弊，无易常改作之烦。物甚贱而人之所出不加，物其贵而官之所入不减。是以家给而国足，事均而法行。此直稍循令典之旧规，固非创制之可疑者也。然蚩蚩之俗，罕究事情，好骋异端，妄行沮议。臣请假为问答，以备讨论，陛下诚有意乎？怜愍苍生，将务救恤，但垂听览，必有可行。

议者若曰：每岁经费所资，大抵皆约钱数，若令以布帛为额，是令支计无凭。答曰：国初约法已来，常赋率由布帛，逾二甲子，制用不愆，何独当今则难支计？且经费之大，其流有三：军食一也，军衣二也，内外官月俸及诸色资课三也。军衣固在于布帛，军食又取于地租，其计钱为数者，独月俸资课而已。制禄唯不计钱，故三代以食人众寡为差，两汉以石数多少为秩。盖以钱者，官府之权货；禄者，吏属之常资。以常徇权，则丰约之度不得恒于家；以权为常，则轻重之柄不得专于国。故先王制禄以食，而平货以钱，然后国有权而家有节矣。况今馈饷方广，仓储未丰，尽复古规，或虑不足，若但据群官月俸之等，随百役资课之差，各依钱数少多，折为布帛定数，某官月给俸绢若干匹，某役月给资布若干端，所给色目精粗，有司明立条例，便为恒制，更不计钱，物甚贱而官之所给不加，物甚贵而私之所禀不减，官私有准，何利如之。生人大端，衣食为切，有职田以供食，有俸绢以供衣，从事之家，固足自给，以兹制事，谁曰不然。夫然，则国之用财，多是布帛，定以为赋，复何所伤。

议者若曰：吏禄军装，虽颁布粟，至于以时敛籴，用权物价重轻，是必须钱，于何取给？答曰：古之圣人，所以取山泽之蕴材，作泉布之宝货，国专其利，而不与人共之者，盖为此也。物贱由乎钱少，少则重，重则加铸而散之使轻；物贵由乎钱多，多则轻，轻则作法而敛之使重。是乃物之贵贱，系于钱之多少；钱之多少，在于官之盈缩。官失其守，反求于人，人不得铸钱，而限令供税，是使贫者破产而假资于富有之室，富者蓄货而窃行于轻重之权，下困齐人，上亏利柄。今之所病，谅在于斯。诚宜广即山殖货之功，峻用铜为器之禁，苟制持得所，则钱不乏矣。有枭盐以入其直，有榷酒以纳其资，苟消息合宜，则钱可收矣。钱可收，固可以敛轻为重；钱不乏，固可以散重为轻。弛张在官，何所不可，虑无所给，是未知方。

议者若曰：自定两税以来，恒使计钱纳物，物价渐贱，所纳渐多，出给之时，又增虚估，广求羡利，以赡库钱，岁计月支，犹患不足。今若定供布帛，出纳以平，军国之资，无乃有阙？答曰：自天宝以后，师旅数起，法度消亡。肃宗拨滔天之灾，而急于功赏；先帝迈含垢之德，而缓于纠绳。由是用颇殷繁，俗亦靡弊。公赋已重，别献继兴；别献既行，私赂竞长。诛求刻剥，日长月滋，积累以至于大历之间，所谓取之极甚者也。今既总收极甚之数，定为两税矣；所定别献之类，复在数外矣；间缘军用不给，已尝加征矣；近属折纳价钱，则又多获矣；比于大历极甚之数，殆将再益其倍焉。复幸年谷屡丰，兵车少息，而用常不足，其故何哉？盖以事逐情生，费从事广，物有剂而用无节，夫安得不乏乎！苟能黜其情，约其用，非但可以布帛为税，虽更减其税亦可也。苟务逞其情，侈其用，非但行今重税之不足，虽更加其税亦不足也。

夫地力之生物有大数，人力之成物有大限：取之有度，用之有节，则常足；取之无度，用之无节，则常不足。生物之丰败由天，用物之多少由人。是以圣王立程，量入为出，虽遇灾难，下无困穷。理化既衰，则乃反是，量出为入，不恤所无。故鲁哀公问"年饥，用不足，如之何"，有若对以"盍彻"。桀用天下而不足，汤用七十里而有余，是乃用之盈虚，在节与不节耳。不节则虽盈必竭，能节则虽虚必盈。卫文公承灭国之余，建新徙之业，革车不过三十乘，岂不甚殆哉！而能衣大布，冠大帛，约己率下，通商务农，卒以富强，见称载籍。汉文帝接秦、项积久伤夷之弊，继高、吕革创多事之时，家国虚残，日不暇给，而能躬俭节用，静事息人，服弋绨，履革舄，却骏马而不御，罢露台而不修，屡赐田租，以厚烝庶。遂使户口蕃息，百物阜殷。乃至乡曲宴游，乘牝牸者不得赴会；子孙生长，或有积数十岁不识市廛。御府之钱，贯朽而不可校；太仓之粟，红腐而不可食。国富于上，人安于下，生享遐福，没垂令名，人到于今，称其仁贤，可谓盛矣。太宗文皇帝收合板荡,再造寰区。武德年中,革车屡动,继以灾歉,人多流离。贞观之初,荐属霜旱,自关辅绵及三河之地,米价腾贵,斗易一缣,道路之间,馁殍相藉。太宗敦行俭约,抚养困穷,视人如伤,劳徕不倦。百姓有鬻男女者,出御府金帛,赎还其家。严禁贪残,慎节徭赋,弛不急之用,省无事之官,黜损乘舆,斥出宫女。太宗尝有气疾,百官以大内卑湿,请营一阁以居,尚惮烦劳,竟不之许。是以至诚上感,淳化下敷,四方大和,百谷连稔。贞观八年以后,米斗至四五钱,俗阜化行,人知义让,行旅万里,或不赍粮。故人到于今,谈帝王之盛,则必先太宗之圣功;论理道之崇,则必慕贞观之故事。此二君者,其经始岂不艰窘哉!皆以啬用爱人,竟获丰福,是所谓能节虽虚必盈之效也。秦始皇据崤、函之固,藉雄富之业,专力农战,广收材豪,故能芟灭暴强,宰制天下。功成志满,自谓有泰山之安,贪欲炽然,以为六合莫予违也。于是发闾左之戍,征太半之赋,进谏者谓之宣谤,恤隐者谓之收恩,故征发未终,而宗社已泯。汉武帝遇时运理平之会,承文、景勤俭之积,内广兴作,外张甲兵,侈汰无穷,遂致殚竭;大搜财货,算及舟车,远近骚然,几至颠覆。赖武帝英姿大度,付任以能,纳谏无疑,改过不吝,下哀痛之诏,罢征伐之劳,封丞相为富民侯,以示休息,邦本摇而复定,帝祚危而再安。隋氏因周室平齐之资,府库充实,开皇之际,理尚清廉。是时公私丰饶,议者以比汉之文景。炀帝嗣位,肆行骄奢,竭耗生灵,不知止息,海内怨叛,以至于亡。此三君者,其所凭藉,岂不丰厚哉!此皆以纵欲残人,竟致蘼丧,是所谓不节则虽盈必竭之效也。秦、隋不悟而遂灭,汉武中悔而获存,乃知惩与不惩,觉与不觉,其于得失相远,复有存灭之殊,安可不思!安可不惧!

今人穷日甚,国用岁加,不时节量,其势必蹙。而议者但忧财利之不足,罔虑安危之不持。若然者,则太宗、汉文之德曷见称,秦皇、隋炀之败靡足戒,唯欲是逞,复何规哉!幸属休明,将期致理,急聚敛而忽于勤恤,固非圣代之所宜言也。

(录自陆贽撰,王素点校:《陆贽集》,中华书局 2006 年版)

韩愈学案

　　韩愈(768—824),字退之,河南河阳人。唐代儒家学者、文学家、思想家、教育家。其先世曾居昌黎,故亦称韩昌黎。又因韩愈曾官至吏部侍郎,谥曰"文",故后世又称其为韩吏部、韩文公。韩愈生于儒学世家,其父韩仲卿曾为武昌令,有善政,官至秘书郎。愈生三岁而孤,养于其兄韩会处,七岁随兄学文,十三岁后,长兄死于贬所,由嫂郑氏鞠养。韩愈刻苦学儒,博览百家,自谓"性本好文学,因困厄悲愁无所告语,遂得究穷于经传史记百家之说,沈潜乎训义,反复乎句读,砻磨乎事业,而奋发乎文章"①。

　　唐德宗贞元八年(792),韩愈进士及第,时年二十五岁。之后三次应吏部博学鸿词科铨选,皆告失败。贞元十二年,宰相董晋兼宣武节度使,出镇大梁,征辟韩愈为巡官。后韩愈又依徐州张建封,为其宾佐。贞元十八年,韩愈调任国子监四门博士,转监察御史,与柳宗元、刘禹锡同朝为官。德宗晚年,政出多门,宦官专权。"京畿诸县夏逢亢旱,秋又早霜,田种所收,十不存一。……至闻有弃子逐妻以求口食,坏屋伐树以纳税钱,寒馁道涂,毙踣沟壑。"②韩愈体察百姓疾苦,上章数千言,请求蠲免租赋,免征税钱草粟,此举为执政者所恶,被贬为连州阳山令。

　　元和初年,韩愈被召为国子博士,迁都官员外郎。元和十二年(817),宰臣裴度为淮西宣慰处置使,兼彰义军节度使,以平吴元济,韩愈为彰义军行军司马,参赞戎机。淮、蔡平,是年十二月裴度还朝,韩愈以功授刑部侍郎,并受命撰《平淮西碑》。十四年,宪宗欲迎佛骨,王公士庶奔走舍施,百姓有废业破产、烧顶灼臂而求供养者。韩愈出于卫道辟佛之心志,上《论佛骨表》谏阻宪宗迎佛骨,因此触怒宪宗,被贬为潮州刺史,后遇赦,调

---

① 韩愈著,马其昶校注,马茂元整理:《韩昌黎文集校注》卷二《上兵部李侍郎书》,上海古籍出版社 2014 年版,第 160 页。

② 《韩昌黎文集校注》卷八《御史台上论天旱人饥状》,第 655 页。

任袁州刺史。穆宗时韩愈被重新启用，历任国子祭酒、兵部侍郎、吏部侍郎、京兆尹等职。长庆四年(824)十二月卒，时年五十七岁，赠礼部尚书，谥"文"。韩愈尝主持编撰《顺宗实录》五卷，撰有《论语注》十卷，门人李汉编其诗文为《昌黎先生集》四十卷。

　　韩愈的儒学思想主要体现在其于儒学式微之际力辟佛、老，建立了儒家自己的道统说，从而开始了儒学的复兴。韩愈自述他对儒学"寻坠绪之茫茫，独旁搜而远绍"①。"于陵迟之末，遑遑仁义，有志于持世范，欲以人文化成。"②韩愈在儒学陵迟之时，通过自己的努力"远绍"儒学的先王之道，"以兴起名教弘奖仁义为事"③。韩愈清楚地叙述了一个从尧、舜以至孔、孟的儒家之道的传递系谱，而韩愈自居为道统的传承者："释老之害，过于杨墨；韩愈之贤，不及孟子。孟子不能救之于未亡之前，而韩愈乃欲全元于已坏之后。……虽然，使其道由愈而粗传，虽灭死，万万无恨！"④韩愈建立的儒家道统论不仅是为了解决现实的政治问题，抢占思想世界的主导权，更是标志着一种区别于传统注疏式经学的新型儒学的诞生。在宋明理学中，传承儒家之道更多地要看是否以心印道而不是能否解得字句，这种考察视角的广为接受和认可无疑以韩愈为鹄的。

　　韩愈在儒学方面的另一个重大贡献无疑是他开启了古文运动，他主张"修其辞以明其道"⑤，要求在文学的领域，维护儒家的道统思想。韩愈自述道："愈之为古文，岂独取其句读不类于今者邪？思古人而不得见，学古道则欲兼通其辞；通其辞者，本志乎古道者也。"⑥可见，思古人之道，学古人之道，是韩愈的根本之志，文辞声律仅为退而求其次之"兼"而已。"愈之所志于古者，不惟其辞之好，好其道焉尔。"⑦韩愈此言可谓鲜明地道出了古文运动的实质和根本述求，即要求文道合一，文以明道，为文要以承载和发扬儒家思想为己任。

---

① 《旧唐书》卷一百六十《韩愈传》，第 4196 页。
② 《旧唐书》卷一百六十《韩愈传》，第 4215 页。
③ 《旧唐书》卷一百六十《韩愈传》，第 4203 页。
④ 《全唐文》卷五五三《韩愈·与孟尚书书》，第 5602 页。
⑤ 《韩昌黎文集校注》卷二《争臣论》，第 126 页。
⑥ 《韩昌黎文集校注》卷五《题哀辞后》，第 340 页。
⑦ 《韩昌黎文集校注》卷三《答李秀才书》，第 196 页。

韩愈不仅是一代文宗,也致力于复兴儒学,他自谓在尊奉儒学和崇尚古文方面,"欲自振于一代",将文学革新与儒学创新以"文以载道"的形式贯穿起来。他所倡导的古文运动是中唐影响深远的思想文化运动,改革文体、振兴儒学、传圣贤之道,这场绵延数世纪的文化思潮不仅奠定了中国之文统,更是宋明理学之先声。

复志赋(并序)

愈既从陇西公平汴州,其明年七月,有负薪之疾,退休于居,作《复志赋》。其辞曰:居悒悒之无解兮,独长思而永叹;岂朝食之不饱兮,宁冬裘之不完。

昔余之既有知兮,诚坎坷而艰难;当岁行之未复兮,从伯氏以南迁。凌大江之惊波兮,过洞庭之漫漫;至曲江而乃息兮,逾南纪之连山。嗟日月其几何兮,携孤嫠而北旋;值中原之有事兮,将就食于江之南。始专专于讲习兮,非古训为无所用其心;窥前灵之逸迹兮,超孤举而幽寻;既识路又疾驱兮,孰知余力之不任。

考古人之所佩兮,阅时俗之所服;忽忘身之不肖兮,谓青紫其可拾;自知者为明兮,故吾之所以为惑。择吉日余西征兮,亦既造夫京师;君之门不可径而入兮,遂从试于有司;惟名利之都府兮,羌众人之所驰;竞乘时而附势兮,纷变化其难推;全纯愚以靖处兮,将与彼而异宜。欲奔走以及事兮,顾初心而自非。朝骋骛乎书林兮,夕翱翔乎艺苑;谅却步以图前兮,不浸近而逾远。

哀白日之不与吾谋兮,至今十年其犹初!岂不登名于一科兮,曾不补其遗余。进既不获其志愿兮,退将遁而穷居;排国门而东出兮,慨余行之舒舒。时凭高以回顾兮,涕泣下之交如;戾洛师而怅望兮,聊浮游以踟蹰。假大龟以视兆兮,求幽贞之所庐;甘潜伏以老死兮,不显著其名誉。非夫子之洵美兮,吾何为乎浚之都。小人之怀惠兮,犹知献其至愚;固余异于牛马兮,宁止乎饮水而求刍?伏门下而默默兮,竟岁年以康娱。时乘闲以获进兮,颜垂欢而愉愉;仰盛德以安穷兮,又何忠之能输?

昔余之约吾心兮,谁无施而有获?疾贪佞之污浊兮,曰吾其既劳而后食。惩此志之不修兮,爱此言之不可忘;情怊怅以自失兮,心无归之茫茫。

苟不内得其如斯兮，孰与不食而高翔？抱关之厄陋兮，有肆志之扬扬。伊尹之乐于畎亩兮，焉富贵之能当？恐誓言之不固兮，斯自讼以成章。往者不可复兮，冀来今之可望。

（录自韩愈著，马其昶校注，马茂元整理：《韩昌黎文集校注》，上海古籍出版社 2014 年版）

原　道

博爱之谓仁，行而宜之之谓义；由是而之焉之谓道，足乎己，无待于外之谓德。仁与义，为定名；道与德，为虚位：故道有君子小人，而德有凶有吉。老子之小仁义，非毁之也，其见者小也。坐井而观天，曰天小者，非天小也；彼以煦煦为仁，孑孑为义，其小之也则宜。其所谓道，道其所道，非吾所谓道也；其所谓德，德其所德，非吾所谓德也。凡吾所谓道德云者，合仁与义言之也，天下之公言也；老子之所谓道德云者，去仁与义言之也，一人之私言也。

周道衰，孔子没，火于秦，黄老于汉，佛于晋、魏、梁、隋之间，其言道德仁义者，不入于杨，则入于墨；不入于老，则入于佛。入于彼，必出于此。入者主之，出者奴之；入者附之，出者污之。噫！后之人其欲闻仁义道德之说，孰从而听之？老者曰：孔子，吾师之弟子也。佛者曰：孔子，吾师之弟子也。为孔子者，习闻其说，乐其诞而自小也，亦曰：吾师亦尝师之云尔。不惟举之于其口，而又笔之于其书。噫！后之人虽欲闻仁义道德之说，其孰从而求之？甚矣，人之好怪也！不求其端，不讯其末，惟怪之欲闻。

古之为民者四，今之为民者六；古之教者处其一，今之教者处其三。农之家一，而食粟之家六；工之家一，而用器之家六；贾之家一，而资焉之家六；奈之何民不穷且盗也！古之时，人之害多矣。有圣人者立，然后教之以相生养之道。为之君，为之师，驱其虫蛇禽兽而处之中土。寒，然后为之衣，饥，然后为之食；木处而颠，土处而病也，然后为之宫室。为之工，以赡其器用；为之贾，以通其有无；为之医药，以济其夭死；为之葬埋祭祀，以长其恩爱；为之礼，以次其先后；为之乐，以宣其壹郁；为之政，以率其怠倦；为之刑，以锄其强梗。相欺也，为之符玺、斗斛、权衡以信之；相夺也，为之城郭、甲兵以守之。害至而为之备,患生而为之防。今其言曰:"圣人不死,大盗不止;剖斗折衡,而民不争。"呜呼,其亦不思而已矣!如古之无圣人,人之类灭久矣。何也?无羽毛鳞介以居寒热也,无爪牙以争食也。是故:君者,出令者也;臣者,行君之令而致之民者也;民者,出粟米麻丝,作器皿、通货财,以事其上者也。君不出令,则失其所以为君;臣不行君之令而致之民,民不出粟米麻丝,作器皿、通货财,以事其上,则诛。今其法曰:必弃而君臣,去而父子,禁而相生养之道,以求其所谓清净寂灭者。呜呼!其亦幸而出于三代之后,不见黜于禹、汤、文、武、周公、孔子也;其亦不幸而不出于三代之前,不见正于禹、汤、文、武、周公、孔子也。

帝之与王,其号名殊,其所以为圣一也。夏葛而冬裘,渴饮而饥食,其事殊,其所以为智一也。今其言曰:曷不为太古之无事?是亦责冬之裘者曰:曷不为葛之之易也?责饥之食者曰:曷不为饮之之易也?传曰:"古之欲明明德于天下者,先治其国;欲治其国者,先齐其家;欲齐其家者,先修其身;欲修其身者,先正其心;欲正其心者,先诚其意。"然则,古之所谓正心而诚意者,将以有为也。今也欲治其心,而外天下国家,灭其天常;子焉而不父其父,臣焉而不君其君,民焉而不事其事。孔子之作《春秋》也,诸侯用夷礼,则夷之;夷而进于中国,则中国之。经曰:"夷狄之有君,不如诸夏之亡。"《诗》曰:"戎狄是膺,荆舒是惩。"今也,举夷狄之法,而加之先王之教之上,几何其不胥而为夷也!

夫所谓先王之教者,何也?博爱之谓仁;行而宜之之谓义;由是而之焉之谓道;足乎己,无待于外之谓德。其文《诗》《书》《易》《春秋》,其法礼乐刑政,其民士农工贾,其位君臣、父子、师友、宾主、昆弟、夫妇,其服麻丝,其居宫室,其食粟米果蔬鱼肉:其为道易明,而其为教易行也。是故以之为己,则顺而祥;以之为人,则爱而公;以之为心,则和而平;以之为天下国家,无所处而不当。是故生则得其情,死则尽其常,郊焉而天神假,庙焉而人鬼享。曰:斯道也,何道也?曰:斯吾所谓道也,非向所谓老与佛之道也。尧以是传之舜,舜以是传之禹,禹以是传之汤,汤以是传之文武周公,文武周公传之孔子,孔子传之孟轲,轲之死,不得其传焉。荀与扬也,择焉而不精,语焉而不详。由周公而上,上而为君,故其事行;由周公而下,下而为臣,故其说长。

然则,如之何而可也?曰:不塞不流,不止不行。人其人,火其书,庐其居,明先王之道以道之,鳏寡孤独废疾者有养也;其亦庶乎其可也?

（录自韩愈著,马其昶校注,马茂元整理:《韩昌黎文集校注》,上海古籍出版社2014年版）

原　性

性也者,与生俱生也;情也者,接于物而生也。性之品有三,而其所以为性者五;情之品有三,而其所以为情者七。

曰何也? 曰:性之品有上中下三。上焉者,善焉而已矣;中焉者,可导而上下也;下焉者,恶焉而已矣。其所以为性者五:曰仁,曰礼,曰信,曰义,曰智。上焉者之于五也,主于一而行于四;中焉者之于五也,一不少有焉,则少反焉,其于四也混;下焉者之于五也,反于一而悖于四。性之于情视其品。情之品有上中下三,其所以为情者七:曰喜,曰怒,曰哀、曰惧,曰爱,曰恶,曰欲。上焉者之于七也,动而处其中;中焉者之于七也,有所甚,有所亡,然而求合其中者也;下焉者之于七也,亡与甚,直情而行者也。情之于性视其品。

孟子之言性曰:人之性善;荀子之言性曰:人之性恶;扬子之言性曰:人之性善恶混。夫始善而进恶,与始恶而进善,与始也混而今也善恶;皆举其中而遗其上下者也,得其一而失其二者也。叔鱼之生也,其母视之,知其必以贿死;杨食我之生也,叔向之母闻其号也,知必灭其宗;越椒之生也,子文以为大戚,知若敖氏之鬼不食也:人之性果善乎? 后稷之生也,其母无灾,其始匍匐也,则岐岐然,嶷嶷然;文王之在母也,母不忧,既生也,傅不勤,既学也,师不烦:人之性果恶乎? 尧之朱、舜之均、文王之管蔡,习非不善也,而卒为奸;瞽瞍之舜、鲧之禹,习非不恶也,而卒为圣:人之性善恶果混乎? 故曰:三子之言性也,举其中而遗其上下者也;得其一而失其二者也。曰:然则性之上下者,其终不可移乎? 曰:上之性,就学而易明;下之性,畏威而寡罪;是故上者可教,而下者可制也。其品则孔子谓不移也。

曰:今之言性者异于此,何也? 曰:今之言者,杂佛老而言也;杂佛老而言也者,奚言而不异!

（录自韩愈著,马其昶校注,马茂元整理:《韩昌黎文集校注》,上海古籍出版社2014年版）

原　毁

古之君子，其责己也重以周；其待人也轻以约。重以周，故不怠；轻以约，故人乐为善。闻古之人有舜者，其为人也，仁义人也。求其所以为舜者，责于己曰："彼人也，予人也；彼能是，而我乃不能是？"早夜以思，去其不如舜者，就其如舜者。闻古之人有周公者，其为人也，多才与艺人也。求其所以为周公者，责于己曰："彼人也，予人也；彼能是，而我乃不能是？"早夜以思，去其不如周公者，就其如周公者。舜，大圣人也，后世无及焉；周公，大圣人也，后世无及焉。是人也，乃曰"不如舜，不如周公，吾之病也"；是不亦责于身者重以周乎！其于人也，曰："彼人也，能有是，是足为良人矣；能善是，是足为艺人矣。"取其一，不责其二；即其新，不究其旧；恐恐然惟惧其人之不得为善之利。一善易修也。一艺易能也，其于人也，乃曰"能有是，是亦足矣"，曰"能善是，是亦足矣"；不亦待于人者轻以约乎！

今之君子则不然。其责人也详，其待己也廉。详，故人难于为善，廉，故自取也少。己未有善，曰："我善是，是亦足矣。"己未有能，曰："我能是，是亦足矣。"外以欺于人，内以欺于心，未少有得而止矣，不亦待其身者已廉乎？其于人也，曰："彼虽能是，其人不足称也；彼虽善是，其用不足称也。"举其一，不计其十；究其旧，不图其新。恐恐然惟惧其人之有闻也，是不亦责于人者已详乎！夫是之谓不以众人待其身，而以圣人望于人，吾未见其尊己也。

虽然，为是者有本有原。怠与忌之谓也。怠者不能修，而忌者畏人修。吾尝试之矣，尝试语于众曰："某良士，某良士。"其应者，必其人之与也；不然，则其所疏远不与同其利者也；不然，则其畏也。不若是，强者必怒于言，懦者也必怒于色矣。又尝语于众曰："某非良士，某非良士。"其不应者，必其人之与也；不然，则其所疏远不与同其利者也；不然，则其畏也。不若是，强者必说于言，懦者必说于色矣。是故事修而谤兴，德高而毁来。呜呼！士之处此世，而望名誉之光、道德之行，难已！

将有作于上者，得吾说而存之，其国家可几而理欤！

（录自韩愈著，马其昶校注，马茂元整理：《韩昌黎文集校注》，上海古籍出版社 2014 年版）

原　人

形于上者谓之天，形于下者谓之地，命于其两间者谓之人。形于上，日月星辰皆天也；形于下，草木山川皆地也；命于其两间，夷狄禽兽皆人也。

曰：然则吾谓禽兽人，可乎？曰：非也。指山而问焉，曰：山乎？曰：山，可也；山有草木禽兽，皆举之矣。指山之一草而问焉，曰：山乎？曰：山，则不可。

天道乱，而日月星辰不得其行；地道乱，而草木山川不得其平；人道乱，而夷狄禽兽不得其情。天者，日月星辰之主也；地者，草木山川之主也；人者，夷狄禽兽之主也；主而暴之，不得其为主之道矣。是故圣人一视而同仁，笃近而举远。

（录自韩愈著，马其昶校注，马茂元整理：《韩昌黎文集校注》，上海古籍出版社 2014 年版）

原　鬼

有啸于梁，从而烛之，无见也，斯鬼乎？曰：非也，鬼无声。有立于堂，从而视之，无见也，斯鬼乎？曰：非也，鬼无形。有触吾躬，从而执之，无得也，斯鬼乎？曰：非也，鬼无声与形，安有气？曰：鬼无声也，无形也；无气也，果无鬼乎？曰：有形而无声者，物有之矣，土石是也；有声而无形者，物有之矣，风霆是也；有声与形者，物有之矣，人兽是也；无声与形者，物有之矣，鬼神是也。

曰：然则有怪而与民物接者，何也？曰：是有二：有鬼，有物。漠然无形与声者，鬼之常也。民有忤于天，有违于民，有爽于物，逆于伦而感于气，于是乎鬼有形于形，有凭于声以应之，而下殃祸焉，皆民之为之也。其既也，又反乎其常。曰：何谓物？曰：成于形与声者，土石、风霆、人兽是也；反乎无声与形者，鬼神是也；不能有形与声，不能无形与声者，物怪是也。故其作而接于民也无恒，故有动于民而为祸，亦有动于民而为福，亦有动于民而莫之为祸福;适丁民之有是时也。作《原鬼》。

（录自韩愈著,马其昶校注,马茂元整理:《韩昌黎文集校注》,上海古籍出版社 2014 年版）

与孟东野书

与足下别久矣,以吾心之思足下,知足下悬悬于吾也。各以事牵,不可合并,其于人人,非足下之为见而日与之处,足下知吾心乐否也! 吾言之而听者谁欤? 吾倡之而和者谁欤? 言无听也,倡无和也,独行而无徒也,是非无所与同,足下知吾心乐否也!

足下才高气清,行古道,处今世;无田而衣食,事亲左右无违;足下之用心勤矣,足下之处身劳且苦矣! 混混与世相浊,独其心追古人而从之,足下之道其使吾悲也!

去年春,脱汴州之乱,幸不死,无所于归,遂来于此。主人与吾有故,哀其穷,居吾于符离睢上。及秋将辞去,因被留以职事。默默在此,行一年矣。到今年秋,聊复辞去,江湖余乐也,与足下终幸矣!

李习之娶吾亡兄之女,期在后月,朝夕当来此;张籍在和州居丧,家甚贫;恐足下不知,故具此白,冀足下一来相视也。自彼至此虽远,要皆舟行可至,速图之,吾之望也! 春且尽,时气向热,惟侍奉吉庆。愈眼疾比剧,甚无聊,不复一一。愈再拜。

（录自韩愈著,马其昶校注,马茂元整理:《韩昌黎文集校注》,上海古籍出版社 2014 年版）

论佛骨表

臣某言:伏以佛者夷狄之一法耳。自后汉时流入中国,上古未尝有也。昔者黄帝在位百年,年百一十岁;少昊在位八十年,年百岁;颛顼在位七十九年,年九十八岁;帝喾在位七十年,年百五岁;帝尧在位九十八年,年百一十八岁;帝舜及禹年皆百:此时天下太平,百姓安乐寿考,然而中国未有佛也。其后殷汤亦年百岁,汤孙太戊在位七十五年,武丁在位五十九年,《书》《史》不言其年寿所极,推其年数,盖亦俱不减百岁。周文王年九十七岁,武王年九十三岁,穆王在位百年:此时佛法亦未入中国,非因事佛而致然也。汉明帝时,始有佛法,明帝在位才十八年耳;其后乱亡相继,运祚不长。宋齐梁陈元魏已下,事佛渐谨,年代尤促。惟梁武帝在位四十八年,前后三度舍身施佛,宗庙之祭,不用牲牢,昼日一食,止于菜果,其后竟为侯景所逼,饿死台城,国亦寻灭。事佛求福,乃更得祸;由此观之:佛不足事,亦可知矣!

高祖始受隋禅,则议除之。当时群臣材识不远,不能深知先王之道、古今之宜,推阐圣明,以救斯弊,其事遂止。臣常恨焉。伏惟睿圣文武皇帝陛下,神圣英武,数千百年已来,未有伦比。即位之初,即不许度人为僧尼道士,又不许创立寺观,臣尝以为高祖之志必行于陛下之手;今纵未能即行,岂可恣之转令盛也?今闻陛下令群僧迎佛骨于凤翔,御楼以观,舁入大内,又令诸寺递迎供养。臣虽至愚,必知陛下不惑于佛,作此崇奉,以祈福祥也;直以年丰人乐,徇人之心,为京都士庶设诡异之观,戏玩之具耳。安有圣明若此,而肯信此等事哉!然百姓愚冥,易惑难晓,苟见陛下如此,将谓真心事佛;皆云:"天子大圣,犹一心敬信;百姓何人,岂合更惜身命!"焚顶烧指,百十为群;解衣散钱,自朝至暮;转相仿效,惟恐后时;老少奔波,弃其业次。若不即加禁遏,更历诸寺,必有断臂脔身以为供养者;伤风败俗,传笑四方,非细事也。

夫佛本夷狄之人,与中国言语不通,衣服殊制,口不言先王之法言,身不服先王之法服,不知君臣之义,父子之情。假如其身至今尚在,奉其国命,来朝京师,陛下容而接之,不过宣政一见,礼宾一设,赐衣一袭,卫而出之于境,不令惑众也;况其身死已久,枯朽之骨,凶秽之余,岂宜令入宫禁?孔子曰:"敬鬼神而远之。"古之诸侯行吊于其国,尚令巫祝先以桃茢祓除不祥,然后进吊。今无故取朽秽之物,亲临观之,巫祝不先,桃茢不用,群臣不言其非,御史不举其失,臣实耻之。乞以此骨付之有司,投诸水火,永绝根本,断天下之疑,绝后代之惑。使天下之人知大圣人之所作为,出于寻常万万也:岂不盛哉!岂不快哉!佛如有灵能作祸祟,凡有殃咎,宜加臣身;上天鉴临,臣不怨悔。无任感激恳悃之至,谨奉表以闻。臣某诚惶诚恐。

(录自韩愈著,马其昶校注,马茂元整理:《韩昌黎文集校注》,上海古籍出版社2014年版)

论淮西事宜状

　　右臣伏以淮西三州之地，自少阳疾病，去年春夏以来，图为今日之事。有职位者，劳于计虑抚循；奉所役者，修其器械防守。金帛粮畜，耗于赏给。执兵之卒，四向侵掠，农夫织妇，携持幼弱，饷于其后；虽时侵掠小有所得，力尽筋疲，不偿其费。又闻畜马甚多，自半年已来，皆上槽枥。譬如有人，虽有十夫之力，自朝及夕，常自大呼跳跃，初虽可畏，其势不久，必自委顿。乘其力衰，三尺童子可使制其死命；况以三小州残弊困剧之余，而当天下之全力？其破败可立而待也；然所未可知者，在陛下断与不断耳。夫兵不多不足以必胜；必胜之师，必在速战。兵多而战不速，则所费必广。两界之间，疆场之上，日相攻劫，必有杀伤。近贼州县，征役百端，农夫织妇，不得安业。或时小遇水旱，百姓愁苦。当此之时，则人人异议以惑陛下之听，陛下持之不坚，半涂而罢，伤威损费，为弊必深。所以要先决于心，详度本末，事至不惑，然可图功。为统帅者，尽力行之于前；而参谋议者，尽心奉之于后；内外相应，其功乃成。昔者殷高宗大圣之主也。以天子之威，伐背叛之国，三年乃克，不以为迟。志在立功，不计所费。《传》曰："断而后行，鬼神避之。"迟疑不断，未有能成其事者也。臣谬承恩宠，获掌纶诰，地亲职重，不同庶寮，辄竭愚诚，以效裨补。谨条次平贼事宜一一如后：

　　一：诸道发兵或三二千人，势力单弱；羁旅异乡，与贼不相谙委；望风慑惧，难便前进。所在将帅，以其客兵，难处使先，不存优恤。待之既薄，使之又苦，或被分割队伍，隶属诸头，士卒本将，一朝相失，心孤意怯，难以有功。又其本军各须资遣，道路辽远，劳费倍多。士卒有征行之艰，闾里怀离别之思。今闻陈、许、安、唐、汝、寿等州与贼界连接处，村落百姓，悉有兵器，小小俘劫，皆能自防，习于战斗，识贼深浅。既是土人护惜乡里，比来未有处分，犹愿自备衣粮，共相保聚，以备寇贼。若令召募，立可成军；若要添兵，自可取足；贼平之后，易使归农。伏请诸道先所追到行营者，悉令却牒归本道，据行营所追人额器械弓矢，一物已上，悉送行营，充给所召募人。兵数既足，加之教练，三数月后，诸道客军一切可罢；比之征发远人，利害悬隔。

一：绕逆贼州县堡栅等各置兵马，都数虽多，每处则至少；又相去阔远，难相应接，所以数被攻劫，致有损伤。今若分为四道，每道各置三万人，择要害地屯聚一处，使有隐然之望，审量事势，乘时逐利。可入则四道一时俱发，使其狼狈惊惶，首尾不相救济；若未可入，则深壁高垒，以逸待劳：自然不要诸处多置防备。临贼小县，可收百姓于便地，作行县以主领之，使免散失。

一：蔡州士卒，为元济迫胁，势不得已，遂与王师交战。原其本根，皆是国家百姓。进退皆死，诚可闵伤。宜明敕诸军，使深知此意。当战斗之际，固当以尽敌为心；若形势已穷，不能为恶者，不须过有杀戮。喻以圣德，放之使归，销其凶悖之心，贷以生全之幸，自然相率弃逆归顺。

一：《论语》曰："欲速则不达，见小利则大事不成。"比来征讨无功：皆由欲其速捷；有司计算所费，苟务因循，小不如意，即求休罢。河北、淮西等见承前事势，知国家必不与之持久，并力苦战，幸其一胜，即希冀恩赦。朝廷无至忠忧国之人，不惜伤损威重，因其有请，便议罢兵：往日之事患皆然也。臣愚以为淮西三小州之地，元济又甚庸愚；而陛下以圣明英武之姿，用四海九州岛之力，除此小寇，难易可知。太山压卵，未足为喻。

一：兵之胜负，实在赏罚。赏厚可令廉士动心，罚重可令凶人丧魄，然可集事。不可爱惜所费，惮于行刑。

一：淄青、恒冀两道，与蔡州气类略同；今闻讨伐元济，人情必有救助之意。然皆暗弱，自保无暇。虚张声势，则必有之；至于分兵出界，公然为恶，亦必不敢。宜特下诏云：蔡州自吴少诚已来，相承为节度使，亦微有功效。少阳之殁，朕亦本拟与元济。恐其年少未能理事，所以未便处置。待其稍能缉绥，然拟许其承继。今忽自为狂勃侵掠，不受朝命，事不得已，所以有此讨伐。至如淄青、恒州、范阳等道，祖父各有功业，相承命节，年岁已久，朕必不利其土地，轻有改易，各宜自安。如妄自疑惧，敢相扇动，朕即赦元济不问，回军讨之。自然破胆，不敢妄有异说。

以前件谨录奏闻，伏乞天恩，特赐裁择。谨奏。

（录自韩愈著，马其昶校注，马茂元整理：《韩昌黎文集校注》，上海古籍出版社 2014 年版）

李翱学案

李翱(约 774—约 841),字习之,陇西成纪人,后魏尚书左仆射李冲十世孙。唐代文学家、思想家、儒家学者。

李翱自幼勤于儒学,博雅好古,为文尚气质。唐德宗贞元九年(793),李翱应贡举,举乡贡拔解,其年,谒见古文家梁肃,梁肃谓翱得古人之遗风。贞元十二年,李翱与韩愈结识,十三年应礼部试不中之后,李翱"从昌黎韩愈为文章,辞致浑厚,见推当时"①。贞元十四年,李翱登进士第,授校书郎,后三迁至京兆府司录参军。元和初,转国子博士,史馆修撰。李翱性格刚急,论议无所避,权贵虽"重其学",但"恶其激讦",因而,"仕不得显官"。李翱忧愤郁闷无所发泄,见到宰相李逢吉,当面斥责其过失,"逢吉诡不校,翱恚惧",即称病不出,满百日后,有司白免其官,但李逢吉却上奏推荐其为庐州刺史。时庐州干旱,疫病流行,"亡籍口四万,权豪贱市田屋牟厚利,而窭户仍输赋,翱下教使以田占租,无得隐,收豪室税万二千缗"②,贫民百姓遂得以安宁。元和十五年(820)李翱任考功员外郎,并兼史职。唐文宗大和初年,李翱入朝担任谏议大夫、知制诰,三年(829),改中书舍人。后出任郑州刺史、桂州刺史、御史中丞、桂管都防御使、谭州刺史、湖南观察史等职。大和八年,被征召为刑部侍郎,后转为户部侍郎,检校户郡尚书、襄州刺史、山南东道节度使。唐武宗会昌中卒,谥曰"文",被称为"李文公"。李翱与韩愈合撰《论语笔解》两卷,另有《李文公集》十八卷。

李翱在儒学史上最大的贡献无疑是他写作了《复性书》,这是儒学史上心性论的经典文献。《复性书》堪称儒家第一部系统、完整的心性论体

---

① 《新唐书》卷一百七十七《李翱传》,第 5282 页。
② 《新唐书》卷一百七十七《李翱传》,第 5282 页。

系著作。李翱的《复性书》以《易》《庸》《孟》为立论的根据,并吸收了天台宗、禅宗中相关的心性修持方法和思维模式,在许多方面开宋明理学之先河。在中唐文坛里,李翱曾与韩愈共为"文章盟主",在思想上二人也相为唱和,皆为主导汉唐经学向宋明理学进行转向的重要推手。可以说,李翱在儒学史上具有不容忽视的重要影响。

复性书上

人之所以为圣人者,性也;人之所以惑其性者,情也。喜、怒、哀、惧、爱、恶、欲,七者皆情之所为也。情既昏,性斯匿矣,非性之过也。七者循环而交来,故性不能充也。水之浑也,其流不清,火之烟也,其光不明,非水火清明之过。沙不浑,流斯清矣,烟不郁,光斯明矣,情不作,性斯充矣,性与情不相无也。

虽然,无性则情无所生矣,是情由性而生,情不自情,因性而情,性不自性,由情以明。性者,天之命也,圣人得之而不惑者也;情者,性之动也,百姓溺之而不能知其本者也。圣人者,岂其无情耶?圣人者,寂然不动,不往而到,不言而神,不耀而光,制作参乎天地,变化合乎阴阳,虽有情也,未尝有情也。然则百姓者,岂其无性耶?百姓之性与圣人之性弗差也,虽然,情之所昏,交相攻伐,未始有穷,故虽终身而不自睹其性焉。火之潜于山石林木之中,非不火也;江河淮济之未流而潜于山,非不泉也。石不敲,木不磨,则不能烧其山林而燥万物;泉之源弗疏,则不能为江为河,为淮为济,东汇大壑,浩浩荡荡,为弗测之深。情之动静弗息,则不能复其性而烛天地,为不极之明。

故圣人者,人之先觉者也。觉则明,否则惑,惑则昏,明与昏,谓之不同。明与昏性本无有,则同与不同二皆离矣。夫明者所以对昏,昏既灭,则明亦不立矣。是故诚者,圣人性之也,寂然不动,广大清明,照乎天地,感而遂通天下之故,行止语默,无不处于极也。复其性者贤人,循之而不已者也,不已则能归其源矣。《易》曰:"夫圣人者,与天地合其德,日月合其明,四时合其序,鬼神合其吉凶,先天而天弗违,后天而奉天时。天且弗违,而况于人乎?况于鬼神乎?"此非自外得者也,能尽其性而已矣。子思曰:"惟天下至诚为能尽其性。能尽其性,则能尽人之性;能尽人之性,则能尽物之性；能尽物之性，则可以赞天地之化育；可以赞天地之化育，则可以与天地参矣。其次致曲，曲能有诚，诚则形，形则著，著则明，明则动，动则变，变则化，唯天下至诚为能化。"圣人知人之性皆善，可以循之不息而至于圣也，故制礼以节之，作乐以和之。安于和乐，乐之本也；动而中礼，礼之本也。故在车则闻鸾和之声，行步则闻佩玉之音，无故不废琴瑟，视听言行，循礼而动，所以教人忘嗜欲而归性命之道也。道者，至诚也，诚而不息则虚，虚而不息则明，明而不息则照天地而无遗，非他也，此尽性命之道也。哀哉！人皆可以及乎此，莫之止而不为也，不亦惑耶？

昔者圣人以之传于颜子，颜子得之，拳拳不失，不远而复其心，三月不违仁。子曰："回也其庶乎屡空。"其所以未到于圣人者，一息耳，非力不能也，短命而死故也。其余升堂者，盖皆传也，一气之所养，一雨之所膏，而得之者各有浅深，不必均也。子路之死也，石乞、盂黡以戈击之，断缨，子路曰："君子死，冠不免。"结缨而死。由也非好勇而无惧也，其心寂然不动故也。曾子之死也，曰："吾何求哉，吾得正而毙焉，斯已矣。"此正性命之言也。子思，仲尼之孙，得其祖之道，述《中庸》四十七篇，以传于孟轲。轲曰："我四十不动心。"轲之门人，达者公孙丑、万章之徒，盖传之矣。遭秦灭书，《中庸》之不焚者，一篇存焉。于是此道废缺，其教授者，唯节行、文章、章句、威仪、击剑之术相师焉，性命之源，则吾弗能知其所传矣。

道之极于剥也必复，吾岂复之时耶？吾自六岁读书，但为词句之学，志于道者四年矣，与人言之，未尝有是我者也。南观涛江入于越，而吴郡陆傪存焉，与之言之，陆傪曰："子之言，尼父之心也。东方如有圣人焉，不出乎此也，南方如有圣人焉，亦不出乎此也。惟子行之不息而已矣。"呜呼！性命之书虽存，学者莫能明，是故皆入于庄、列、老、释。不知者谓夫子之徒不足以穷性命之道，信之者皆是也。有问于我，我以吾之所知而传焉，遂书于书，以开诚明之源，而缺绝废弃不扬之道，几可以传于时，命曰《复性书》，以理其心，以传乎其人。於戏！夫子复生，不废吾言矣。

（录自李翱撰：《李文公集》，上海古籍出版社1993年版）

复性书中

或问曰："人之昏也久矣，将复其性者，必有渐也，敢问其方。"

曰："弗虑弗思，情则不生，情既不生，乃为正思。正思者，无虑无思也。《易》曰：'天下何思何虑。'又曰：'闲邪存其诚。'《诗》曰：'思无邪。'"

曰："已矣乎？"

曰："未也，此斋戒其心者也，犹未离于静焉。有静必有动，有动必有静，动静不息，是乃情也。《易》曰：'吉凶悔吝，生于动者也。'焉能复其性耶？"

曰："如之何？"

曰："方静之时，知心无思者，是斋戒也。知本无有思，动静皆离，寂然不动者，是至诚也。《中庸》曰：'诚则明矣。'《易》曰：'天下之动，贞夫一者也。'"

问曰："不虑不思之时，物格于外，情应于内，如之何而可止也？以情止情，其可乎。"

曰："情者性之邪也，知其为邪，邪本无有。心寂不动，邪思自息。惟性明照，邪何所生？如以情止情，是乃大情也，情互相止，其有已乎？《易》曰：'颜氏之子，其殆庶几乎？有不善未尝不知，知之未尝复行也。'《易》曰：'不远复，无祗悔，元吉。'"

问曰："本无有思，动静皆离。然则声之来也，其不闻乎？物之形也，其不见乎？"

曰："不睹不闻，是非人也，视听昭昭而不起于见闻者，斯可矣。无不知也，无弗为也。其心寂然，光照天地，是诚之明也。《大学》曰：'致知在格物。'《易》曰：'易无思也，无为也，寂然不动，感而遂通天下之故。非天下之至神，其孰能与于此？'"

曰："敢问'致知在格物'何谓也？"

曰："物者万物也，格者来也，至也。物至之时，其心昭昭然明辨焉，而不应于物者，是致知也，是知之至也。知至故意诚，意诚故心正，心正故身修，身修而家齐，家齐而国治，国治而天下平。此所以能参天地者也。《易》曰：'与天地相似，故不违；知周乎万物，而道济天下，故不过；旁行而不流，乐天知命，故不忧；安土敦乎仁，故能爱；范围天地之化而不过，曲成万物而不遗，通乎昼夜之道而知，故神无方而易无体。一阴一阳之谓道。'此之谓也。"

曰："生为我说《中庸》。"

曰:"不出乎前矣。"

曰:"我未明也,敢问何谓'天命之谓性'?"

曰:"人生而静,天之性也,性者天之命也。"

曰:"'率性之谓道'何谓也?"

曰:"率,循也,循其源而反其性者,道也。道也者,至诚也。至诚者,天之道也。诚者定也,不动也。"

曰:"'修道之谓教'何谓也?"

故曰:"诚之者,人之道也。诚之者,择善而固执之者也。修是道而归其本者明也。教也者,则可以教天下矣,颜子其人也。'道也者,不可须臾离也,可离非道也。'说者曰:其心不可须臾动焉故也。动则远矣,非道也。变化无方,未始离于不动故也。'是故君子戒慎乎其所不睹,恐惧乎其所不闻,莫见乎隐,莫显乎微,故君子慎其独也。'说者曰:不睹之睹,见莫大焉,不闻之闻,闻莫甚焉。其心一动,是不睹之睹,不闻之闻也,其复之也,远矣。故君子慎其独,慎其独者,守其中也。"

问曰:"昔之注解《中庸》者,与生之言皆不同,何也?"

曰:"彼以事解者也,我以心通者也。"

曰:"彼亦通于心乎?"

曰:"吾不知也。"

曰:"如生之言,修之一日,则可以至于圣人乎?"

曰:"十年扰之,一日止之,而求至焉,是孟子所谓以杯水而救一车薪之火也。甚哉!止而不息必诚,诚而不息则明,明与诚终岁不违,则能终身矣。造次必于是,颠沛必于是,则可以希于至矣。故《中庸》曰:'至诚无息,不息则久,久则征,征则悠远,悠远则博厚,博厚则高明。博厚所以载物也,高明所以覆物也,悠久所以成物也。博厚配地,高明配天,悠久无疆。如此者,不见而章,不动而变,无为而成,天地之道,可一言而尽也。'"

问曰:"凡人之性,犹圣人之性?"

故曰:"桀纣之性,犹尧舜之性也。其所以不睹其性者,嗜欲好恶之所昏也,非性之罪也。"

曰:"为不善者非性耶?"

曰:"非也,乃情所为也。情有善有不善,而性无不善焉。孟子曰:'人无有不善,水无有不下。夫水,搏而跃之,可使过颡,激而行之,可使在山。

是岂水之性哉,其所以导引之者然也。人之性皆善,其不善亦犹是也。'"

问曰:"尧舜岂不有情耶?"

曰:"圣人至诚而已矣。尧舜之举十六相,非喜也。流共工,放驩兜,殛鲧,窜三苗,非怒也。中于节而已矣。其所以皆中节者,设教于天下故也。《易》曰:'知变化之道者,其知神之所为乎?'《中庸》曰:'喜怒哀乐之未发谓之中,发而皆中节谓之和。中也者,天下之大本也。和也者,天下之达道也。致中和,天地位焉,万物育焉。'《易》曰:'唯深也,故能通天下之志;唯几也,故能成天下之务;唯神也,故不疾而速,不行而至。'圣人之谓也。"

问曰:"人之性犹圣人之性,嗜欲爱憎之心,何因而生也?"

曰:"情者妄也,邪也。邪与妄则无所因矣。妄情灭息,本性清明,周流六虚,所以谓之能复其性也。《易》曰:'乾道变化,各正性命。'《论语》曰:'朝闻道,夕死可矣。'能正性命故也。"

问曰:"情之所昏,性即灭矣,何以谓之犹圣人之性也?"

曰:"水之性清澈,其浑之者沙泥也。方其浑也,性岂遂无有邪?久而不动,沙泥自沈。清明之性,鉴于天地,非自外来也。故其浑也,性本弗失,及其复也,性亦不生。人之性,亦犹水之性也。"

问曰:"人之性本皆善,而邪情昏焉,敢问圣人之性,将复为嗜欲所浑乎?"

曰:"不复浑矣。情本邪也,妄也,邪妄无因,人不能复。圣人既复其性矣,知情之为邪,邪既为明所觉矣,觉则无邪,邪何由生也?伊尹曰:'天之道,以先知觉后知,先觉觉后觉者也。予将以此道觉此民也,非予觉之而谁也?'如将复为嗜欲所浑,是尚不自觉者也,而况能觉后人乎?"

曰:"敢问死何所之耶?"

曰:"圣人之所不明书于策者也,《易》曰'原始反终',故知死生之说,'精气为物,游魂为变',是故知鬼神之情状,斯尽之矣。子曰:'未知生,焉知死?'然则原其始而反其终,则可以尽其生之道。生之道既尽,则死之说不学而自通矣。此非所急也,子修之不息,其自知之,吾不可以章章然言且书矣。"

(录自李翱撰:《李文公集》,上海古籍出版社 1993 年版)

复性书下

昼而作,夕而休者,凡人也。作乎作者,与万物皆作;休乎休者,与万物皆休,吾则不类于凡人,昼无所作,夕无所休。作非吾作也,作有物;休非吾休也,休有物。作耶休耶?二者皆离而不存。予之所存者,终不亡且离也。人之不力于道者,昏不思也。天地之间,万物生焉,人之于万物,一物也,其所以异于禽兽虫鱼者,岂非道德之性全乎哉?受一气而成形,一为物而一为人,得之甚难也。生乎世,又非深长之年也。以非深长之年,行甚难得之身,而不专于大道,肆其心之所为,则其所以自异于禽兽虫鱼者,亡几矣。昏而不思,其昏也终不明矣。吾之生二十有九年矣,思十九年时如朝日也,思九年时亦如朝日也。人之受命,其长者不过七十、八十、九十年,百年者则稀矣。当百年之时,而视乎九年时也,与吾此日之思于前也,远近其能大相悬耶?其又能远于朝日之时耶?然则人之生也,虽享百年,若雷电之惊相激也,若风之飘而旋也,可知耳矣。况千百人而无一及百年之年者哉!故吾之终日志于道德,犹惧未及也。彼肆其心之所为者,独何人耶!

(录自李翱撰:《李文公集》,上海古籍出版社 1993 年版)

去佛斋(并序)

故温县令杨垂为京兆府参军时,奉叔父司徒命,撰集《丧仪》。其一篇云《七七斋》,以其日送卒者衣服于佛寺,以申追福。翱以杨氏《丧仪》,其他皆有所出,多可行者,惟此一事伤礼,故论而去之,将存其余云。

佛法之染流于中国也,六百余年矣。始于汉,浸淫于魏、晋、宋之间,而澜漫于梁萧氏,遵奉之以及于兹。盖后汉氏无辨而排之者,遂使夷狄之术,行于中华,故吉凶之礼谬乱,其不尽为戎礼也无几矣。且杨氏之述《丧仪》,岂不以礼法迁坏,衣冠士大夫与庶人委巷无别,为是而欲纠之以礼者耶?是宜合于礼者存诸,愆于礼者辨而去之,安得专己心而言也?苟惧时俗之怒己耶,则杨氏之仪,据于古而拂于俗者多矣。置而勿言,则犹可也,既论之而书以为仪,舍圣人之道,则祸流于将来也无穷矣。佛法之所言者,列御寇、庄周言所详矣,其余则皆戎狄之道也。使佛生于中国,则其为作也必异于是,况驱中国之人举行其术也。君臣、父子、夫妇、兄弟、朋友,存有所养,死有所归,生物有道,费之有节,自伏羲至于仲尼,虽百代圣人,不能革也。故可使天下举而行之无弊者,此圣人之道,所谓君臣、父子、夫妇、兄弟、朋友,而养之以道德仁义之谓也,患力不足而已。向使天下之人,力足尽修身毒国之术,六七十岁之后,虽享百年者亦尽矣,天行乎上,地载乎下,其所以生育于其间者,畜兽、禽鸟、鱼鳖、蛇龙之类而止尔,况必不可使举而行之者耶?夫不可使天下举而行之者,则非圣人之道也。故其徒也,不蚕而衣裳具,弗耨而饮食充,安居不作,役物以养己者,至于几千百万人,推是而冻馁者几何人可知矣。于是筑楼殿宫阁以事之,饰土木铜铁以形之,髡良人男女以居之,虽璇室、象廊、倾宫、鹿台、章华、阿房弗加也,是岂不出乎百姓之财力欤?昔者禹之治水害也,三过其门而不入,手胼足胝,凿九河,疏济洛,导汉汝,决淮江而入于海,人之弗为蛟龙食也,禹实使然。德为圣人,功攘大祸,立为天子,而传曰“菲饮食,恶衣服,卑宫室,土阶高三尺”,其异于彼也如是。此昭昭然其大者也,详而言之,其可穷乎?故惑之者溺于其教,而排之者不知其心,虽辨而当,不能使其徒无哗而劝来者,故使其术若彼其炽也。有位者信吾说而诱之,其君子可以理服,其小人可以令禁,其俗之化也弗难矣。然则不知其心,无害为君子,而溺于其教者,以夷狄之风而变乎诸夏,祸之大者也。其不为戎也幸矣。昔者司士贲告于子游曰:“请袭于床。”子游曰:“诺。”县子闻之曰:“汰哉叔氏,专以礼许人。”人之袭于床,失礼之细者也,犹不可,况举身毒国之术,乱圣人之礼,而欲以传于后乎?

(录自李翱撰:《李文公集》,上海古籍出版社 1993 年版)

刘禹锡学案

刘禹锡(772—842),字梦得,彭城人。其父名溆,以儒学称。刘禹锡自言系出中山,世为儒,自幼聪敏好学,熟读儒家经典,喜吟诗作赋,工于文学,尤善五言诗,有"诗豪"之称。另又有哲学文章《天论》三篇。

贞元九年(793),刘禹锡擢进士第,登博学宏辞科。最初为淮南节度使杜佑幕,受其礼遇,后从佑入朝,为监察御史。贞元末,得到王叔文的重用,以宰相器待之。顺宗即位,擢其为屯田员外郎,判度支盐铁案,兼崇陵使判官。后王叔文政治革新失败,刘禹锡初坐贬连州刺史,途至荆南,再贬朗州司马,居朗州十年(815),多以文章吟咏陶冶性情。元和十年,自武陵召还,因作《游玄都观咏看花君子诗》,出为播州刺史,改易连州刺史,去京师十余年,连刺夔州刺史、和州刺史数郡。太和二年(828),自和州刺史征还,起为主客郎中,除礼部郎中、集贤院学士,后又授苏州刺史。开成初,为太子宾客分司,俄授同州刺史。会昌元年(841),加检校礼部尚书兼太子宾客分司东都。会昌二年七月卒,时年七十一岁,赠户部尚书。其著有《刘宾客集》,今存正集三十卷,外集十卷。

《天论》上中下三篇,是刘禹锡的哲学代表作。柳宗元在永州时期写过《天说》,刘禹锡在此基础上又对天人关系等作了进一步的阐述说明。天人关系一直以来都是儒学所关注的焦点问题,汉代董仲舒杂糅阴阳家、道家之言所建构的"天人感应"学说,是汉唐时期官方的统治思想,刘禹锡的《天论》所针对的正是这样的"天人感应"理论。首先,刘禹锡反对将天神秘化,在《天论》里,刘禹锡主张"承气而生"的宇宙化成论,认为"天之有三光悬寓,万象之神明者也,然而其本在乎山川五行。浊为清母,重为轻始。两位既仪,还相为庸。嘘为雨露,噫为雷风。乘气而生,群分汇从。

植类曰生,动类曰虫。倮虫之长,为智最大"①。这样的宇宙是自然的而非由神灵所主宰的,宇宙万物皆"乘气而生";其次,刘禹锡明确指出,天不是有灵明的主宰者,而是有形之大者:"天,有形之大者也;人,动物之尤者也。天之能,人固不能也;人之能,天亦有所不能也。故余曰:'天与人交相胜耳。'"②正因为天在刘禹锡这里只是"形器",所以它就不是无所不在的道,而天与人之间也因此不可能存在神秘莫测的阴骘关系。刘禹锡进一步指出,人不是一般之物,而是"动物之尤者"。刘禹锡强调天与人、天之能与人之能,皆有其所胜处,所以不能盲目厚此薄彼。他认为"天非务胜乎人",而"人诚务胜乎天"。"天之所能者,生万物也;人之所能者,治万物也。"③

刘禹锡将天人感应理论中神秘的主宰之天还原为客观的自然,从而为人类的主体性赢得了独立运作的空间。他继承了先秦儒学中天人相分的观念,对人之作用和能力给予了充分的肯定,彰显了儒学之为人学的理论特色。这可以说是刘禹锡在儒学思想史上的最大贡献。

天论上

世之言天者二道焉。拘于昭昭者则曰:"天与人实影响:祸必以罪降,福必以善来,穷厄而呼必可闻,隐痛而祈必可答,如有物的然以宰者。"故阴骘之说胜焉。泥于冥冥者则曰:"天与人实剌异:霆震于畜木,未尝在罪;春滋乎堇荼,未尝择善。跖、蹻焉而遂,孔、颜焉而厄,是茫乎无有宰者。"故自然之说胜焉。余之友河东解人柳子厚作《天说》以折韩退之之言,文信美矣,盖有激而云,非所以尽天人之际。故余作《天论》以极其辩云。

大凡入形器者,皆有能有不能。天,有形之大者也;人,动物之尤者也。天之能,人固不能也;人之能,天亦有所不能也。故余曰:天与人交相胜耳。其说曰:天之道在生植,其用在强弱;人之道在法制,其用在是非。阳而阜生,阴而肃杀;水火伤物,木坚金利;壮而武健,老而耗眊;气雄相

---

① 刘禹锡著,瞿蜕园笺证:《刘禹锡集笺证》卷五《天论下》,上海古籍出版社1989年版,第145页。
② 《刘禹锡集笺证》卷五《天论上》,第139页。
③ 《刘禹锡集笺证》卷五《天论上》,第140页。

君,力雄相长:天之能也。阳而蓺树,阴而擎敛;防害用濡,禁焚用光;斩材
窾坚,液矿硎铓;义制强讦,礼分长幼;右贤尚功,建极闲邪:人之能也。

人能胜乎天者,法也。法大行,则是为公是,非为公非,天下之人蹈道
必赏,违之必罚。当其赏,虽三旌之贵,万钟之禄,处之咸曰宜。何也?为
善而然也。当其罚,虽族属之夷,刀锯之惨,处之咸曰宜。何也?为恶而
然也。故其人曰:"天何预乃事耶?唯告虔报本、肆类授时之礼,曰天而已
矣。福兮可以善取,祸兮可以恶召,奚预乎天邪?"法小弛则是非驳,赏不
必尽善,罚不必尽恶。或贤而尊显,时以不肖参焉。或过而僇辱,时以不
辜参焉。故其人曰:"彼宜然而信然,理也。彼不当然而固然,岂理邪?天
也。福或可以诈取,而祸或可以苟免。"人道驳,故天命之说亦驳焉。法大
弛,则是非易位,赏恒在佞而罚恒在直,义不足以制其强,刑不足以胜其
非,人之能胜天之具尽丧矣。夫实已丧而名徒存,彼昧者方挈挈然提无实
之名,欲抗乎言天者,斯数穷矣。

故曰:天之所能者,生万物也;人之所能者,治万物也。法大行,则其
人曰:"天何预人邪?我蹈道而已。"法大弛,则其人曰:"道竟何为邪?任人
而已。"法小弛,则天人之论驳焉。今以一己之穷通,而欲质天之有无,惑矣!

余曰:天恒执其所能以临乎下,非有预乎治乱云尔;人恒执其所能以
仰乎天,非有预于寒暑云尔。生乎治者人道明,咸知其所自,故德与怨不
归乎天。生乎乱者人道昧,不可知,故由人者举归乎天。非天预乎人尔!

(录自刘禹锡著,瞿蜕园笺证:《刘禹锡集笺证》,上海古籍出版社
1989年版)

天论中

或曰:子之言天与人交相胜,其理微,庸使户晓,盍取诸譬焉。

刘子曰:若知旅乎?夫旅者,群适乎莽苍,求休乎茂木,饮乎水泉,必
强有力者先焉;否则,虽圣且贤,莫能竞也。斯非天胜乎?群次乎邑郛,求
荫于华榱,饱于饩牢,必圣且贤者先焉;否则,强有力莫能竞也。斯非人胜
乎?苟道乎虞、芮,虽莽苍犹郛邑然;苟道乎匡、宋,虽郛邑犹莽苍然。是
一日之途,天与人交相胜矣。吾固曰:是非存焉,虽在野,人理胜也;是非
亡焉,虽在邦,天理胜也。然则天非务胜乎人者也。何哉?人不幸则归乎

天也,人诚务胜乎天者也。何哉? 天无私,故人可务乎胜也。吾于一日之途而明乎天人,取诸近也已。

或者曰:若是,则天之不相预乎人也信矣,古之人曷引天为? 答曰:若知操舟乎? 夫舟行乎潍淄伊洛者,疾徐存乎人,次舍存乎人。风之怒号,不能鼓为涛也;流之溯洄洄,不能峭为魁也。适有迅而安,亦人也;适有覆而胶,亦人也。舟中之人未尝有言天者,何哉? 理明故也。彼行乎江河淮海者,疾徐不可得而知也,次舍不可得而必也。鸣条之风,可以沃日;车盖之云,可以见怪。恬然济,亦天也;黯然沉,亦天也;阽危而仅存,亦天也。舟中之人未尝有言人者,何哉? 理昧故也。

问者曰:吾见其骈焉而济者,风水等耳,而有沉有不沉,非天曷司欤?

答曰:水与舟二物也。夫物之合并,必有数存乎其间焉。数存,然后势形乎其间焉。一以沉,一以济,适当其数,乘其势耳。彼势之附乎物而生,犹影响也。本乎徐者其势缓,故人得以晓也;本乎疾者其势遽,故难得以晓也。彼江、海之覆,犹伊、淄之覆也。势有疾徐,故有不晓耳。

问者曰:子之言数存而势生,非天也,天果狭于势邪?

答曰:天形恒圆而色恒青,周回可以度得,昼夜可以表候,非数之存乎? 恒高而不卑,恒动而不已,非势之乘乎? 今夫苍苍然者,一受其形于高大,而不能自还于卑小;一乘其气于动用,而不能自休于俄顷。又恶能逃乎数而越乎势邪? 吾固曰:万物之所以为无穷者,交相胜而已矣,还相用而已矣。天与人,万物之尤者耳。

问者曰:天果以有形而不能逃乎数,彼无形者,子安所寓其数邪?

答曰:若所谓无形者,非空乎? 空者,形之希微者也。为体也不妨乎物,而为用也恒资乎有,必依于物而后形焉。今为室庐,而高厚之形藏乎内也;为器用,而规矩之形起乎内也。音之作也有大小,而响不能逾;表之立也有曲直,而影不能逾。非空之数欤? 夫目之视,非能有光也,必因乎日月火炎而后光存焉。所谓晦而幽者,目有所不能烛耳。彼狸狌犬鼠之目,庸谓晦为幽邪? 吾固曰:以目而视,得形之粗者也;以智而视,得形之微者也。乌有天地之内有无形者邪? 古所谓无形,盖无常形耳,必因物而后见耳。乌能逃乎数邪?

(录自刘禹锡著,瞿蜕园笺证:《刘禹锡集笺证》,上海古籍出版社1989年版)

天论下

或曰:古之言天之历象,有宣夜、浑天、《周髀》之书;言天之高远卓诡,有邹子。今子之言有自乎?

答曰:吾非斯人之徒也。大凡入乎数者,由小而推大必合,由人而推天亦合。以理揆之,万物一贯也。今夫人之有头目耳鼻齿毛颐口,百骸之粹美者也,然而其本在乎肾肠心腹。天之有三光悬寓,万象之神明者也,然而其本在乎山川五行。浊为清母,重为轻始。两位既仪,还相为庸。嘘为雨露,噫为雷风。乘气而生,群分汇从。植类曰生,动类曰虫。倮虫之长,为智最大。能执人理,与天交胜。用天之利,立人之纪。纪纲或坏,复归其始。尧、舜之书,首曰"稽古",不曰稽天;幽、厉之诗,首曰"上帝",不言人事。在舜之进,元凯举焉,曰"舜用之",不曰天授;在殷高宗,袭乱而兴,心知说贤,乃曰"帝赉"。尧民之余,难以神诬;商俗以讹,引天而驱。由是而言,天预人乎?

(录自刘禹锡著,瞿蜕园笺证:《刘禹锡集笺证》,上海古籍出版社1989年版)

柳宗元学案

柳宗元(773—819),字子厚,唐代文学家、哲学家,唐宋八大家之一。祖籍河东(今山西省运城),后迁长安(今陕西西安)。因为他是河东人,所以世称"柳河东",又终于柳州刺史任上,故又有"柳柳州"之称。柳宗元与韩愈共同倡导唐代古文运动,影响深远。

代宗大历八年(773),柳宗元生于京城长安的一个官宦家庭,自幼胸怀大志,"聪警绝众,尤精西汉《诗》《骚》。下笔构思,与古为侔。精裁密致,璨若珠贝。当时流辈咸推之"①。贞元九年(793),中进士,十四年,登博学鸿词科,授校书郎、蓝田尉。后入朝积极参与王叔文集团政治革新,转尚书礼部员外郎。唐顺宗永贞元年(805)九月,王叔文政治革新失败,王叔文被杀,多人被贬谪,柳宗元被贬为邵州刺史,未及任又被加贬永州司马。他在远离政治中心的贬谪日子里,写作了山水游记散文《永州八记》,体物入微,写景细腻。元和十年(815),出为柳州刺史,柳宗元在此革其乡法,政绩卓著。元和十四年,卒于柳州任所,年四十七。

柳宗元擅长多类文体,包括诗歌、散文、寓言、传记、政论等,留下的作品众多,其作品被编为《柳河东集》。柳宗元所作著名哲学论作有《天说》《天对》《封建论》《非国语》《贞符》《时令论》《断刑论》等;其寓言散文善用巧妙的比喻,论说精辟,讽刺犀利,寓意深远,真实揭露了各种丑恶的社会现象,代表作品有如《三戒》(《黔之驴》《临江之麋》《永某氏之鼠》)、《罴说》、《捕蛇者说》、《蝜蝂传》等。

柳宗元哲学思想不同于韩愈之处,在于他虽亦是以儒家思想为主,但又兼取多家。他认为,孔、老并不是对立抵抗的关系,若立门派之别,互相诋毁,只会两败俱伤。故而,相较于韩愈纯粹的儒家思想而言,柳宗元的

---

① 《旧唐书》卷一百六十《柳宗元传》,第4213页。

理论更显多面性。在传统儒学所关注的人性论方面,柳宗元也有所建树,柳宗元的人性论比较接近荀子的"性朴论",他主张人有饥渴牝牡之欲,这种欲望是人类社会发展的动力。成圣成贤关键就在于对本始之明与志的发挥和运用。在文道关系上,柳宗元主张"文以明道",文辞必须要及道,而不能"不顾事实"。柳宗元自述道:"始吾幼且少,为文章,以辞为工。及长,乃知文者以明道,是固不苟为炳炳烺烺,务采色、夸声音而以为能也。"[1]

总而言之,柳宗元在儒学史上具有不容忽视的地位。作为中唐时期的思想家和文学家,他与韩愈、李翱、刘禹锡等人一起通过自身的努力在各个方面开风气之先,最终促成了汉唐经学向宋明道学的历史性转换。

封建论

天地果无初乎? 吾不得而知之也。生人果有初乎? 吾不得而知之也。然则孰为近? 曰:有初为近。孰明之? 由封建而明之也。彼封建者,更古圣王尧、舜、禹、汤、文、武而莫能去之。盖非不欲去之也,势不可也。势之来,其生人之初乎? 不初,无以有封建。封建,非圣人意也。

彼其初与万物皆生,草木榛榛,鹿豕狉狉,人不能搏噬,而且无毛羽,莫克自奉自卫,荀卿有言,必将假物以为用者也。夫假物者必争,争而不已,必就其能断曲直者而听命焉。其智而明者,所伏必众;告之以直而不改,必痛之而后畏;由是君长刑政生焉。故近者聚而为群。群之分,其争必大,大而后有兵有德。又有大者,众群之长又就而听命焉,以安其属,于是有诸侯之列。则其争又有大者焉。德又大者,诸侯之列又就而听命焉,以安其封,于是有方伯、连帅之类。则其争又有大者焉。德又大者,方伯、连帅之类,又就而听命焉,以安其人,然后天下会于一。是故有里胥而后有县大夫,有县大夫而后有诸侯,有诸侯而后有方伯、连帅,有方伯、连帅而后有天子。自天子至于里胥,其德在人者,死必求其嗣而奉之。故封建非圣人意也,势也。

夫尧、舜、禹、汤之事远矣,及有周而甚详。周有天下,裂土田而瓜分

---

① 柳宗元著:《柳宗元集》卷三十四《答韦中立论师道书》,中华书局 1979 年版,第 873 页。

之，设五等，邦群后，布履星罗，四周于天下，轮运而辐集。合为朝觐会同，离为守臣扞城。然而降于夷王，害礼伤尊，下堂而迎觐者。历于宣王，挟中兴复古之德，雄南征北伐之威，卒不能定鲁侯之嗣。陵夷迄于幽、厉，王室东徙，而自列为诸侯矣。厥后，问鼎之轻重者有之，射王中肩者有之，伐凡伯、诛苌弘者有之，天下乖戾，无君君之心。余以为周之丧久矣，徒建空名于公侯之上耳！得非诸侯之盛强，末大不掉之咎欤？遂判为十二，合为七国，威分于陪臣之邦，国殄于后封之秦。则周之败端，其在乎此矣。

秦有天下，裂都会而为之郡邑，废侯卫而为之守宰，据天下之雄图，都六合之上游，摄制四海，运于掌握之内，此其所以为得也。不数载而天下大坏，其有由矣。亟役万人，暴其威刑，竭其货贿。负锄梃谪戍之徒，圜视而合从，大呼而成群。时则有叛人而无叛吏，人怨于下而吏畏于上，天下相合，杀守劫令而并起。咎在人怨，非郡邑之制失也。

汉有天下，矫秦之枉，徇周之制，剖海内而立宗子，封功臣。数年之间，奔命扶伤之不暇。困平城，病流矢，陵迟不救者三代。后乃谋臣献画，而离削自守矣。然而封建之始，郡邑居半，时则有叛国而无叛郡。秦制之得，亦以明矣。继汉而帝者，虽百代可知也。

唐兴，制州邑，立守宰，此其所以为宜也。然犹桀猾时起，虐害方域者，失不在于州而在于兵，时则有叛将而无叛州。州县之设，固不可革也。

或者曰："封建者，必私其土，子其人，适其俗，修其理，施化易也。守宰者，苟其心，思迁其秩而已，何能理乎？"余又非之。周之事迹，断可见矣。列侯骄盈，黩货事戎。大凡乱国多，理国寡。侯伯不得变其政，天子不得变其君。私土子人者，百不有一。失在于制，不在于政，周事然也。秦之事迹，亦断可见矣。有理人之制，而不委郡邑，是矣；有理人之臣，而不使守宰，是矣。郡邑不得正其制，守宰不得行其理，酷刑苦役，而万人侧目。失在于政，不在于制。秦事然也。汉兴，天子之政行于郡，不行于国；制其守宰，不制其侯王。侯王虽乱，不可变也；国人虽病，不可除也。及夫大逆不道，然后掩捕而迁之，勒兵而夷之耳。大逆未彰，奸利浚财，怙势作威，大刻于民者，无如之何。及夫郡邑，可谓理且安矣。何以言之？且汉知孟舒于田叔，得魏尚于冯唐，闻黄霸之明审，睹汲黯之简靖，拜之可也，复其位可也，卧而委之以辑一方可也。有罪得以黜，有能得以赏。朝拜而不道，夕斥之矣；夕受而不法，朝斥之矣。设使汉室尽城邑而侯王之，纵令其乱人，戚之而已。孟舒、魏尚之术，莫得而施；黄霸、汲黯之化，莫得而行。明遣而导之，拜受而退已违矣。下令而削之，缔交合从之谋，周于同列，则相顾裂眦，勃然而起。幸而不起，则削其半。削其半，民犹瘁矣，曷若举而移之以全其人乎？汉事然也。今国家尽制郡邑，连置守宰，其不可变也固矣。善制兵，谨择守，则理平矣。

或者又曰："夏、商、周、汉封建而延，秦郡邑而促。"尤非所谓知理者也。魏之承汉也，封爵犹建。晋之承魏也，因循不革。而二姓陵替，不闻延祚。今矫而变之，垂二百祀，大业弥固，何系于诸侯哉？

或者又以为："殷、周，圣王也，而不革其制，固不当复议也。"是大不然。夫殷、周之不革者，是不得已也。盖以诸侯归殷者三千焉，资以黜夏，汤不得而废；归周者八百焉，资以胜殷，武王不得而易。徇之以为安，仍之以为俗，汤、武之所不得已也。夫不得已，非公之大者也，私其力于己也，私其卫于子孙也。秦之所以革之者，其为制，公之大者也；其情，私也，私其一己之威也，私其尽臣畜于我也。然而公天下之端自秦始。

夫天下之道，理安，斯得人者也。使贤者居上，不肖者居下，而后可以理安。今夫封建者，继世而理。继世而理者，上果贤乎？下果不肖乎？则生人之理乱未可知也。将欲利其社稷，以一其人之视听，则又有世大夫世食禄邑，以尽其封略。圣贤生于其时，亦无以立于天下，封建者为之也。岂圣人之制使至于是乎？吾固曰："非圣人之意也，势也。"

（录自柳宗元著：《柳宗元集》，中华书局 1979 年版）

守道论

或问曰："守道不如守官，何如？"对曰：是非圣人之言，传之者误也。官也者，道之器也，离之非也。未有守官而失道，守道而失官之事者也。是固非圣人之言，乃传之者误也。

夫皮冠者，是虞人之物也。物者，道之准也。守其物，由其准，而后其道存焉。苟舍之，是失道也。凡圣人之所以为经纪，为名物，无非道者。命之曰官，官是以行吾道云尔。是故立之君臣、官府、衣裳、舆马、章绶之数，会朝、表著、周旋、行列之等，是道之所存也。则又示之典命、书制、符玺、奏复之文，参伍、殷辅、陪台之役，是道之所由也。则又劝之以爵禄、庆赏之美,惩之以黜远、鞭扑、梏拲、斩杀之惨,是道之所行也。故自天子至于庶人,咸守其经分,而无有失道者,和之至也。失其物,去其准,道从而丧矣。易其小者,而大者亦从而丧矣。古者居其位思死其官,可易而失之哉?《礼记》曰:"道合则服从,不可则去。"孟子曰:"有官守者,不得其职则去。"然则失其道而居其官者,古之人不与也。是故在上不为抗,在下不为损,矢人者不为不仁,函人者不为仁,率其职,司其局,交相致以全其工也。易位而处,各安其分,而道达于天下矣。

且夫官所以行道也,而曰守道不如守官,盖亦丧其本矣。未有守官而失道,守道而失官者也。是非圣人之言,传之者误也,果矣。

(录自柳宗元著:《柳宗元集》,中华书局 1979 年版)

天　对

问曰:遂古之初,谁传道之? 上下未形,何由考之? 冥昭瞢暗,谁能极之? 冯翼惟像,何以识之? 明明暗暗,惟时何为?

对曰:本始之茫,诞者传焉。鸿灵幽纷,曷可言焉! 曶黑晰眇,往来屯屯,庞昧革化,惟元气存,而何为焉!

问:阴阳三合,何本何化?

对:合焉者三,一以统同。吁炎吹冷,交错而功。

问:圜则九重,孰营度之?

对:无营以成,沓阳而九。转輠浑沦,蒙以圜号。

问:惟兹何功,孰初作之?

对:冥凝玄厘,无功无作。

问:斡维焉系? 天极焉加?

对:乌倮系维,乃縻身位! 无极之极,漭弥非垠。或形之加,孰取大焉!

问:八柱何当? 东南何亏?

对:皇熙亹亹,胡栋胡宇! 宏离不属,焉恃夫八柱!

问:九天之际,安放安属?

对:无青无黄,无赤无黑,无中无旁,乌际乎天则!

问:隅隈多有,谁知其数?

对:巧欺淫诳,幽阳以别。无限无隅,曷慄厥列。

问:天何所沓?十二焉分?

对:折篝剟筳,午施旁竖,鞠明究曛,自取十二。非余之为,焉以告汝!

问:日月安属?列星安陈?

对:规毁魄渊,太虚是属。棋施万荧,咸是焉托。

问:出自汤谷,次于蒙汜。

对:辐旋南昼,轴奠于北。轨彼有出次,惟汝方之侧! 平施旁运,恶有谷、汜!

问:自明及晦,所行几里?

对:当焉为明,不逮为晦。度引久穷,不可以里。

问:夜光何德,死则又育?

对:毁炎莫俪,渊迫而魄,遄违乃专,何以死育!

问:厥利维何,而顾菟在腹?

对:玄阴多缺,爰感厥兔,不形之形,惟神是类。

问:女歧无合,夫焉取九子?

对:阳健阴淫,降施蒸摩,歧灵而子,焉以夫为!

问:伯强何处?惠气安在?

对:怪弥冥更,伯强乃阳,顺和调度,应气出行,时届时缩,何有处乡!

问:何阖而晦?何开而明?

对:明焉非辟,晦焉非藏。

问:角宿未旦,曜灵安藏?

对:孰旦孰幽,缪躔于经。苍龙之寓,而廷彼角亢。

问:不任汩鸿,师何以尚之?金答何忧,何不课而行之?

对:惟鲧谯谯,邻圣而孽。恒师厖蒙,乃尚其毗。后惟师之难,鞏颀使试。

问:鸱龟曳衔,鲧何听焉?顺欲成功,帝何刑焉?永遏在羽山,夫何三年不施?

对:盗埋息壤,招帝震怒。赋刑在下,而投弃于羽。方陟元子,以胤功定地。胡离厥考,而鸱龟肆喙!

问:伯禹腹鲧,夫何以变化?纂就前绪,遂成考功。何续初继业,而厥谋不同?

对:气孽宜害,而嗣续得圣,污涂而蕖,夫固不可以类。胝躬躄步,桥楯勩路。厥十有三载,乃盖考丑。宜仪刑九畴,受是玄宝。昏成厥孽,昭生于德,惟氏之继,夫孰谋之式!

问:洪泉极深,何以填之?

对:行鸿下隤,厥丘乃降。焉填绝渊,然后夷于土!

问:地方九州,何以坟之?

对:从民之宜,乃九于野,坟厥贡艺,而有上中下。

问:应龙何画?河海何历?

对:胡圣为不足,反谋龙智?畚锸究勤,而欺画厥尾!

问:鲧何所营?禹何所成?康回冯怒,地何故以东南倾?

对:圜焘廓大,厥立不植。地之东南,亦已西北。彼回小子,胡颠陨尔力!夫谁骇汝为此,而以恩天极?

问:九州何错?川谷何洿?

对:州错富媪,爰定于趾。躁川静谷,形有高庳。

问:东流不溢,孰知其故?

对:东穷归墟,又环西盈。脉穴土区,而浊浊清清。坟垆燥疏,渗渴而升。充融有余,泄漏复行。器运漱漱,又何溢为!

问:东西南北,其修孰多?

对:东西南北,其极无方。夫何鸿洞,而课校修长!

问:南北顺隳,其衍几何?

对:茫忽不准,孰衍孰穷!

问:昆仑县圃,其居安在?

对:积高于乾,昆仑攸居。蓬首虎齿,爰穴爰都。

问:增城九重,其高几里?

对:增城之高,万有三千。

问:四方之门,其谁从焉?

对:清温燠寒迭出于时。时之丕革,由是而门。

问:西北辟启,何气通焉?

对:辟启以通,兹气之元。

问:日安不到?烛龙何照?

对:修龙口燎,爰北其首,九阴极冥,厥朔以炳。

问:羲和之未扬,若华何光?

对:惟若之华,禀羲以耀。

问:何所冬暖?何所夏寒?

对:狂山凝凝,冰于北至。爰有炎洲,司寒不得以试。

问:焉有石林?何兽能言?

对:石胡不林?往视西极!兽言嘐嘐,人名是达。

问:焉有虬龙,负熊以游?

对:有虬蝼蛇,不角不鳞,嬉夫玄熊,相待以神。

问:雄虺九首,倏忽焉在?

对:南有怪虺,罗首以噬。倏、忽之居,帝南、北海。

问:何所不死?长人何守?

对:员丘之国,身民后死。封、嵎之守,其横九里。

问:靡萍九衢,枲华安居?

对:有萍九歧,厥图以诡。浮山孰产?赤华伊枲。

问:一蛇吞象,厥大何如?

对:巴蛇腹象,足觊厥大。三岁遗骨,其修已号。

问:黑水、玄趾,三危安在?

对:黑水淫淫,穷于不姜。玄趾则北,三危则南。

问:延年不死,寿何所止?

对:仙者幽幽,寿焉孰慕!短长不齐,咸各有止。胡纷华漫汗,而潜谓不死!

问:鲮鱼何所?魼堆焉处?

对:鲮鱼人貌,迩列姑射。魼雀峙北号,惟人是食。

问:羿焉弹日?乌焉解羽?

对:焉有十日,其火百物!羿宜炭赫厥体,胡庸以枝屈!大泽千里。群乌是解。

问:禹之力献功,降省下土四方。焉得彼涂山女,而通之于台桑?闵妃配合,厥身是继。胡维嗜欲不同味,而快鼌饱。

对:禹惩于续,涂妇匜合。肢离厥肤,三门以不眠。呱呱之不盡,而孰图味!卒燥于野,民攸字攸暨。

问:启代益作后,卒然离孽。

对:彼呱克臧,俾姒作夏。献后益于帝,谆谆以不命。复为叟耆,曷戚曷孽!

问:何启惟忧,而能拘是达?皆归射鞠,而无害厥躬。

对:呱勤于德,民以乳活。扈仇厥正,帝授柄以挞凶穷。圣庸夫孰克害!

问:何后益作革,而禹播降?

对:益革民艰,咸粢厥粒。惟禹授以土,爰稼万亿。违溺践坰,休居以康食。姑不失圣,夫胡往不道!

问:启棘宾商,《九辩》《九歌》。

对:启达厥声,堪舆以呻。辨同容之序,帝以怨嫔。

问:何勤子屠母,而死分竞地?

对:禹母产圣,何疈厥旅!彼淫言乱喝,聪聩以不处。

问:帝降夷羿,革孽夏民。

对:夷羿滔荒,割更夏相。夫孰作厥孽,而诬帝以降!

问:胡羿射夫河伯,而妻彼雒嫔?

对:震鞷厥鳞,集矢于皖。肆叫帝不谌,失位滋嫚。有洛之嫄,焉妻于狡!

问:冯珧利决,封豨是射。何献蒸肉之膏,而后帝不若?

对:夸夫快杀,鼎豨以虑饱。馨膏腴帝,叛德恣力。胡肥台舌喉,而滥厥福!

问:浞娶纯狐,眩妻爰谋。何羿之射革,而交吞揆之?

对:寒谗妇谋,后夷卒戕。荒弃于野,俾奸民是臧。举土作仇,徒怙身弧!

问:阻穷西征,岩何越焉?化而为黄熊,巫何活焉?

对:鲧殛羽岩,比黄而渊。

问:咸播秬黍,莆藿是营。

对:子宜播稙穉,于丘于川。维莞维蒲,维菰维芦,丕彻以图,民以谨以都。

问:何由并投,而鲧疾修盈?

对:尧酷厥父,厥子激以功,克硕厥祀,后世是郊。

问:白蜺婴茀,胡为此堂?安得夫良药,不能固臧?天式从横,阳离爰死。大鸟何鸣,夫焉丧厥体?

对:王子怪骇,蜕形弗裳。文褫操戈,犹懵夫药良。终鸟号以游,奋厥筐筐。忽漠莫谋,形胡在胡亡。

问:萍号起雨,何以兴之?

对:幽阳潜爨,阴蒸而雨,萍冯以兴,厥号爰所。

问:撰体协胁,鹿何膺之?

对:气怪以神,爰有奇躯。胁属支偶,尸帝之隅。

问:鼇戴山抃,何以安之?

对:宅灵之丘,掉焉不危,鼇厥首而恒以恬夷?

问:释舟陵行,何以迁之?

对:要释而陵,殆或谪之,龙伯负骨,帝尚窄之!

问:惟浇在户,何求于嫂?何少康逐犬,而颠陨厥首?

对:浇嫚以力,兄麇聚之。康假于田,肆克宇之。

问:女歧缝裳,而馆同爰止。何颠易厥首,而亲以逢殆?

对:既裳既舍,宜咸坠厥首。

问:汤谋易旅,何以厚之?

对:汤奋癸旅,爰以伛拊。载厥德于葛,以诘仇饷。

问:覆舟斟寻,何道取之?

对:康复旧物,寻焉保之?覆舟喻易,尚或艰之!

问:桀伐蒙山,何所得焉?妹嬉何肆,汤何殛焉?

对:惟桀嗜色,戎得蒙妹,淫处暴娱,以大启厥伐。

问:舜闵在家,父何以鳏?尧不姚告,二女何亲?

对:瞽父仇舜,鳏以不俪。尧专以女,兹俾允厥世。惟蒸蒸翼翼,于妫之汭。

问:厥萌在初,何所意焉?璜台十成,谁所极焉?

对:纣台于璜,箕克兆之。

问:登立为帝,孰道尚之?

对:惟德登帝,师以首之。

问:女娲有体,孰制匠之?

对:娲躯虵号,占以类之。胡日化七十,工获诡之!

问:舜服厥弟,终然为害。何肆犬体,而厥身不危败?

对：舜弟眠厥仇，毕屠水火。夫固优游以圣，而孰殆厥祸！犬断于德，终不克以噬。昆庸致爱，邑鼻以赋富。

问：吴获迄古，南岳是止。孰期去斯，得两男子？

对：嗟伯之仁，逊弟旅岳。雍同度厥义，以嘉吴国。

问：缘鹄饰玉，后帝是飨。何承谋夏，桀终以灭丧？

对：空桑鼎殷，诒羹厥鹄。惟轲知言，瞷焉以为不。仁易愚危，夫曷揆曷谋。咸逃丛渊，虐后以刘。

问：帝乃降观，下逢伊挚。何条放致罚，而黎伏大说？

对：降厥现于下，匪挚孰承！条伐巢放，民用溃厥疣，以夷于肤，夫曷不谣！

问：简狄在台，喾何宜？玄鸟放贻，女何喜？

对：喾、狄祷禖，契形于胞。胡乙豰之食，而怪焉以嘉！

问：该秉季德，厥父是臧。

对：该德胤考，蓐收于西。爪虎手钺，尸刑以司愿。

问：胡终弊于有扈，牧夫牛羊？

对：牧正矜矜，浇扈爰踣。

问：干协时舞，何以怀之？

对：阶干以娱，苗革而格。不迫以死，夫胡狙厥贼！

问：平胁曼肤，何以肥之？

对：辛后骎狂，无忧以肥。肆荡弛厥体，而充膏于肌。嗇宝被躬，焚以旗之。

问：有扈牧竖，云何而逢？击床先出，其命何从？

对：扈释于牧，力使后之。民仇焉寓，启床以斳。

问：恒秉季德，焉得夫朴牛？何往营班禄，不但还来。

对：殷武踵德，爰获牛之朴！夫唯陋民是冒，而丕号以瑞。卒营而班，民心是市。

问：昏微循迹，有狄不宁。何繁鸟萃棘，负子肆情？

对：解父狄淫，遭恶以报。彼中之不目，而徒以色视。

问：眩弟并淫，危害厥兄。何变化以作诈，后嗣而逢长？

对：象不兄粪，而奋以谋盖。圣孰凶怒，嗣用绍厥爱。

问：成汤东巡，有莘爰极。何乞彼小臣，而吉妃是得？

对:莘有玉女,汤巡爱获。既内克厥合,而外弼于德。伊知非妃,伊之知臣,曷以不识!

问:水滨之木,得彼小子。夫何恶之,媵有莘之妇?

对:胡木化于母,以蝎厥圣!喙鸣不良,漫以诡正。尽邑以垫,孰译彼梦!

问:汤出重泉,夫何罪尤?不胜心伐帝,夫谁使挑之?

对:汤行不类,重泉是囚。违虐立辟,实罪德之由。师凭怒以割,癸挑而雠。

问:会鼂争盟,何践吾期?苍鸟群飞,孰使萃之?

对:胶鬲比嫠,雨行践期。捧盏救灼,仁兴以毕随。鹰之咸同,得使萃之。

问:到击纣躬,叔旦不嘉。何亲揆发,足周之命以咨嗟?

对:颈纣黄钺,旦孰喜之!民父有鏊,嗟以美之。

问:授殷天下,其位安施?反成乃亡,其罪伊何?

对:位庸庇民,仁克苴之。纣淫以害,师殛妲之。

问:争遣伐器,何以行之?并驱击翼,何以将之?

对:咸道厥死,争徂器之。冀鼓颠御,让舞靡之。

问:昭后成游,南土爰底?厥利惟何,而逢彼白雉?

对:水滨玩昭,荆陷弑之。缪迂越裳,畴肯雉之。

问:穆王巧挴,夫何为周流?环理天下,夫何索求?

对:穆懵《祈招》,猖洋以游。轮行九野,惟怪之谋。胡纣娱戴胜之兽,筋瑶池以迭谣!

问:妖夫曳衔,何号乎市?周幽谁诛,焉得夫褒姒?

对:孺贼厥诮,爰屡其弧。幽祸挐以夸,惮褒以渔。淫嗜蔑杀,谏尸谤屠。孰鳞嫠以征,而化鼋是辜!

问:天命反侧,何罚何佑?

对:天邈以蒙,人么以离。胡克合厥道,而诘彼尤违。

问:齐桓九会,卒然身杀?

对:桓号其大,任属以傲。幸良以九合,逮蟊而坏。

问:彼王纣之躬,孰使乱惑?何恶辅弼,谗谄是服?

对:纣无谁使惑,惟志为首。逆图倒视,辅谗以傲宠。

问：比干何逆，而抑沈之？雷开何顺，而赐封之？

对：干异召死，雷济克后。

问：何圣人之一德，卒其异方？梅伯受醢，箕子佯狂？

对：文德迈以被，芮鞫顺道。醢梅奴箕，忠咸丧以丑厚。

问：稷维元子，帝何笃之？投之于冰上，鸟何燠之？

对：弃灵而功，笃胡爽焉！翼冰以炎，盍崇长焉！

问：何冯弓挟矢，殊能将之？既惊帝切激，何逢长之？

对：既歧既嶷，宜庸将焉。纣凶以启，武绍尚焉。

问：伯昌号衰，秉鞭作牧。何令彻彼歧社，命有殷之国？

对：伯鞭于西，化江、汉浒。易歧社以太，国之命以祚武。

问：迁藏就岐，何能依？

对：逾梁櫜囊，膻仁蚁萃。

问：殷有惑妇，何所讥？

对：妲灭淫商，痛民以殛去。

问：受赐兹醢，西伯上告。何亲就上帝罚，殷之命以不救？

对：肉梅以颁，乌不台诉！孰盈癸恶，兵躬殄祀！

问：师望在肆，昌何志？鼓刀扬声，后何喜？

对：牙伏牛渔，积内以外萌。歧目厥心，瞭眠显光。奋刀屠国，以髀髋厥商。

问：武发杀殷，何所悒？载尸集战，何所急？

对：发杀曷遑，寒民于烹。惟栗厥文考，而虔予以徂征。

问：伯林雉经，维其何故？何感天抑坠，夫谁畏惧？

对：中潜不列，恭君以雉。胡螟讼蟜贼，而以变天地！

问：皇天集命，惟何戒之？受礼天下，又使至代之？

对：天集厥命，惟德受之。胤怠以弃，天又祐之。

问：初汤臣挚，后兹承辅。何卒官汤，尊食宗绪？

对：汤、挚之合，祚以久食。昧始以昭末，克庸成绩。

问：勋阖、梦生，少离散亡。何壮武厉，能流厥严？

对：光征梦祖，憾离以厉。彷徨激覆，而勇益德迈。

问：彭铿斟雉，帝何飨？受寿永多，夫何久长？

对：铿羹于帝，圣孰嗜味！夫死自暮，而谁飨以俾寿！

问:中央共牧,后何怒? 蜂蚁微命,力何固?

对:魄啮己毒,不以外肆。细腰群螫,夫何足病!

问:惊女采薇,鹿何祐? 北至回水,萃何喜?

对:萃回偶昌,鹿曷祐以女!

问:兄有噬犬,弟何欲? 易之以百两,卒无禄。

对:鍼欲兄爱,以快佟富。愈多厥车,卒逐以旅。

问:薄暮雷电,归何忧? 厥严不奉,帝何求? 伏匿穴处,爰何云? 荆勋作师,夫何长? 悟过改更,我又何言?

对:咨吟于野,胡若之很! 严坠谊殄丁厥任,合行违匿固若所。咿嚘忿毒意谁与? 丑齐徂秦啗厥诈,谗登狡庸弗以施。甘恬祸凶亟锄夷。愎不可化徒若罢。

问:吴光争国,久余是胜?

对:阖绰厥武,滋以佟颓。

问:何环穿自闾社丘陵,爰出子文?

对:于菟不可以作,怠焉庸归?

问:吾告堵敖以不长。

对:欸吾敖之阂以旅尸。

问:何试上自予,忠名弥彰?

对:诚若名不尚,曷极而辞?

(录自柳宗元著:《柳宗元集》,中华书局 1979 年版)

天　说

韩愈谓柳子曰:"若知天之说乎? 吾为子言天之说。今夫人有疾痛、倦辱、饥寒甚者,因仰而呼天曰:'残民者昌,佑民者殃!'又仰而呼天曰:'何为使至此极戾也?'若是者,举不能知天。夫果蓏,饮食既坏,虫生之;人之血气败逆壅底,为痈疡、疣赘、瘘痔,虫生之;木朽而蝎中,草腐而萤飞,是岂不以坏而后出邪? 物坏,虫由之生;元气阴阳之坏,人由之生。虫之生而物益坏,食啮之,攻穴之,虫之祸物也滋甚。其有能去之者,有功于物者也;繁而息之者,物之雠也。人之坏元气阴阳也亦滋甚:垦原田,伐山林,凿泉以井饮,窾墓以送死,而又穴为偃溲,筑为墙垣、城郭、台榭、观游,疏为川渎、沟洫、陂池，燧木以燔，革金以熔，陶甄琢磨，悴然使天地万物不得其情，幸幸冲冲，攻残败挠而未尝息。其为祸元气阴阳也，不甚于虫之所为乎？吾意有能残斯人使日薄岁削，祸元气阴阳者滋少，是则有功于天地者也；繁而息之者，天地之雠也。今夫人举不能知天，故为是呼且怨也。吾意天其呼且怨，则有功者受赏必大矣，其祸焉者受罚亦大矣。予以吾言为何如？"

柳子曰："子诚有激而为是邪？则信辩且美矣。吾能终其说。彼上而玄者，世谓之天；下而黄者，世谓之地；浑然而中处者，世谓之元气；寒而暑者，世谓之阴阳。是虽大，无异果蓏、痈痔、草木也。假而有能去其攻穴者，是物也，其能有报乎？繁而息之者，其能有怒乎？天地，大果蓏也；元气，大痈痔也；阴阳，大草木也，其乌能赏功而罚祸乎？功者自功，祸者自祸，欲望其赏罚者大谬；呼而怒，欲望其哀且仁者，愈大谬矣。子而信子之仁义以游其内，生而死尔，乌置存亡得丧于果蓏、痈痔、草木邪？"

（录自柳宗元著：《柳宗元集》，中华书局 1979 年版）

答刘禹锡天论书

宗元白：发书得《天论》三篇，以仆所为《天说》为未究，欲毕其言。始得之，大喜，谓有以开吾志虑。及详读五六日，求其所以异吾说，卒不可得。其归要曰：非天预乎人也。凡子之论，乃《天说》传疏耳，无异道焉。谆谆佐吾言，而曰有以异，不识何以为异也。

子之所以为异者，岂不以赞天之能生植也欤？夫天之能生植久矣，不待赞而显。且子以天之生植也，为天耶？为人耶？抑自生而植乎？若以为为人，则吾愈不识也。若果以为自生而植，则彼自生而植耳，何以异夫果蓏之自为果蓏，痈痔之自为痈痔，草木之自为草木耶？是非为虫谋明矣，犹天之不谋乎人也。彼不我谋，而我何为务胜之耶？子所谓交胜者，若天恒为恶，人恒为善，人胜天则善者行。是又过德乎人，过罪乎天也。又曰：天之能者生植也，人之能者法制也。是判天与人为四而言之者也。余则曰：生植与灾荒，皆天也；法制与悖乱，皆人也，二之而已。其事各行不相预，而凶丰理乱出焉，究之矣。凡子之辞，枝叶甚美，而根不直取以遂焉。

又子之喻乎旅者,皆人也,而一曰天胜焉,一曰人胜焉,何哉?莽苍之先者,力胜也;邑郛之先者,智胜也。虞、芮,力穷也;匡、宋,智穷也。是非存亡,皆未见其可以喻乎天者。若子之说,要以乱为天理、理为人理耶?谬矣。若操舟之言人与天者,愚民恒说耳。幽、厉之云为上帝者,无所归怨之辞尔,皆不足喻乎道。子其熟之,无羡言侈论,以益其枝叶,姑务本之为得,不亦裕乎?独所谓无形为无常形者甚善。宗元白。

(录自柳宗元著:《柳宗元集》,中华书局 1979 年版)

林慎思学案

　　林慎思(844—880)，字虔中，号伸蒙子，长乐县崇贤乡钦平里(今长乐市潭头镇大宏村)人。林慎思出身于官宦世家，其曾祖父凝公，官左卫将军，秀州刺史。祖父尊公，官苏州长史，晋江县令。父升公，官银青光禄大夫，检校太子宾客兼监察御史。

　　林慎思自幼勤奋好学，与其他兄弟四人共在筹岩筑室读书，先是筑于方安里筹峰山中，后筑新居于筹峰山下溪上，号"坑湖草堂"。咸通五年(864)，荐礼部试，不第，遂退居梓里，精心研著《伸蒙子》《续孟子》等书。咸通十年中进士，翌年再试，中宏词科拔萃魁，誉满京都，成为福建历史上的第一位状元、思想家。咸通间，其兄弟五人先后登第，为福建历史上第一家五进士兄弟，时称"五子登科"。唐懿宗赐"兰桂同芳"匾，并敕改所居崇贤乡为"芳桂乡"，故里钦平里改为"大宏里"，这些事迹遂被传为佳话，在长乐的历史中光彩闪耀。由此，福州长乐读书之风亦盛起，其"海滨邹鲁""文献名邦"之美誉，亦当从此而来。

　　林慎思登第后，初授秘书省校书郎，后赴召为兴平县尉。在位期间，执法严格，清明公正，颇有政绩。咸通末，官升尚书水部郎中，掌管全国水利、河运、渔捕等政令。是时，唐僖宗常日与宦官嬉乐，荒废朝政。林慎思勇于直谏，与余镐等忠正之士屡次上书切谏，均不被采纳，且因此被外放任长安万年县令。在他任职期间，以儒从政，万年县吏治清明，百姓安居乐业。广明元年(880)，黄巢起义军攻占长安，宦官田令孜挟僖宗仓皇逃奔四川成都，唐王朝一片混乱，高官重臣皆自顾不暇。此时，林慎思领兵出战，但最终力战不支，被贼执之，委官逼降，林慎思踞床骂黄巢，被割舌处死，年仅三十七岁。后葬于昌化乡渡桥大墓山，唐天子旌其闾为"儒英忠义"，诏立忠贤祠以祀典。

　　林慎思一生光明磊落，力行儒家精神，在地方官位，则刚正不阿，为民造福；在朝廷君主之旁，则敢于直谏，为民请命；国家危难之时，则能挺身而出，正气凛然，不失气节。林慎思用其一生的事迹展示了一位儒者"中流砥柱"的风范。林慎思的思想以儒家为宗而兼采道、法诸家，所著《伸蒙子》《续孟子》，表达了他的儒学宗趣，是唐末不可多得的儒学专著，对宋代理学有着开启之功。

林慎思著《续孟子》二卷，矢志续孟，弘扬儒学，以针砭时弊，振国兴邦，其在《续孟子》自序中道："《孟子》书先自其徒记言而著，予所以复著者，盖以孟子久行教化，言不在其徒尽矣，故演作《续孟》。"①在林慎思之前的研究者处理《孟子》十四章的文本都是采取字词训诂或文义注疏的方式，而林慎思以续作的形式表达其对《孟子》的理解，这在《孟子》的接受史上，是一种独特的立说方式。林慎思的《续孟子》承继了《孟子》的诸多代表性思想，如"以民为本""重仁义，轻利欲"等。

林慎思的另一部代表作为《伸蒙子》，此书成书于咸通六年（865）。《伸蒙子》的主要内容为："辩论兴亡，敷陈古今也，或引事以明理，或擒才以润辞。"②其目的是以赞扬和倡导儒家思想为主，对中断甚至毁坏儒学传承的思想和行为进行批判。

作为晚唐时期的儒家学者，林慎思关怀的是如何救济时弊、改良社会以挽救危局。重申《孟子》，阐扬儒家思想，是林慎思在当时的历史背景下对儒学所作的最大贡献。

梁大夫一

梁大夫见孟子，问曰："吾闻夫子教王远利而易以仁义，有诸？"孟子曰："然。"大夫曰："吾家有民，见冻饥于路者，非其亲而救之，脱衣以衣之，辍食以食之，及己冻饿几死，是其亲而不救之，而何？"孟子曰："噫！是大夫从王厚利而薄仁义故也。厚利率民，民争贪欲。苟有独持仁义者，宜乎不得全其身矣。昔楚有靳氏，父子相传，以温鸩醉人者，客过其门则饮之，未尝不毙于路矣。卒有孺子能哀客而告之，然后鸩十九不行焉。洎靳氏

---

① 《全唐文》卷八〇二《林慎思·续孟子序》，第8433页。
② 《全唐文》卷八〇二《林慎思·伸蒙子序》，第8433页。

怒,反鸩孺子矣。然而,靳氏家习不仁也,孺子身盗为仁矣,一身盗为仁,而罪一家习不仁。其家孰容乎?今大夫有仁,能救民之冻饥也,是谓身盗为仁矣。及己之冻饿不得人之救者,岂非其家不容乎?大夫苟能与王移厚利之心而在仁义,移薄仁义之心而在利,则上下移矣。然后仁义非盗而有也,欲人不容,其可得乎?故《易》曰:'立人之道,曰仁与义。'"

(录自《百子全书》,浙江人民出版社 1984 年版)

咸丘蒙八

咸丘蒙问曰:"吾闻诸仲尼,立身扬名,以显父母,孝之终也。舜瞽瞍有不父之名,何也?"孟子曰:"瞽瞍不父,天显之也。天生大孝于舜,使化天下之人也。故不生于帝裔,而生于庶人;不事于常父,而事于瞽瞍。生帝裔则身先贵也,身先贵,则何以育兆人乎?事常父则心先安也,心先安,焉能成大化之节乎?是以取庶人之穷以处舜,则使舜无怠矣;命瞽瞍之恶以化舜,则使舜无怨矣。然后率天下之为人子者,得以化舜则使邪;戒天下之为人父者,得不惩瞽瞍之恶邪;所以舜有大孝之名,由瞽瞍化之,瞽瞍有不父之名,由天显之。"

(录自《百子全书》,浙江人民出版社 1984 年版)

庄暴十二

庄暴问孟子曰:"鲧遭舜殛,禹受舜禅,其为孝乎?"孟子曰:"禹之孝在乎天下,不在乎一家也。夫鲧遭舜殛,公也;禹受舜禅,亦公也。舜不以禹德可立而不殛鲧,是无私于禹也;禹不以父雠可报而不受禅,是无私于舜也。且舜哀天下之民于垫溺也,命禹治之。禹能不私一家之雠而出天下之患也,此非禹之孝在乎天下,而不在乎一家欤?苟私一家之雠,而忘天下之患,则何以为禹之孝?故孔子曰:'禹吾无间然矣。'其是之谓乎?"

(录自《百子全书》,浙江人民出版社 1984 年版)

全　明

知道先生曰:"吾闻仲尼日月也,伐木于宋,削迹于卫,有损于明乎?"伸蒙子曰:"何损哉! 夫盗者习于昏黑也,见明则恶之,盖不利其盗矣。宋、卫是习昏黑者也,见仲尼则恶之,盖不利宋、卫之盗矣。盗自盗也,日月、仲尼何损哉?"曰:"历聘无用于天下,有损于明乎?"曰:"何损哉! 夫人之寐也,见明则避之,所以不用日月也。是时天下诸侯皆寐,见仲尼则避之,所以不用仲尼矣。寐自寐也,日月、仲尼何损之有?"

(录自《百子全书》,浙江人民出版社 1984 年版)

明　化

求己先生问:"人之善恶,能化而迁乎?"伸蒙子曰:"迁矣。"曰:"性有刚柔,天然也,犹火可迁于水邪?"曰:"善不在柔,恶不在刚也。火能炮燔,亦能为灾,水能润泽,亦能为沴,及其迁也,化灾为炮燔,化沴为润泽,岂在化火为水乎? 人之善恶,随化而迁也,必能反善为恶,反恶为善矣。孟母正己以化于孟轲,及其迁也,非反恶为善邪? 齐桓大功而化于竖刁,及其迁也,非反善为恶邪? 所谓人之善恶随化而迁,不亦明乎?"

(录自《百子全书》,浙江人民出版社 1984 年版)

较　仁

求己先生曰:"善治天下与善治国者,其语大则曰尧仁如天,周德至矣,然稽其勤治之心,昌及于勖邪?"伸蒙子曰:"论其位则勖崇,较其仁则昌至。"先生辗然曰:"昌民得及勖民之乐邪?"曰:"勖民虽乐,不及昌民喜也。"曰:"噫! 昌之时辛方纵毒,天下之民皆罹其苦,遇昌德化,犹酷父之子,其伯叔私抚焉。当是时幸其偷生,亦忧且惧矣,宁谓喜邪? 勖之时水不为沴,天下之民皆忘其咎,又遇勖仁,化犹沃壤之苗,而甘泽复加焉。当是时生意滋茂,泰且乐矣,宁无喜邪?"曰:"先生闻齐相养士三千乎? 闻晋臣饭桑下饿人乎? 饿困而得食,与食厌而得鱼,孰急乎? 五帝之民,以时治为常,遇勋之仁,岂非食厌而得鱼欤？商末之民,以时乱为常,遇昌之德,岂非饿困而得食欤？故谓勋民虽乐,不及昌民喜也,亦明矣。"

（录自《百子全书》,浙江人民出版社1984年版）

明 谏

如愚子曰:"夷、齐谏周武,欲存商纣,其为义乎？"伸蒙子曰:"然。"曰:"商纣肆汤火之威,下民罹煎熬之痛,周武不忍而伐之,是时天下咸欲速兵救世,何夷、齐独谏周武之伐,存商纣之暴,而为义乎？"曰:"夷、齐之谏,不独吐一时之忠,抑垂千古之戒也。且人皆曰纣可伐也,独夷、齐不以为然者,其意不亦深乎？故谏不贵纳于一时之周武,而贵纳于后代之诸侯,不贵存于一时之商纣,而贵存于后代之王室,知后代王室必有肖商纣之暴,后代诸侯必有习周武之志,故损身讽谏,用讥后代伐君者,恐中损身之讥,无生易国之志,此非夷、齐之意深乎？若谓止周武纵商纣为心,是不能立昭代之谋,救下民之难,而遁迹饿死,真曰愚矣,后圣曷称为贤哉？盖立谋救难,不乏其臣,所以去之,将持终身之仁,用全讽谏之道,故有知者谓之仁义,不其然乎？迨后幽、厉有商纣之暴,不为诸侯易其国,是恐中损身之讥也。故得周室不翅于卜数,非由夷、齐忠谏所致哉！"如愚子释然,曰:"夷、齐之意深矣！有效夷、齐者,惟知慕夷、齐去周之名,岂知怀夷、齐全周之义乎？"

（录自《百子全书》,浙江人民出版社1984年版）

皮日休学案

皮日休(约834—约883),字逸少,后改字袭美,襄阳竟陵(今湖北天门)人,晚唐文学家、诗人、儒学家。皮日休生于贫寒之家,其性傲诞,年少时曾隐居在襄阳鹿门山,自号鹿门子,喜嗜酒,癖诗,又号间气布衣、醉吟先生、醉士等。与陆龟蒙互相唱和,二人齐名,世通称为"皮陆"。

懿宗咸通七年(866),皮日休入京应进士试不第,遂退居寿州(今安徽寿县),编其诗文集《皮子文薮》。咸通八年,以榜末及进士第。次年至苏州,官任苏州刺史从事,在此时与陆龟蒙结识,其后入京任著作佐郎,又迁太常博士。僖宗乾符二年(875),黄巢起义后,皮日休出任毗陵副使。后入黄巢起义军,任翰林学士。中和三年(883),黄巢起义军从长安撤退后,皮日休不知所踪,后世对其死因说法不一。

皮日休隐居在鹿门时,曾作《鹿门隐书》六十篇,唐朝末年政治腐败,民不聊生,国家一片混乱,皮日休作此书以讥讽时弊,针砭时弊,表达了其对国家、社会及黎民的思考和期许。皮日休抨击时政不仅是为了揭露社会的黑暗,同时也表达了对黎民百姓的同情。皮日休的诗文,如《忧赋》《河桥赋》《霍山赋》《桃花赋》《九讽》《十原》《鹿门隐书》等,愤世忧时,有为而发,颇有力量。鲁迅曾在其《小品文的危机》一文中赞誉皮日休、陆龟蒙及罗隐的小品文为唐末"一榻胡涂的泥塘里的光彩和锋芒"[1]。除此之外,皮日休另著有《皮子文薮》十卷,《诗集》一卷,《华台集》七卷,《皮氏鹿门家钞》九十卷等多部书籍,另有与陆龟蒙的诗歌唱和集《松陵集》十卷。

皮日休的儒学思想主要表现在:首先,皮日休对儒家思想有着自觉的继承和阐扬意识,对孔子更是推崇备至,赞誉至极。其《襄州孔子庙学记》道:"帝之圣者曰尧,王之圣者曰禹,师之圣者曰夫子。尧之德有时而息,

---

[1] 鲁迅:《南腔北调集·小品文的危机》,《鲁迅全集》,人民文学出版社1982年版,第575页。

禹之功有时而穷,夫子之道,久而弥芳,远而弥光。"①其次,皮日休对《孟子》的倡导和发扬有着重要的推动意义。咸通四年,皮日休上奏《请孟子为学科书》,提出要重视《孟子》一书的功效,并建议将其升经,纳入科考之中。他说:"古之士,以汤、武为逆取者,其不读《孟子》乎？以杨、墨为达智者,其不读《孟子》乎？由是观之,《孟子》之功利于人亦不轻矣。"②"去庄、列之书,以《孟子》为主。有能精通其义者,其科选,视明经。"③他的这种尊孟思想,是对韩愈的继承,同时也是宋代尊孟思潮的先声。皮日休十分推崇韩愈,认为韩愈之文"蹴杨、墨于不毛之地,蹂释、老于无人之境,故得孔道巍然而自正"④。

忧赋(并序)

草茅臣日休,见南蛮不宾,天下征发,民力将毙,乃为赋以见其志。词曰:上有太古,粤有民族,颛若混命,愚如视肉。当斯时也,虽三王之道不能化,五帝之泽不能沐。乎混沌欸起,觇视骍分,其形也有精有神,其心也有伪有真。既凋其质,又秀其纯。有智有机,有义有仁。有怨有怼,有悲有辛。居人灵府者,总属于神。神之生也,摄爽孕精,胎意婴情。不迹不朕,无臭无声。不居于愚,不侵于婴。先物而动,先人而行。不注而溢,不丝而萦。神之居也,填胸塞臆,冥冥默默。静如寐魇,将语不得。其遇如噎,其饮如食。其轻者瘠,其重者殛。神之行也,其居幽幽,其行悠悠。来不可抑,去不可留。其情如剚,其绪如抽。其刚为愤,其弱为羞。其子为恨,其孙为愁。入人之心也,如毒如螫,如虔如刘。不纶而渔,不兵而搜。其坚也龙泉不能割,其痛也草荔不能瘳。入人之怀也,倘倘佯佯,隐隐遑遑。牢然不胜,悒若有亡。威能制佚,力可摧刚。乖人之性,反天之常。不丧而戚,不役而忙。不触而醉,不驰而狂。是知食鲦鱼者不能已,树萱草者不可忘。倘怀如嚘喑者,其人立伤。入人之神也,昧人之精,烁人之

---

① 《全唐文》卷七九七《皮日休·襄州孔子庙学记》,第 8354 页。
② 皮日休著,肖涤非、郑庆笃整理:《皮子文薮》卷九《请孟子为学科书》卷九,上海古籍出版社1981年,第 89 页。
③ 《皮子文薮》卷九《请孟子为学科书》,第 89 页。
④ 《皮子文薮》卷九《请韩文公配飨太学书》,第 88 页。

英。痴然而作,如病宿醒。虽有王澄之色必俛,乐广之神不清。入人之首也,欻从内热,郁而上结。不劳膏沐,自清其发。有久而释者,则其人也,冠丝簪雪。入人之眉也,于悒摧颓,思不自裁。动如葭灰,飞上眉来。鞶然无力,自落金杯。有积而未已者,双眉之翠,如一月不开。入人之目也,端坐日晏,凝然忘倦。注睫直视,外象不遍。虽有斧藻之绣,毛嫱、骊姬到于前,昏如有事。入人之耳也,希希夷夷,俯而不思。殷然满耳,其身如尸。虽师旷之善听,苟入之也,迅雷烈风,亦不闻之。入人之齿也,噤其齿牙,淡其含咀。悲嗟既已,哆如饿虎。虽有膹炙餬饍堆其前,粝不可茹。入人四枝也,如絷如维,如劳如疲。其力如柳,弱不可支。苟甚者,消骨枯髓,夺色削肌,其人也立不胜衣。噫嘻呜戏!忧之甚也如斯。向其入之也,臣皆有之。然犹未忧,何实为师。既忧其身,须忧其时。苟肉食者谋失,而藿食者殃罹,可不忧欤!可不忧欤!夫于政而疲,于禄而尸。王道不宣,皇纲不维。元恶作矣,大盗乘之。是臣忧也。后妃之际,阴教规矩。夏德涂山,周赞文母。牝鸡无晨,中馈有主。苟奇邪而不黜,乃神器之可取。宫掖紊乱,奸邪麀聚。文信为相而私后,董偃作庸而尚主。其甚也,汉成母以国循性,周宣后将权授父。是臣忧也。储后之选,实贤与良。少海增润,重离益光。辅导不至,乃为猖狂。叹庾园之思子,嗟临江之悯王。斯爱是即,恶乃易彰。其甚者,愍、怀死而晋乱,房、陵易而隋亡。是臣忧也。封宗王嫡,所以贵亲。茅土足以继其后,印绶足以饰其身。至乃割域中之土宇,半天下之黎民。王犹未足,乱以遄臻。其甚者,篡则王伦、孙秀,杀则清河万人。是臣忧也。辅之而王,在忠与良。致叔父于折木,取太公于钓璜。宠之极也,其化为权。权之极也,其化为强。其甚者,曹操以兵而上殿,高澄抑帝而劝觞。是臣忧也。内竖之臣,乃宠而绥。竖刁乱齐之日,伊戾祸宋之时。西汉则中令扇迹,东京则鄹卿构基。举手天转,切齿国危。其甚者,陈蕃以贤而陷矣,何进用忠而僇之。是臣忧也。贾谊爱时,仕止于国傅,桓谭非谶,官止于郡丞。是臣忧也。将在于军,君命不复。知魏绛之法行,见条侯之令肃。郭开受谀,李牧就诛。范雎一言,武安被僇。是臣忧也。王臣蹇蹇,言须逆耳。治乱终书,善恶必纪。赵盾终屈于董狐,崔杼竟书于太史。至有陈象极言以族灭,李云上书而身死。是臣忧也。悬官待贿,命相取资。崔烈作司徒之日,曹嵩为太尉之时。未搜岩穴,莫访茅茨。秦缪既诛于五羖,桓魋将退于仲尼。是臣忧也。法令如网，随而补之。肺石之上，落人涕洟。公孙鞅恢令之法，严延年扫墓之期。是臣忧也。命将兴师，夸力四夷。既侵岭徼，又定边陲。以无用之沙漠，竭有限之民资。是以先王谓之荒服，后嗣谓之羁縻。岂可使亲帅武旅，躬挥战麾。故汉高有白登之辱，隋炀有雁门之围。是臣忧也。出警入跸，以示严肃。非有事于名山，即展义于群牧。故昭王游汉水以无归，宣帝幸中山而不复。是臣忧也。功作非宜，夺民农时。我簠不粢，我黍阻饥。倾宫既作，阿房又施。人既怨矣，鬼其泣之。是臣忧也。头会箕敛，关征市赋。民之胥怨，无所赴愬。人厌进修，家为积聚。卜式出于富人，弘羊拔于贾竖。是臣忧也。外戚之贵，上公是列。西汉则王根为玉山，东京则郭况制金穴。国步将移，天泽未歇。不师殷鉴，尚遵覆辙。是臣忧也。大乐既没，淫声是起。宋都已改，行人贪贿。如斯陈国一时雄，《玉树后庭花》至死。是臣忧也。先之而昌，后之而亡。先之者，尧兴唐，舜兴虞。后之者，癸丧夏，辛丧商。故王之忧国者日旰不食，士之忧位者载贽出疆。鹓居鷇食者何汲汲，孔席墨突者何遑遑。故臣之忧也，尽此而已矣。愿陛下忧之，治可致乐康，道可跻羲皇，则天下幸甚。

（录自皮日休著，萧涤非、郑庆笃整理：《皮子文薮》，上海古籍出版社1981 年版）

箴

六箴序

皮子尝谓心为己帝，耳目为辅相，四支为诸侯。己帝苟不德，则辅相叛，诸侯乱。古之人，失天下，丧家国者，良由是也。帝身且不德，能帝天下乎？能主家国乎？因为《心》《口》《耳》《目》《手》《足箴》，书之于绅。安不忘危，慎不忘节，穷不忘操，贵不忘道。行古人之事，有如符节者，其在《六箴》乎？

心 箴

大化之精，孕之曰"人"。大纯之灵，形之曰"心"。心由是君，身由是臣。中既龃龉，外乃纷纶。耳厌闻义，目恶睹仁。手持乱柄，足践祸门。

舜为天子,舜不得尊。其不尊者,与心为臣。纣为天子,纣乃得尊。其得尊者,与心为君。天子之外,复有尊者,乃舜之心,将舜之身。天子之外,复有卑者,乃纣之心,将纣之身。危乎惕哉!臣之谏君。辅相不明,诸侯不宾。君为秽壤,臣为贼尘。未及于斯,良可自勤。呜呼吾君,无忽兹文!

口　箴

古铭《金人》,谓"无多言"。忽有所发,不可不论。既有所论,复谓多言。中庸之士,由兹保身。吾谓斯铭,未足以珍。出为忠臣,言则及君。入为孝子,言则及亲。非君与亲,则宜默云。谤讪之言,出如翕沦。一息之波,流于无垠。猜毁之言,出如钧天。钧天之乐,闻于无闻。佞媚之言,出如丝梦。一入于人,治乱不分。间谍之言,出如鹰鹯。鹰鹯之迅,一举凌天。无嗜于酒,酒能乱国;无嗜于味,味能败德。以道为饮,以文为食。成吾之名,繄乃勉力。

耳　箴

听于无听,默默玄性。闻于无闻,洋洋化源。勿恃己善,不服人仁。勿矜己艺,不敬人文。勿耽郑声,其乱乃神,勿信美谈,其痖乃身。听惧多害,听妄多败。近贤则聪,近愚则聩。尧居九重,听在民耳。故得大舜,授彼神器。勿听他富,荧惑乃志。勿闻他贵,隳坏乃义。慎正今非,慎明古是。舍是何适?古乐而已。

目　箴

愧尔了然,为吾所视。高睹古人,有如邻里。勿分秋毫,分于邦里。勿视邦禄,视于人纪。惟书有色,艳于西子。惟文有华,秀于百卉。见彼之倨,污甚涂炭。见彼之贤,绵甚葛藟。勿顾厉阶,紊吾大志。勿视怨府,损吾高义。入吾明者,何人而已?古之忠臣,古之孝子。上立大业,中光信史。苟不善是,蚿蟆之类。

手　箴

惟尔之指,屈伸由己。勿执乱权,勿树贼子。勿秉非道,勿持非理。勿挤孤危,勿援奸宄。慎握吾操,俾直于矢。慎杖吾心,俾平如砥。剪恶如草,扬奸如秕。为而不矜,作而不恃。智如公倕,勿为小巧。机如偃师,勿为奇伎。身高道端,毫直国史。敬之戒之,俟为天吏。

足 箴

惟尔跰跰,为吾所先。居必择地,行必依贤。勿践乱阶,勿履利门。勿蹈怨府,勿蹴祸源。凤凰乃禽,不栖凡木。驺虞乃兽,不践生物。唯尔栖践,保兹无忽!

动 箴

动生于欲,行生于为。欲则不妄,为则不疑。吾道未丧,于何不之?勿生季世,有爵必危。勿居乱国,有禄必尸。往无市怨,去无取嘻。迹无显露,名勿求知。声无取猜,誉无致疑。坦道如砥,履过蒺藜。四海如家,去剧縶维。日慎一日,言兹在兹!

静 箴

冥冥默默,惟道之域。处不违仁,居无悖德。勿欺孩孺,衣冠失则。勿慢皂隶,语言成隙。深山虽乐,豺狼尔殚。深林虽安,虺蝎尔螫。居不必野,唯性之寂。止不必广,唯心之适。勿傲于名,要乎聘帛。勿矫于节,取乎禄食。躬虽已安,若敌锋镝。味虽以甘,若含冰蘗。成吾高风,唯静之力。

(录自皮日休著,萧涤非、郑庆笃整理:《皮子文薮》,上海古籍出版社1981年版)

请韩文公配飨太学书

于戏!圣人之道,不过乎求用。用于生前,则一时可知也;用于死后,则百世可知也。故孔子之封赏,自汉至隋,其爵不过乎公侯,至于吾唐,乃荣王号。七十子之爵命,自汉至隋,或卿大夫,至于吾唐,乃封公侯。曾参之孝道,动天地,感鬼神。自汉至隋,不过乎诸子,至于吾唐,乃旌入十哲。噫!天地久否,忽泰则平;日月久昏,忽开则明;雷霆久息,忽震则惊;云雾久郁,忽廓则清。仲尼之道,否于周、秦,而昏于汉、魏,息于晋、宋,而郁于陈、隋。遇于吾唐,万世之愤,一朝而释。倘死者可作,其志可知也。今有人,身行圣人之道,口吐圣人之言,行如颜、闵,文若游、夏,死不得配食于夫子之侧,愚又不知尊先圣之道也。

夫孟子、荀卿翼传孔道,以至于文中子。文中子之末,降及贞观、开元,其传者醨,其继者浅。或引刑名以为文,或援纵横以为理,或作词赋以为雅,文中之道,旷百祀而得室授者,惟昌黎文公焉。文公之文,蹴杨、墨于不毛之地,蹂释、老于无人之境,故得孔道巍然而自正。夫今之文,千百士之作,释其卷,观其词,无不裨造化,补时政,繄公之力也。公之文曰:"仆自度,若世无孔子,仆不当在弟子之列。"设使公生孔子之世,公未必不在四科焉。国家以二十二贤者,代用其书,垂于国胄,并配享于孔圣庙堂,其为典礼也大矣美矣。苟以代用其书,不能以释圣人之辞,笺圣人之义哉?况有身行其道,口传其文,吾唐以来,一人而已。不得在二十二贤之列,则未闻乎典礼为备。伏请命有司,定其配享之位。则自兹以后,天下以文化,未必不由夫是也。

(录自皮日休著,萧涤非、郑庆笃整理:《皮子文薮》,上海古籍出版社1981年版)

请孟子为学科书

圣人之道,不过乎经。经之降者,不过乎史。史之降者,不过乎子。子不异乎道者,《孟子》也。舍是子者,必戾乎经、史。又率于子者,则圣人之盗也。夫《孟子》之文,粲若经传。天惜其道,不烬于秦。自汉氏得之,常置博士,以专其学。故其文,继乎六艺,光乎百氏。真圣人之微旨也。若然者,何其道晔晔于前,其书没没于后。得非道拘乎正,文极乎奥,有好邪者惮正而不举,嗜浅者鄙奥而无称耶?盖仲尼爱文王、嗜昌歜以取味。后之人将爱仲尼者,其嗜,在《孟子》矣。呜呼!古之士,以汤、武为逆取者,其不读《孟子》乎?以杨、墨为达智者,其不读《孟子》乎?由是观之,《孟子》之功利于人亦不轻矣。今有司除茂才明经外,其次有熟庄周、列子书者,亦登于科。其诱善也虽深,而悬科也未正。夫庄、列之文,荒唐之文也。读之可以为方外之士,习之可以为鸿荒之民。有能汲汲以救时补教为志哉?伏请命有司,去庄、列之书,以《孟子》为主。有能精通其义者,其科选，视明经。苟若是也，不谢汉之博士矣。既遂之，如儒道不行，圣化无补，则可刑其言者。

（录自皮日休著，萧涤非、郑庆笃整理：《皮子文薮》，上海古籍出版社1981年版）

罗隐学案

罗隐(833—909),字昭谏,原名横,后改名为隐,自号江东生。浙江新城(今浙江富阳)人,一说浙江余杭人,唐末文学家、诗人、思想家。工诗,尤长于咏史咏物,文多讥讽。罗隐出身并不高,曾祖和祖父任过福州福唐县令,其父也任过开元礼、贵池尉。

罗隐一生仕途坎坷,于大中十三年(859)至京师应进士举,历七年不第。咸通八年(867),罗隐退而自编文集《谗书》,来寄托自己的政治理想,此书语涉讽刺,笔锋犀利,统治者及公卿皆"甚病其言"。故此书为罗隐招来了不好的名声。此后,他又屡试不第,共十余次,即"十上不第"。罗隐后"东归霸国以求用",游历大梁、淮、润等地,皆不受用。罗隐在大中十三年至光启三年期间,遍历诸州,足迹遍及浙、苏、皖、赣、湘、鄂、蜀、陕等省。罗隐曾投奔于淮南节度使高骈,但高骈却偏爱神仙之说,不求实际,罗隐遂作《淮南高骈所造迎仙楼》《后土庙》揭露之,后决然而去。咸通十二年,三十九岁的罗隐始为衡阳主簿,但于当年十月,"乞假归觐"。

黄巢起义后,罗隐为避乱曾隐居于九华山和池州梅根浦。光启三年(887),罗隐五十五岁时,归江东,回到故乡。时杭州刺史钱镠任罗隐为从事,请置钱塘县,表其为钱塘令,又拜著作佐郎,后辟为镇海军节度掌书记。钱镠雄据东南一方,后又多次加爵进封,分别是天复二年(902)进爵为越王,天祐元年(904)进爵吴王,后梁开平元年(907)进封为吴越王。在此期间,罗隐仕途通顺,颇受倚重,历任司勋郎中、镇海节度军判官、给事中、发运使等官职。罗隐受到钱镠的重视,尽显其辅佐之才。在罗隐辅佐的二十二年里,吴越地区相对少战伐,人民生活安定。梁太祖开平三年(909),罗隐逝世于西阙舍,葬于定山乡,时年七十七岁。

罗隐毕生著述颇丰,有诗集《甲乙集》十卷,散文集《谗书》五卷、《太平两同书》两卷,小说《广陵妖乱志》《中元传》,另有《淮海寓言》七卷、《湘南应用集》三卷、《吴越掌记集》三卷等。罗隐的文章散佚比较严重，后世多有对其散佚文章进行收集整理，明万历中姚士麟辑成《罗昭谏江东集》五卷，清康熙间张瓒辑成《罗昭谏集》八卷。1983年12月中华书局出版雍文华校辑的《罗隐集》，为今存罗集最全版本。

罗隐的讽刺小品文，嬉笑怒骂却有趣有理，有很强的现实批判意义，可以"警当世而戒将来"。鲁迅在《小品文的危机》一文中道："唐末诗风衰落，而小品放了光辉。但罗隐的《谗书》，几乎全部是抗争和愤激之谈；皮日休和陆龟蒙，自以为隐士，别人也称之为隐士，而看他们在《皮子文薮》和《笠泽丛书》中的小品文，并没有忘记天下，正是一榻胡涂的泥塘里的光彩和锋芒。"①可以说，鲁迅对罗隐的小品文及他的讽刺艺术给予了很高的评价。

《两同书》是罗隐撰写的一部哲学著作，分为上、下二卷来阐释儒道思想。不过，在罗隐这里，儒道思想是相贯通的，二者是名异而实同，殊途同归。从历史背景看，罗隐撰写这部书，有着很强的针砭时弊、救济现实的目的。他所身处的晚唐社会，各地藩镇割据、战乱纷争不断，经济凋敝，民不聊生。《两同书》可谓是罗隐基于当时的社会现实，为统治者开出的一剂救世药方。

罗隐的《两同书》具有很强的现实针对性，全书贯彻着他的救国匡世理想，同时具有鲜明的辩证色彩和深刻的哲学意味，是真正去构建儒道互补理论体系的一次伟大尝试。

两同书·贵贱第一

夫一气所化，阳尊而阴卑；三才肇分，天高而地下。龟龙为鳞介之长，麟凤处羽毛之宗，金玉乃土石之标，芝松则卉木之秀。此乃贵贱之理，著之于自然也。龟龙有神灵之别，麟凤有仁爱之异，金玉有鉴润之奇，芝松有贞秀之姿，是皆性禀殊致，为众物之所重也。然则万物之中，唯人为贵。人不自理，必有所尊，亦以明圣之才，而居亿兆之上也。是故时之所贤者，则贵之以为君长；才不应代者，则贱之以为黎庶。然处君长之位，非不贵

---

① 《南腔北调集·小品文的危机》，《鲁迅全集》，人民文学出版社1982年版，第575页。

矣,虽苪力有余,而无德可称,则其贵不足贵也。居黎庶之内,非不贱矣,虽贫弱不足,而有道可采,则其贱未为贱也。何以言之?昔者殷纣居九五之位,孔丘则鲁国之逐臣也;齐景有千驷之饶,伯夷则首阳之饿士也。此非不尊卑道阻,飞伏理殊。然而百代人君,竞慕丘、夷之义;三尺童子,羞闻纣、景之名。是以贵贱之途,未可以穷达论也。故夫人主所以称尊者,以其有德。苟无其德,则何以异于万物乎?是故明君者,纳陛轸虑,旰食兴怀;劳十起而无疲,听八音而受谏,盖有由矣。且崆峒高卧,黄轩致顺风之请;颍水幽居,帝尧发时雨之让。夫以鰥夫独善之操,犹降万乘之尊,况天子厚载之恩,而为百姓所薄者哉!盖不患无位,而患德之不修也;不忧其贱,而忧道之不笃也。《易》曰:"圣人之大宝曰位。何以守位?曰:仁。"苟无其仁,亦何能守位乎?是以古之人君,朝乾而夕惕,岂徒为名而已哉!实恐坠圣人之大宝,辱先王之余庆也。故贵者荣也,非有道而不能居;贱者辱也,虽有力而不能避也。苟以修德,不求其贵,而贵自求之;苟以不仁,欲离其贱,而贱不离之。故昔虞舜处于侧陋,非不微矣,而鼎祚肇建,终有揖让之美;夏桀亲御神器,非不盛矣,而万姓莫附,竟罹放逐之辱。古公避贱而迁居,岂求其贵?行未辍策,邑成岐下;胡亥笑尧禹之陋,岂乐其贱也?死不旋踵,地分灞上。夫以虞、舜之微,非有谷帛之利,以悦于众也;夏桀之盛,非无戈戟之防,以御于敌也;古公之兴,非以一人之力,自强于家国也;胡亥之灭,非以万乘之尊,愿同于黔首也。贵者愈贱,贱者愈贵;求之者不得,得之者不求,岂皇天之有私,惟德佑之而已矣。故老氏曰:"道尊德贵。"其是之谓乎?

(录自雍文华校辑:《罗隐集》,中华书局 1983 年版)

两同书·损益第三

夫万姓所赖,在乎一人;一人所安,资乎万姓。则万姓为天下之足,一人为天下之首。然则万姓众矣,不能免涂炭之祸,一人尊矣,不能逃放戮之辱,岂失之于足,实在于元首也?夫以水动萍移、风行草偃,处唐虞之代,则比屋可封;居桀纣之朝,则比屋可戮。夫天下者,岂贤于彼而愚于此、易于上而难于下哉?盖人君有所损益也。然则益莫大于主俭,损莫大于君奢。奢俭之间,乃损益之本也。且夫日月者,天下之至明也,然犹有不及之处。尔其俭主之理，则天下无为。天下无为，则万姓受其赐，其于日月亦已大矣。豺狼者，天下之至害也，然犹有不伤之所。尔其奢君之理，则天下多事。天下多事，则万姓受其毒，其于豺狼亦已甚矣。是故古先圣君务修俭德：土阶茅宇，绨衣粗裘，舍难得之货，掊无用之器，薄赋敛，省徭役，损一人之爱好，益万人之性命，故得天下欢娱，各悦其生矣。古先暴主志在奢淫：瑶台象箸，锦衣玉食，购难得之货，斫无用之器，厚赋敛，烦徭役，益一人之爱好，损万人之性命，故使天下困穷，不畏其死矣。夫死且不畏，岂可畏其乱乎？生且是悦，岂不悦其安乎？故人安者，天子所以得其安也；人乱者，天子所以罹其乱也。人主欲其己安，而不念其人安，恐其人乱，而不思其己乱，此不可谓其智也。且夫剖腹啖口，不足谓其美也；温踵动心，不足谓其劳也。夫心口所以存者，为其踵腹也。腹之且剖，岂异口之剖耶？踵之且温，岂异心之温也？故人主所以称至尊者，徒以有其人也。人且共益，则君孰与其损哉？人且共损，则君孰与其益哉？是故损己以益物者，物既益矣，而物亦益之，尧舜所以成其上圣、克保耆颐之寿也。益己以损物者，物既损矣，而物亦损之，癸辛所以陷其下愚、自取诛逐之败也。是则彼之自损者，岂非自益之道欤？此之自益者，岂非自损之道欤？损益之道，固亦明矣。嗟夫！性命者，至重之理也；爱好者，不急之事也。今我舍一身之不急，济万姓之至重，不言所利，广遂生成，永居南岳之安，常有北辰之政，则普天率土，孰为我损乎？夫以嗜欲无厌，贪求莫止，士饥糟糠，犬马余其粟肉，人衣皮毛，土木荣其锦罽，崇虚丧实，舍利取危，枳棘生于梗途，鲸鲵游于沸海，则九州岛四域，孰为益乎？故老氏曰："天之道，损有余，补不足。"其是之谓欤？

（录自雍文华校辑：《罗隐集》，中华书局1983年版）

两同书·理乱第六

夫国家之理乱，在乎文武之道也。昔者圣人之造书契以通隐情，剡弓矢以威不服，二者古今之所存焉。然则文以致理，武以定乱。文虽致理，不必止其乱；武虽定乱，不必适其理。故防乱在乎用武，劝理在乎用文，若手足之递使，舟车之更载也。是以汉祖矜功，陆贾谕以为学；鲁公赴会，仲尼请其设备；盖有由也。然夫文者道之以德，德在乎内诚，不在乎夸饰者也。武者示之以威，威在乎自全，不在乎强名也。苟以强名，则吴虽多利兵，适足彰其败也。苟以夸饰，则鲁虽尽儒服，不足救其弱也。是故，始皇筑长城、修战伐，劳役不休，人不堪命，遂使陈涉之流，坐乘其弊：祸，起于强名也；王莽构灵台、兴礼乐，赋敛无度，人不聊生，遂使圣公之徒，行收其利：败，始于虚饰也。故始皇用武于天下也，若陶者之埏器，虽务欲求其大，而不知薄者之所以反脆也。王莽用文于天下也，若匠者之斫材，虽志在矜其妙，而不知细者之所以速折也。二者皆以理之终以为乱也，此未得其大体也。且夫文者示人有章，必存乎简易。简易则易从，将有耻且格。武者示人有备，必在乎恬淡。恬淡则自守，恒以逸而待劳。恒以逸而待劳，则攻战无不利。有耻且格，则教化无不行。化行而众和，战利而寇息，然后澄之以无事，濡之以至仁，此圣主所以得其理也。然二子不求之于内，而索之于外，不抚之以性，而纵之以情，烦文以黩下，暴武以困众，此不可得意于天下也。虽然，犹有其弊。何者？昔伯益凿井，燧人钻木，水火之利，于今赖之。然智伯因之以灌赵城，董卓因之以焚汉室。是乃为害亦以甚矣。然则文武者，理国之利器也。而盗窃者，亦何尝不以文武之道乱天下乎？故章邯以军旅而分秦地，田常以仁义而篡齐国，则有理不能无其乱，唯人主之所制也。是故牧马者先去其害，驱羊者亟鞭其后。后之不鞭，羊之所失也；害之不去，马之所亡也。鲁不能去三家之害，国之所叛也；晋不能鞭六卿之后，地之所分也。苟亦不能，则虽有简易之文、恬淡之武，适足助其乱也，安可得其理乎？故圣人不得文武之道不理，贼臣不得文武之道不乱，非文武有去就之私，盖人主失其柄也。故孔子曰："天下有道，礼乐征伐自天子出。"其是之谓乎？

（录自雍文华校辑：《罗隐集》，中华书局 1983 年版）

两同书·真伪第八

夫主上不能独化也，必资贤辅；物心不为易治也，方俟甄议。使夫小人退野，君子居朝，然后可为得矣。然则善恶相生，是非交躁，形彰而影附，唇竭而齿寒，苟有其真，不能无其伪。是以历代帝王统御家国，莫不侧身驰心，以恭英乂。及所封授，则犹是愚小，莫不攘臂切齿，以疾奸佞；及所诛逐，则谬加贤良；此有识者之所嗟痛也。夫山鸡无灵，买之者谓之凤;野麟嘉瑞,伤之者谓之麞。然麟凤有图,麞鸡无识,犹复以真为伪,以伪为真,况忠逆之情,静躁之性!愚靖者类直,智狂者类贤;洁己者不能同人,犯颜者短于忤主。情状无形象可见,心虑非视听所知。欲使银铅不杂,淄渑殊味,其有得者,亦万代之一遇也。是以吴用宰嚭,致戮于子胥;鲁退仲尼,委政于季氏;秦诛白起,以举应侯;赵信郭开,而杀李牧;卞和献玉,反遇楚刑;北郭吹竽,滥食齐禄。若斯之类,实繁有徒。然则所是不必真,所非不必伪也。故真伪之际,有数术焉,不可不察也。何者?夫众之所誉者,不可必谓其善也;众之所毁者,不可必谓其恶也。我之所亲者,不可必谓其贤也;我之所疏者,不可必谓其鄙也。何以明言?昔尧理洪水,伯鲧为众所举,而洪水莫除;魏伐中山,乐羊为众所慢,而中山卒拔;邓通延梦于汉主,而非傅说之才;屈原见逐于楚王,而无共工之罪:此则众议不必是,独见未为得也。是故明主畴咨在位,详省己虑,先难而后易,考著以究微,使夫登用者不愧其赏,有罪者不逃其责,然后可为当矣。然则良马验之于驰骤,则驽骏可分,不藉孙阳之举也;柔刃征之于断割,则利钝可见,不劳风胡之谈也。苟有难知之人,试之以任事,则真伪自辩,以塞天下之讼也。故先王之用人也,远使之而观其忠节,近使之而察其敬勤;令之以谋,可识其智虑;烦之以务,足见其才能;杂之以居,视以贞滥;委之以利,详以贪廉;困穷要之以仁,危难思之以信;寻其行而探其性,听其辞而别其情;尽吕尚之八征,验皋陶之九德;然后素丝皆染,白璧投泥而不渝;黄叶并凋,青松凌霜而独秀:则伪者去而真者得矣。故孔子曰:"众善者必察焉,众恶者必察焉。"其是之谓乎?

（录自雍文华校辑:《罗隐集》,中华书局1983年版）

图书在版编目(CIP)数据

中国儒学通志. 隋唐五代卷. 学案篇 / 苗润田，冯
建国主编;李晓萍,冯建国,李腾飞著 .—杭州:浙
江大学出版社，2023.7
　ISBN 978-7-308-23369-9

　Ⅰ．①中… Ⅱ．①苗… ②冯… ③李… ④李… Ⅲ.
①儒学－研究－中国－隋唐时代②儒学－研究－中国－五
代十国时期 Ⅳ．①B222.05

中国版本图书馆 CIP 数据核字(2022)第 239334 号

中国儒学通志·隋唐五代卷·学案篇
主　　编　苗润田　冯建国
本册作者　李晓萍　　冯建国　　李腾飞

出 版 人　褚超孚
策　　划　袁亚春　陈　洁
统　　筹　陈丽霞　宋旭华　　王荣鑫
责任编辑　赵　伟　吴心怡
责任校对　李瑞雪
责任印制　范洪法
封面设计　项梦怡
出版发行　浙江大学出版社
　　　　　(杭州市天目山路 148 号　邮政编码 310007)
　　　　　(网址:http://www.zjupress.com)
排　　版　浙江时代出版服务有限公司
印　　刷　杭州钱江彩色印务有限公司
开　　本　710mm×1000mm　1/16
印　　张　14.5
字　　数　223 千
版 印 次　2023 年 7 月第 1 版　2023 年 7 月第 1 次印刷
书　　号　ISBN 978-7-308-23369-9
定　　价　118.00 元